운명을 알고 운명을 개척한다

# 사주입신
# 四柱立身

편저 청호 **유창열**

도서
출판 **산 청**

# 책머리에

사주명리학 공부를 하려고 들면 제일먼저 벽에 부딪치는 것이 한자이다.

사주명리학은 중국에서 시작되고 중국에서 발전된 학문이기 때문에 어쩔 수 없지만, 한자 때문에 사주명리학 공부를 어렵다고 중간에 포기하는 것을 7년간 계속하여 강의를 하면서 많이 보아 왔고, 필자 역시 사주명리학의 고전들을 읽으면서 모든 책들이 한자 위주로 책이 꾸며져 있어 난해 하면서도 이해하기 어려웠다.

또한 한자 중에는 7만여자가 수록된 민중 대옥편에도 기록되어 있지 않은 고(古)한자가 있어 해독이 불가능한 것도 간혹 있어 한자 때문에 많은 불편을 겪었으며, 그로 인해 시간과 경비를 낭비하여, 그 폐해를 알고 있었기 때문에 어려운 용어에 대해서는 한글 뒤에 한자로 토를 달아 이해를 쉽게 하려고 노력했다.

그러나 東西南北(동서남북)의 사방 木火土金水(목화토금수)의 오행 甲乙丙丁戊己庚辛壬癸(갑을병정무기경신임계)의 십간 子丑寅卯辰巳午未申酉戌亥(자축인묘진사오미신유술해)의 십이지 등 31자는 토를 달지 않았다.
적어도 위의 31자는 기본적으로 알고 있어야만 사주공부를 하는데 편리하기 때문이다

전체적으로 미흡하고 부족한 책이지만, 아량으로 읽어 가면 이 한권의 책으로도 명리의 정상에 다가갈 수 있으리라고 감히 말씀드린다. 다음의 시 두편은 사주명리를 이해하고 또 마음의 문을 여는데 도움이 되기를 바라면서 게재한다

편저자 청호 유창열

# 운명 &lt;運命&gt;

유창열

운명은 그림자와 같다
행복하고 즐거울 때는 보이지 않다가
슬프고 괴로울 때 꼬리를 길게 하고 느닷없이 나타난다

운명(運命)은 두 글자 속에 있고
숙명(宿命)은 여덟 글자 속에 있다고 하는데
인생을 살면서 어쩔 수 없는 현실 앞에
고개를 숙일 때 운명을 만난다

운명은 행복과 불행을 머금고
때로는 갑자기 때로는 말없이
우리에게 다가와 우리를 심판한다.

운명은 하늘에도 있고 땅에도 있고 산에도 있고
들에도 있고 강에도 있고 바다에도 있고
우리의 몸과 마음속에도 있다

운명은 피할 수 없고 외면할 수 없지만
운명을 초월할 때 운명은 고개 숙인다

# 인생여행〈人生旅行〉

유창열

인생은 백년을 걷는 나그네이다
하늘로부터 인생을 받고 인생을 배운다

아침햇살같은 인생은 시작되고
오색무지개속에 인생의 꿈은 피어오른다

별빛이 하늘에 가득할때
인생의꿈은 여물고
하늘이준 반려자를 만나 인생을 걷는다

귀여운자녀에게 삶 과 꿈을주며
두가슴 과 두어깨에 인생을 느낄때
불혹의신념앞에 인생은 무겁다

처음 과 끝이없는
영원의 길목에서보면
찰라의 한순간이 인생인데

베푸는법
이별하는법
마음비우는법을 알면
인생의백년은 영원할것이다

# 추천(推薦)의 글

우리는 지난날 흔히 청상과수(靑孀寡守)에게
"고생하지 말고 차라리 팔자나 고쳐 가거라"며 신세를 동정하던
말이 생각난다

인생을 잘 살려는 사람은 늘 자기 성찰(省察)을 게을리 하지 않는다
"인간은 무었인가"를 생각하며 자기 성취를 위하여 끊임없이
노력한다 그러나 뜻대로 되지 않을때가 많다
아무리 노력해도 실패만 거듭 되는 사람이 있는가 하면
별스런 노력 없이도 성공하여,
남부러움을 만끽하는 사람이있다
이런것을 보고 팔자소관 이라고 말을한다

태고(太古)적부터 지각(知覺)있는 사람에 의하여 연구 하게 된것이
인간 과 자연의 상관 관계였고, 그 상관관계가 오랜 세월에 걸쳐
정리 된것이 만고불후(萬古不朽)의 역리학(易理學)이다

청호 유창열 선생은 일찍이 1990년대에 진주교육대학교
사회교육원에서 본인의 사주명리 강의를 수년간 수강하고
명리의 정통 교본인 적천수(滴天隨)에 심취 하였으며,
그후 국립 경남과학기술대학교 평생교육원의 사주명리 강사로써
7.8년간 후학들을 가르친 경험을 살려,현실에 가장 부합되는
역리서(易理書) 를 편저(編著)하는 결실을 맺었는바,
이책 사주입신(四柱立身)은 역리학을 공부하는 많은 동학 역우
들에게 큰 도움이 되리라 믿어 의심치 않는다
        2013년 초여름
        심 리 학 박 사
        동양역리문화협회총재   송 운 집

사주(四柱)를 감정(鑑定)할 때에는

# 九顧一啄(구고일탁) 을 생각한다

<꿩이 아홉 번 돌아보고 모이를 한번 쪼아본다.>

# 목  차

## 제 1 장  서 론

## 제 2 장  기초론

# 제 8 장   용신격국론(用神格局論)

# 제 9 장  사주감정론(四柱鑑定論)

# 제 1 장 서 론

## 1 .... 운명<運命>

우리는 인간의 힘으로는 어쩔 수 없는 커다란 일을 당했을 때 운명 (運命) 또는 숙명(宿命) 이라고 체념하고 그 사실에 순응한다.

예를 들면 예기치 못한 갑작스러운 사고를 당하여, 가족을 잃고, 재산을 잃고, 건강마저 잃었을 때나, 천재지변 등이 그 범주에 속한다.

사람은 태어나고, 자라면서 공부하고, 어른이 되어서 직장을 갖고 결혼을 한 후, 자식을 낳고, 키우고 하면서 자신을 완성해간다.

인생을 살면서 모든 일이 뜻대로 마음대로 생각한대로 되어 준다면 우리의 삶에서 운명이라는 글자는 생겨나지 않았을 것이다.

뜻과 같이 되지 않고 마음과 같이 되지 않으며, 생각한 것 같이 되지 않으면서 오히려 그 반대의 현상 앞에 좌절하고 실망할 때가 있다.

이때 우리는 운명을 생각하게 된다.

운명은 그렇게 소리 없이 다가오는 것이다.


운명을 뛰어넘어서 운명을 개척하는 방법은 없는가

후회 없는 인생을 살수는 없는가

우리는 운명이라고 체념하고 순응해야만 하는가


눈을 크게 뜨고 보자.

열린 마음으로 보자.

미신(迷信)이라고 착각하지말고 다시 한 번 보자.

분명 우리에게는 길이 있다.

그것도 하늘과 땅과 별, 우주(宇宙)의 섭리(攝理)가 농축되어 체계적으로 구성되어 있는 음양오행(陰陽五行)에 근본을 둔, 사주명리(四柱命理)라는 이름의 운명학 속에 운명과 숙명을 개척하는 길이 있음을 우리는 알아야 할 것이다.


이를 악용(惡用)할 때 사회는 어두워지고 그자신도 불행할 것이며, 그 반대로 선용(善用)할 때 우리 사회는 밝아지고 그 자신도 슬픈 운명을 넘어 행복의 지평선에 닿을 수 있을 것이다.

# 2.....소질<素質>

사주명리학 공부하는데 무슨 소질이 필요할까 만은 나름대로 사람마다 공부의 성취도가 다르고, 능력이 다르기 때문에 군이 표현한다면 적성이라고 해 두는 것이 좋겠다.

사주팔자 속에 戌亥(술해), 未申(미신), 丙丁(병정) 진술축미(辰戌丑未) 또는 인수(印綬)가 있으면 적성에 맞다고 해야 될 것 같다.

술해(戌亥)는 건(乾)이요, 천문(天門)이라, 하늘과 통하는 출입문이 사주 속에 있기 때문이요.

미신(未申)은 곤(坤)이요, 지문(地門)이라, 세상과 통하는 출입문이 사주 속에 있기 때문이다.

병화(丙火)는 태양이요, 밝음의 원천이기 때문이며, 정화(丁火)는 촛불이요, 어둠을 밝히기 때문이며,

진술축미(辰戌丑未)는 화개(華蓋)라 예술과 신앙을 의미하기 때문이며,

인수(印綬)는 학문 그 자체이기 때문이다.

# 3.....방법<方法>

사주명리학을 공부하는데 좋은 길이 별도로 있는 것이 아니다.

왕도가 있다면 노력과 의지와 집중 밖에 없다.

명리학에는 독특한 공부방법이 있으니, 그것은 암송(暗誦)과 속지법(速指法)이다.

그렇지만 그것도 왕도가 아니고 보조수단일 뿐이다.

오로지, 노력(努力), 의지(意志), 집중(集中)에다, 질 높은 책과 좋은 선생님을 만나면 금상첨화 일 것이다.


## 가. 암송법(暗誦法)

예를 들면, 육십갑자(六十甲子)를 소리 내어 읽으면서, 글자를 기록해 나가면, 두뇌(頭腦)와 정신(精神), 그리고 육체(肉體)가 삼위일체가 되기 때문에 육십갑자를 암기하기가 훨씬 빨라지고 쉬워지며 오래기억된다.

甲子 甲戌 甲申 甲午 甲辰 甲寅의 순으로 암기한다.


## 나. 속지법(速指法)

좌측 손(혹은 우측 손)의 손가락으로 암기하는 방법이다.

10간(干) 또는 12지(支)의 수장도(手掌圖)상 위치(位置)를 먼저  기억해야 한다.

먼저 12운성(運星)과 12신살(神殺)을 수장도상의 손가락 위치에 의거 천천히 익혀 나간다.

다음은 형충파해(刑沖破害) 신살 등은 수장도상 손가락의 종선(縱線), 횡선(橫線), 대각선(對角線)등을 이용하면 암기가 빨라지고 쉬워지며 사주감정에 바로 활용할 수 있다.

다음은 필자의 시(詩) 한편을 소개한다.

여러분들의 명리학 공부에 도움이 되었으면 한다.

## 소망<素望>

유 창 열

내 머리와 가슴에 가득한 너를.
천도지상<天道之像>앞에서
마음의 눈으로 그윽히 바라본다.


삶의 서쪽 길섶에서,
숙명<宿命>처럼 너를 본 후


설레이는 기다림으로, 애타는 그리움으로,
윤회<輪回>의 실타래를 돌리며,
너와의 만남을 소망하고 있다.


언제 어디에서, 너를 만날지는 알 수 없지만,
대원사계곡 맑은 물 같은 정갈함으로,
백삼번<百三番> 머리 조아리며,
하얀 도복 검은 깃에 마음을 씻는다.

# 4.....자격증<資格證>

일반적으로 우리나라 자격증에는 공인(公認)과 비공인(非公認)의 두 종류가 있는 줄 알고 있다.

공인자격증은 국가기관이나 지방자치단체에서 일정한 기준을 정하여 그 기준에 적합한 자에게 자격을 부여하고 있으며, 비공인 자격증은 사단법인체에서 나름대로의 기준을 정하여 부여하고 있는 줄 알고 있다.

명리학의 자격증은 비공인 자격증이다.

공신력(公信力)에 있어서 공인 자격증과는 비교도 되지 않을 만큼 공신도가 낮다는 것을 우리는 알고 있다.

현재 우리나라의 역학계 중 사주명리 분야에서는 사단법인(社團法人) 역술인협회(易術人協會), 사단법인 동양철학인협회(東洋哲學人協會), 사단법인 동양역리문화협회(東洋易理文化協會)의 자격증이 주류(主流)를 이루고 있다는 소식을 들었다.

필자는 사단법인 역술인협회와 사단법인 동양역리문화협회의 자격증을 갖고 있고, 2013년 현재 동양역리문화협회 중앙학술위원과 직할 지부장직을 맡고 있다.

# 5....자질<資質>

역학종사자(易學從事者)의 자질에 대해서 함께 생각해 보고자 한다.

현재 우리 역학인들은 역학공부를 짧게는 수년(數年), 길게는 수십 년 동안 역학을 공부하는 역학도(易學徒)가 많다는 것을 역학공부를 하고 있는 사람이면 금방 알 수 있을 것이다.

그 중에는 역학에 깊이 정진(精進)하여 이미 대가(大家)가 되어 많은 저서(著書)를 출판한 현자(賢者)도 있고, 저술활동(著述活動)은 건강 또는 기타의 사유로 못하고 있으나 높은 경지에 있는 고수(高手)들이 은자(隱者)가 되어 조용히 공부하며 세상사에 파묻혀 사는 분들이 많다는 것을 우리들은 들어서 익히 알고 있다.

그런데 이상하게도 역학공부를 일년 이내의 짧은 공부로 철학관을 개설해 놓고, 출처불명의 자격증을 나열해 놓고 마치 대가인양, 혹세무민(惑世誣民)하며, 컴퓨터에 역학프로그램을 장착해 놓고 출생일시만 입력하면 순식간에 한사람의 사주팔자가 명확하고 상세하게 출력(出力)되어, 그 출력된 인쇄물로 대가(代價)를 받고, 성업(盛業) 중인 역학인들이 있다고 하니, 우리는 이런 현상을 보고 무어라 해야 될까

경천동지(驚天動地)의 놀라움으로 입을 다물 수가 없다.

일년 이내의 짧은 역학공부로 어떻게 버젓이 역학인 노릇을 하면서 대가(代價)를 받을 수 있을까

우리 역학의 할아버지인 서자평 선생님이 계신다면 이 사실을 보고 무어라고 말씀 하실까 무척 궁금해진다.

그리고 우리사회 모든 동도(同道) 역학인들은 무어라고 말씀들을 하실까 그게 무척 궁금하다.

역학을 모르면서 역학의 초보자 내지 초심자가 역학의 대가가 되어 있는 현실(現實)이 우리를 슬프게 한다.

컴퓨터 전원이 꺼지면, 정전(停電)이 되면, 사주팔자가 무엇인지 모르는 사람들이 사주팔자와 대·세운 그리고 격국, 용신 및 각종 신살을 정확히 표출하지 못하는 사람들이 적지 않은 감정료를 받으면서 역학인 행세를 하고 있는 현실에 우리는 아연실색한다.

컴퓨터 역학프로그램, 참 편리한 세상이다.

그것이 진정 우리가 오랫동안 공부해온 명리학을 대신할 수 있을까

아무리 생각해도 어딘가 무엇이 없는 듯한 허전함과 씁스레함이 가슴을 맴돈다.

그걸 이용하는 사람들은 진부(眞否)를 가릴 줄 아는 혜안(慧眼)을 갖고 깊은 성찰이 있어야 할 것이다.

그리고 그걸 만든 사람들도 끊임없는 공부로 그런 단점(短點)들을 보완하는데 노력해야 할 것이다.

## 6.....35%

인생(人生)의 삶을 100%라고 한다면 사주팔자는 35%이다.

이름이 15%, 배우자(配偶者)가 15%, 환경(環境), 의지(意志), 노력(努力)이 35%이다. 합하면 100%이다.

인생살이 100%에 비해 사주팔자가 차지하는 비중(比重)은 3분의1 수준이다.

그렇게 많은 것이 아니다.

그러나 그 35%가 중요(重要)한 것은 선천적(先天的)이기 때문이다.

그 선천적인 35%가 나머지 65%에 지대(至大)한 영향을 미치기 때문이다.

그래서 우리는 "타고난 운명(運命)이다"라고 말을 한다.

물론 이름이나 배우자와 환경, 의지, 노력의 힘이 더 크고 중요한 것은 말할 필요가 없다.

그러나 선천적으로 갖고 태어난 운명이 더 좋으면 그렇지 않은 사람에 비해 덜 힘들고, 편안한 인생을 살 수 있을 것이다.

그래서 우리는 그 35%의 인생을 공부하고 연구하는 것이고, 그래서 35%가 중요한 것이다.

# 제 2 장   기 초 론

## 1. 사주명리(四柱命理)의 역사(歷史)

다음에 첨부된 사주명리의 역사는 저자가 많은 사주명리의 책들을 읽어 보았으나, 사주명리의 역사에 대해 일목요연(一目瞭然)하고, 체계적(體系的)으로 기술(記述)된 명리서(命理書)를 발견(發見)하지 못한데다가 일부 책자에서는 그 내용이 너무 장황 (張皇)하거나 혹 너무 간단(簡單)하고, 요령부득하면서도 어려워 사주명리의 역사에 대해 혼돈(混沌)이 심함은 물론, 혼란(混亂)스럽고 그 내용을 알기가 힘들어 항시 아쉬움을 가져오다가,

금번에 여러 책들 중에 흩어져 있던 내용 (內容)들을 발췌(拔萃)하여 현대적(現代的)인 감각(感覺)으로 재편집(再編輯)하였으니, 여러분은 이 자료(資料)를 통하여 사주명리의 역사(歷史)에 대해 조금이나마 보다 구체적(具體的)이고 체계화(體系化)된 내용으로 공부하게 된 것을 마음으로부터 축하(祝賀)해 마지 않습니다.

사주명리학은 사람의 출생년월일시를 음양(陰陽)과 오행(五行)을 육갑(六甲)의 간지(干支)에 대입시켜 생극제화억부(生剋制化抑扶) 작용을 통한 변화(變化)로 사람의 숙명(宿命)과 운명(運命)속의 과거(過去), 현재(現在), 미래(未來)의 인간사(人間事)를 예지(豫智)하는 학문이다.

지금으로부터 5000여년전, 中國의 하수(河水)에서 용마(龍馬)가 출현하였는데, 그 용마의 말 등에 55개의 말 털이 똘똘 말려, 질서(秩序)있게 배열(配列)되어 있었으므로,

그 당시 삼황(三皇)<복희, 신농.황제현원>중의 첫째분인 복희(伏羲)씨가 그것을 보고 周易(주역)의 八卦(팔괘)를 만들고 천지의 수(數)의 이치(理致)를 깨달았다고 한다.

즉 天一, 地二, 天三, 地四, 天五, 地六, 天七, 地八, 天九, 地十이니, 천수(天數)의 합(合)이 25가 되고, 지수(地數)의 합이 30이라 55가 되었으며,

천(天)은 홀수<기수(奇數)>요 양(陽)이 되고,

지(地)는 짝수<우수(偶數)>요 음(陰)이 되었으며,

용마하도(龍馬河圖)의 그림에

一 과 六은 아래쪽에 있어, 수(水)가 되고 북방(北方)이 되고,

二 와 七은 위쪽에 있어, 화(火)가 되고 남방(南方)이 되었으며,

三 과 八은 왼쪽에 있어, 목(木)이 되고 동방(東方)이 되었으며,

四 와 九는 오른쪽에 있어, 금(金)이 되고 서방(西方)이 되었으며,

五 와 十은 가운데에 있어 토(土)가 되고 중앙(中央)이 되었다.

용마하도(龍馬河圖)

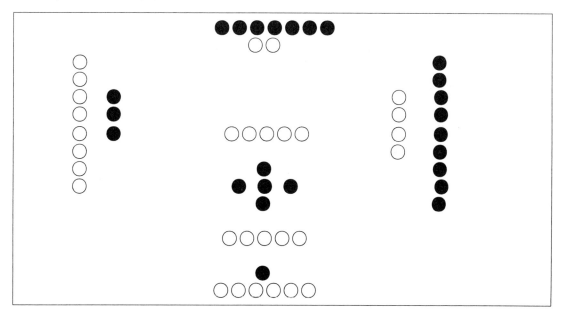

지금으로부터　약4,600여년　전,　삼황(三皇)<복희,신농,황제현원>중의
세번째　황제현원씨는　육갑(六甲)의　간지(干支)를　창안(創案)하였다.


　당시　세상은　간사(奸詐)함이　생기고,　요괴(妖怪)스러움이　횡행(橫行)
하여,　염제(炎帝)<신농神農씨>의　女人　천우가　병란(丙亂)을　일으키고
횡포(橫暴)를　좋아하므로　황제께서　인민들의　고통(苦痛)을　근심하더니
탁녹(涿鹿)이라는　벌판에서　천우를　주벌(誅罰)하니,　그　유혈(流血)이　백
리(百里)에　뻗쳐서　수습　할　수가　없었다.


　이때　황제(皇帝)께서　목욕　재계하고　제단을　만들어　천제(天帝)님께
기원하니　천제께서　이를　가상히　여기시어　십간(十干)과　십이지(十二支)
를　강시(降示)하셨다.


　황제께서는,　강시　된　십간(十干)을　둥글게<圓>　펴서　하늘을　형상(形
象)하고,　십이지(十二支)는　모나게<方>　펴서　땅의　형상을　본뜨게　하였
으니,　이로서　천(天)은　간(干)이　되고,　지(地)는　지(支)가　되었으며,　이
를　정교(政敎)　각　부문에　적용하여　잘　다스릴　수　있었다.


　후일(後日)　대요(大撓)씨가　집정(執政)할　때

　후인(後人)을　위하여,

　"한탄스럽도다　황제께서는　성인(聖人)이신데　악살(惡殺)을　능히　치화
(治化)할　수　없었으니,　후세(後世)에　재난(災難)　과　고액(苦厄)을　당할
때　어떤　방법(方法)으로　구(求)할　수　있을가"　하고　고심(苦心)　끝에,　십
간(十干)과　십이지(十二支)를　분배(分配)하여　육십갑자를　만드시었다.

제일표(第一表)<천강천간상천도(天降天干象天圖)>

제이표(第二表)<천강지지상천도(天降地支象地圖)>

```
        己
    戊      庚           巳  午  未  申
    丁      辛           辰          酉
    丙      壬           卯          戌
    乙      癸           寅  丑  子  亥
        甲
```

　지금으로부터 약4,200년 전, 황제(皇帝)헌원氏로부터 약400년 뒤인, 우(禹)임금 때 큰 거북이 신구(新龜)가 낙수(洛水)의 물 속에서 나왔는데, 거북이 등에 45점의 무늬가 글자의 획(劃)과 같이 구궁(九宮)에 배열(配列)되어 있으므로,

　대우(大禹)씨가 그것을 보고 홍범구주(弘範九疇)와 정전법(井田法)을 만들었다. 이것을 낙서(洛書)라고 이름 한 것이다.

　낙서의 수(數)가 거북 모양과 닮은 점이 많으니, 九는 머리가 되고 一은 꼬리이며, 二 와 四는 어깨가 되고, 三과 七은 좌우 몸통이며, 六 과 八은 발의 모양을 하고 있다.

　용마하도(龍馬河圖)와 신구락서(新龜洛書)는 서로 연관되어, 표리(表裏) 관계를 맺고 있다.

　즉 표리(表裏)관계를 살펴보면, 하도(河圖)는 십수(十數)까지 있고, 낙서(洛書)는 구수(九數)밖에 없다.

그러나 낙서는 마주보는 자리 수와 합하여, 십수(十數)를 이루게 되어 있다. 하도가 체(體)라면, 낙서는 용(用)이 된다.


그러므로 하도(河圖)는 상생(相生)하는 수리(數理)로 되어 있고, 낙서(洛書)는 상극(相剋)하는 수리(數理)로 배열(配列)되어 있다.


신구락서(新龜洛書)<대우씨(大禹氏)>

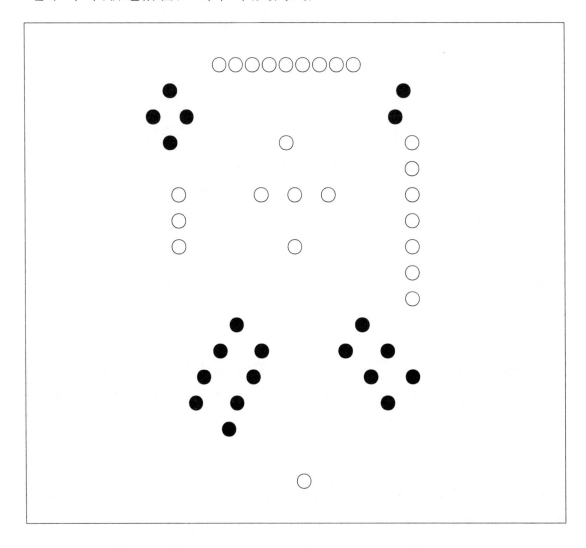

용마하도(龍馬河圖)와 신구락서(新龜洛書)

그리고 황제현원 씨로부터 현재까지 수천년간에 걸쳐 사주명리의 연구는 꾸준히 이어져왔다.


특히 3,000년 전부터 사람의 출생일시를 통하여 그 운명을 연구하려는 시도(試圖)는 흐르는 물처럼 도도히 흘러 많은 학자들을 통하여 현재에 이르고 있다.


전국시대(戰國時代)에 락록자(珞珠子), 귀곡자(鬼谷子)등이 이 학술을 연구하여 상당한 경지에 도달하였고,


한(漢)나라 때의 동중서(童仲舒), 사마리(司馬利), 동방삭(東方朔), 엄군평(嚴君平)등의 대가(大家)가 있었고,


한말(漢末) 삼국시대(三國時代)에는 관로(管輅), 진유곽(晉有郭), 박북제(璞北齊), 유위정(有魏定) 등이 당시의 대가(大家)들이었으며,


그 후, 당(唐)나라 때에는 원천강(袁天綱), 일행선자(一行禪子), 이허중(李虛中) 등이 사주학을 깊이 연구하여 실용화 시켰다고 한다.


특히 이허중(李虛中)은 사주팔자 연월일시중, 출생연간(出生年干)을 중심으로 해서 오행(五行)의 생극제화억부(生剋制化抑扶)를 알아보는 방법을 완성 하였다고 한다.


당(唐)이후 송(宋)나라 때에 이르러 사주명리의 체계(體系)가 바로 세워졌다.

특히, 서균(徐均)<서공승徐公升>이 지은 연해자평(淵海子平)은 현재의 사주명리 체계를 완전히 바로세운 저서(著書)라 할 수 있다.

송(宋) 이후, 명(明)나라, 청(淸)나라를 거쳐 현재까지 많은 대가(大家)들의 저서들이 쏟아져 나왔으나, 그중에서도 장남(張楠)의 명리정종(命理正宗), 만유오(萬有吾)의 삼명통회(三明通會), 심효질(沈孝膣)의 자평진전(子平眞詮), 유백온(劉伯溫)의 적천수(滴天髓)등 주옥(珠玉)같은 저서들이 사주명리학을 발전시켜 왔으며, 앞에서 열거한 저서들이 현재 사주명리학의 근간이 되고, 그 외의 고전(古典)과 함께 교본(敎本)이 되고 있다.

현재 우리나라에도 대가(大家)들의 유명한 저서들이 많으나, 그중에서도 자강(自疆) 이석영(李錫暎)의 사주첩경(四柱捷徑)과 도계(陶溪) 박재완(朴在玩)의 명리사전(命理辭典)이 유명하다.

앞으로 격국(格局), 용신(用神), 통변(通辯), 신살(神殺), 감정(鑑定)등 제분야(諸分野)에 걸쳐 인간의 삶에 대해 확증률(確證率)이 배가(倍加)되고, 모든 사람들로부터 마음으로 숭상(崇尙)받는 좋은 대가(大家)와 저서들이 계속하여 나와서 사주명리(四柱命理)가 진실로 좋은 학문이 되기를 기원한다.

## 2. 음양(陰陽)

## 가. 음양(陰陽)이란 무엇인가

음양(陰陽)이란 한마디로 그 깊고 넓은 뜻을 말할 수 없으나

간단(簡單)히 설명(說明)하면,

음(陰)은 물질(物質)이고, 정(靜)하며, 탁(濁)하고, 중(重)하며,

양(陽)은 정신(精神)이고, 동(動)하며, 청(淸)하고, 경(輕)하다.

온 천지(天地)의 만물(萬物)은 음양(陰陽)으로 구성(構成)되어 있다.

## 나. 음양(陰陽)의 기원(基源)

음양(陰陽)이 양분(兩分)되기 전에는 어둡고 답답한 하나의

기운(氣運)이 가득한 혼돈(混沌)의 상태였으니, 이때를 태극(太極)

이라고 하며,

헤아릴 수 없는 무량(無量)의 긴 세월이 흐른 후 가벼우면서도 더운

기운(氣運)은 하늘로 올라가 양(陽)이 되고 하늘이 되었으며,

무겁고, 차가운 기운(氣運)은, 밑으로 내려와 음(陰)이 되고,

땅이 되었다.

그 음양(陰陽)은 다시 음(陰)은 태음(太陰), 소음(少陰)으로,

양(陽)은 태양(太陽), 소양(少陽)으로,

사상(四象)은 건(乾), 태(兌), 이(离), 진(震), 손(巽), 감(坎), 간(艮),

곤(昆)의 팔괘(八卦)로 나누워지고,

팔괘(八卦)는 다시 육십사괘(六十四卦)  나누워졌다.

## 음양조견표(陰陽早見表) <계의신결참고>

| 양(陽) | 음(陰) | 양(陽) | 음(陰) |
|--------|--------|--------|--------|
| 부(父) | 모(母) | 형(兄) | 제(弟) |
| 남(男) | 여(女) | 상(上) | 하(下) |
| 일(一) | 이(二) | 전(前) | 후(後) |
| 좌(左) | 우(右) | 명(明) | 암(暗) |
| 청(淸) | 탁(濁) | 난(暖) | 한(寒) |
| 조(燥) | 습(濕) | 강(强) | 약(弱) |
| 강(剛) | 유(柔) | 대(大) | 소(小) |
| 춘(春) | 추(秋) | 동(東) | 서(西) |
| 남(南) | 북(北) | 심(心) | 신(身) |
| 미(美) | 추(醜) | 후(厚) | 박(薄) |
| 개(開) | 폐(閉) | 직(直) | 곡(曲) |
| 호(呼) | 흡(吸) | 길(吉) | 흉(凶) |
| 복(福) | 화(禍) | 군(君) | 신(臣) |
| 노(老) | 소(少) | 여(與) | 수(受) |
| 다(多) | 소(小) | 경(輕) | 중(重) |
| 장(長) | 단(短) | 동(動) | 정(靜) |
| 진(進) | 퇴(退) | 허(虛) | 실(實) |
| 생(生) | 사(死) | 부(富) | 빈(貧) |
| 귀(貴) | 천(賤) | 시(始) | 종(終) |
| 화(火) | 수(水) | 하(夏) | 동(冬) |
| 상(賞) | 벌(罰) | 선(善) | 악(惡) |
| 문(文) | 무(武) | 풍(風) | 우(雨) |
| 금(禽) | 수(獸) | 비(飛) | 주(走) |
| 수(手) | 족(足) | 부(夫) | 부(婦) |
| 주(主) | 객(客) | 현(現) | 은(隱) |
| 출(出) | 입(入) | 신(神) | 귀(鬼) |
| 천(天) | 지(地) | 일(日) | 월(月) |

# 태극팔괘표(太極八卦表) <게의신결의주문왕후천팔괘도및한국인의사주팔자참고>

| 一元<br>(일원) | 太極(태극) | | | | | | | |
|---|---|---|---|---|---|---|---|---|
| 兩儀<br>(양의) | 양(陽) | | | | 음(陰) | | | |
| 四象<br>(사상) | 小陽<br>(소양)<br>春 | | 太陽<br>(태양)<br>夏 | | 少陰<br>(소음)<br>秋 | | 丑寅 太陰<br>(태음)<br>冬 | |
| 地支<br>(지지) | 戌亥<br>(술해) | 酉<br>(유) | 午<br>(오) | 卯<br>(묘) | 辰巳<br>(진사) | 子<br>(자) | 丑寅<br>(축인) | 未申<br>(미신) |
| 八卦<br>(팔괘) | 一乾天<br>일건천 | 二兌澤<br>이태택 | 三離火<br>삼이화 | 四震雷<br>사진뢰 | 五巽風<br>오손풍 | 六坎水<br>육감수 | 七艮山<br>칠간산 | 八坤地<br>팔곤지 |
| 卦象<br>(괘상) | 乾三連<br>건삼련 | 兌上絶<br>태상절 | 離虛中<br>이허중 | 震下連<br>진하련 | 巽下絶<br>손하절 | 坎中連<br>감중련 | 艮上連<br>간상련 | 昆三絶<br>곤삼절 |
| 掛圖<br>(괘도) | ☰ | ☱ | ☲ | ☳ | ☴ | ☵ | ☶ | ☷ |

주(註) : 위 태극팔괘도(太極八卦表)는 사주명리(四柱命理)와는 직접적으로는 관련이
적지만 사주명리(四柱命理)의 깊고 넓은 공부를 하려면 꼭 필요하여 소개하
니 숙지(熟知)하시기 바람.

# 3. 오행(五行)

## 가. 오행(五行)이란 무엇인가

오행(五行)이란 다섯 가지의 각기 다른 기운(氣運)이
춘하추동(春夏秋冬) 사시사철 끊이지 않고 계속하여 변(變)하는
과정(過程)이니,

첫째는 수(水)요, 둘째는 화(火)요, 셋째는 목(木)이요, 넷째는 금(金)
이요, 다섯째는 토(土)로써, 이 다섯의 기운(氣運)이
유행(流行)하는 것을 말함.

## 나. 오행(五行)의 기원(基源)

①오행(五行)은 다음과 같다.

| 수(水) | 화(火) | 목(木) | 금(金) | 토(土) |
|--------|--------|--------|--------|--------|

②태역(太易)<기운(氣運)을보기전상태>에 수(水)를 생(生)하고,

③태초(太初)<기운(氣運)의 처음상태>에 화(火)를 생(生)하고,

④태시(太始)<형(形)의처음상태>에 목(木)을 생(生)하고,

⑤태소(太素)<질(質)의처음상태>에 금(金)을 생하고,

⑥태극(太極)<천지(天地)로분리(分離)되기전상태>에 토(土)를 생(生)
하였다.

## 다. 오행상생(五行相生)

| 수생목<br>(水生木) | 목생화<br>(木生火) | 화생토<br>(火生土) | 토생금<br>(土生金) | 금생수<br>(金生水) |
|---|---|---|---|---|

수(水)가 목(木)을 생(生)하고, 목(木)이 화(火)를 생(生)하고,

화(火)가 토(土)를 생(生)하고,

토(土)가 금(金)을 생(生)하고, 금(金)이 수(水)를 생(生)하는

과정이니, 서로 상생(相生)하고 협조(協助)하는 관계(關係)임.

## 라. 오행상극(五行相剋)

| 수극화<br>(水剋火) | 화극금<br>(火剋金) | 금극목<br>(金剋木) | 목극토<br>(木剋土) | 토극수<br>(土剋水) |
|---|---|---|---|---|

수(水)가 화(火)를 극(剋)하고, 화(火)가 금(金)을 극(剋)하고,

금(金)이 목(木)을 극(剋)하고,

목(木)이 토(土)를 극(剋)하고, 토(土)가 수(水)를 극(剋)하는

과정(過程)이니,

서로 상극(相剋)하고 다치게 하는 관계(關係)임.

## 마. 오행강약표(五行强弱表)

| 오행＼강약 | 왕(旺) | 상(相) | 휴(休) | 수(囚) | 사(死) |
|---|---|---|---|---|---|
| 목(木) | 춘목(春木) 1,2 | 동목(冬木) 10,11 | 하목(夏木) 4,5 | 사계목(四季木) 3,6,9,12 | 추목(秋木) 7,8 |
| 화(火) | 하화(夏火) 4,5 | 춘화(春火) 1,2 | 사계화(四季火) 3,6,9,12 | 추화(秋火) 7,8 | 동화(冬火) 10,11 |
| 토(土) | 사계토(四季土) 3,6,9,12 | 하토(夏土) 4,5 | 추토(秋土) 7,8 | 동토(東土) 10,11 | 춘토(春土) 1,2 |
| 금(金) | 추금(秋金) 7,8 | 사계금(四季金) 3,6,9,12 | 동금(冬金) 10,11 | 춘금(春金) 1,2 | 하금(夏金) 4,5 |
| 수(水) | 동수(冬水) 10,11 | 추수(秋水) 7,8 | 춘수(春水) 1,2 | 하수(夏水) 4,5 | 사계수(四季水) 3,6,9,12 |

주(註) : ①오행강약표(五行强弱表)는 사주감정(四柱鑑定)시 많이 사용함

②사계(四季)는 3월 6월 9월 12월을 말함

③숫자는 월을 표시한 것임

예(例) 1은 1월, 2는 2월, 3은 3월, 4는 4월 등을 표시한 것임.

## 바. 오행표(五行表)

| 오행<br>(五行) | 木 | 火 | 土 | 金 | 水 |
|---|---|---|---|---|---|
| 오방<br>(五方)<br>사방<br>(四方) | 東 | 南 | 中央 | 西 | 北 |
| 오시<br>(五時)<br>사시<br>(四時) | 春 | 夏 | 四季 | 秋 | 冬 |
| 오색<br>(五色) | 청(靑) | 적(赤) | 황(黃) | 백(白) | 흑(黑) |
| 오미<br>(五味) | 산(酸) | 고(苦) | 감(甘) | 신(辛) | 함(鹹) |
| 오음<br>(五音) | 각(角)<br>ㄱㅋ | 치(齒)<br>ㄴㄷㄹㅌ | 궁(宮)<br>ㅇㅎ | 상(商)<br>ㅅㅈㅊ | 우(羽)<br>ㅁㅂㅍ |
| 오수<br>(五數) | 三,八 | 二,七 | 五,十 | 四,九 | 一,六 |
| 오상<br>(五常) | 인(仁) | 예(禮) | 신(信) | 의(義) | 지(智) |
| 오장<br>(五臟) | 간장<br>(肝臟) | 심장<br>(心臟) | 비장<br>(脾臟) | 폐장<br>(肺臟) | 신장<br>(腎臟) |
| 오영<br>(五靈) | 혼(魂) | 신(神) | 의(意) | 백(魄) | 정(精) |
| 오복<br>(五福) | 수<br>(壽) | 강녕<br>(康寧) | 부<br>(富) | 종명<br>(終命) | 호덕<br>(好德) |
| 오수<br>(五獸) | 청룡<br>(靑龍) | 주작<br>(朱雀) | 구진<br>(句陳)<br>등사<br>(螣蛇) | 백호<br>(白虎) | 현무<br>(玄武) |

# 4. 간지(干支)

## 가. 간지(干支)란 무엇인가

간지(干支)란 천간(天干)과 지지(地支)를 말한다.

즉 천간(天干)과 지지(地支)의 준말이다.

간(干)을 간(幹)이요<줄기>, 지(支)를 지엽(枝葉)<잎>이라고도 한다.

## 나. 간지(干支)의 기원(基源)

간지(干支)의 기원에 대해서는 <사주명리의 역사>란에 상세히 설명되어 있으니 참고하시기 바람.

천간(天干)과 지지(地支)는 황제(皇帝)현원씨가 만들었고 육십갑자는 대요(大撓)씨가 만들었다.

## 다. 천간(天干)<십간(十干)>

| 甲 | 乙 | 丙 | 丁 | 戊 | 己 | 庚 | 辛 | 壬 | 癸 |
|---|---|---|---|---|---|---|---|---|---|

## 라. 지지(地支)<십이지(十二支)>

| 子 | 丑 | 寅 | 卯 | 辰 | 巳 | 午 | 未 | 申 | 酉 | 戌 | 亥 |
|---|---|---|---|---|---|---|---|---|---|---|---|

# 마. 육십갑자(六十甲子)

| 일순<br>一旬 | 甲子 | 乙丑 | 丙寅 | 丁卯 | 戊辰 | 己巳 | 庚午 | 辛未 | 壬申 | 癸酉 |
|---|---|---|---|---|---|---|---|---|---|---|
| 이순<br>二旬 | 甲戌 | 乙亥 | 丙子 | 丁丑 | 戊寅 | 己卯 | 庚辰 | 辛巳 | 壬午 | 癸未 |
| 삼순<br>三旬 | 甲申 | 乙酉 | 丙戌 | 丁亥 | 戊子 | 己丑 | 庚寅 | 辛卯 | 壬辰 | 癸巳 |
| 사순<br>四旬 | 甲午 | 乙未 | 丙申 | 丁酉 | 戊戌 | 己亥 | 庚子 | 辛丑 | 壬寅 | 癸卯 |
| 오순<br>五旬 | 甲辰 | 乙巳 | 丙午 | 丁未 | 戊申 | 己酉 | 庚戌 | 辛亥 | 壬子 | 癸丑 |
| 육순<br>六旬 | 甲寅 | 乙卯 | 丙辰 | 丁巳 | 戊午 | 己未 | 庚申 | 辛酉 | 壬戌 | 癸亥 |

필자의 경우 상기 육십갑자(六十甲子)를 암송(暗誦)하는 것이 사주명리(四柱命理) 공부에 많은 도움이 되었음.

독자 여러분도 무조건 암송(暗誦)하는 것이 아니라 부담감(負擔感)을 갖지 말고 편안(便安)한 마음으로 천간(天干)과 지지(地支)의 배열(配列) 관계(關係)를 잘 살피고,

일순(一旬)과 이순(二旬) 각순(各旬)이 끝나고 시작되는 간지(干支)를 살펴보면 육십갑자(六十甲子)를 암기(暗記)하는 것이 쉬워지고 뇌(腦)의 기억력(記憶力)을 증진(增進)하여 건강(健康)에도 도움이 될 것임.

<여타(餘他)암기(暗記)도 그런 방법(方法)을 사용(使用)하면 좋을것임>

## 바. 간지음양표(干支陰陽表)

| 오행<br>(五行) | 木 | | 火 | | 土 | | 金 | | 水 | |
|---|---|---|---|---|---|---|---|---|---|---|
| 음양<br>(陰陽) | 양<br>(陽) | 음<br>(陰) | 양<br>(陽) | 음<br>(陰) | 양<br>(陽) | 음<br>(陰) | 양<br>(陽) | 음<br>(陰) | 양<br>(陽) | 음<br>(陰) |
| 간지<br>(干支) | 甲<br>寅 | 乙<br>卯 | 丙<br>巳 | 丁<br>午 | 戊<br>辰<br>戌 | 己<br>丑<br>未 | 庚<br>申 | 辛<br>酉 | 壬<br>亥 | 癸<br>子 |

## 사. 간지(干支)의 의미(意味)

① 甲 : 큰 나무와 같다. 寅도 같다.

② 乙 : 작은 나무요, 풀과 같다. 卯도 같다.

③ 丙 : 태양과 같다. 巳도 같다.

④ 丁 : 등촉의 불이다. 午도 같다.

⑤ 戊 : 언덕이나 산의 흙이다. 辰은 습토(濕土)요, 戌은 소토(燒土)다.

⑥ 己 : 화원의 흙이다. 丑은 습토(濕土)요, 未는 조토(燥土)다.

⑦ 庚 : 쇠다. 申도 같다.

⑧ 辛 : 장식용 금붙이다. 酉도 같다.

⑨ 壬 : 강물이다. 亥도 같다.

⑩ 癸 : 샘물과 같다. 子도 같다.

추기(追記) : 간지(干支)의 의미(意味)는 대단히 중요(重要)하다. 본란(本欄)에서는 여러분이 초심자라는 것을 감안하여 필자의 경험(經驗)에 비추어 가장 간단(簡單)하고 기초적(基礎的)인 내용만 기록(記錄)하였음.

　음양(陰陽)과 오행(五行) 그리고 간지(干支)에 대해 전문적(專門的)인 식견(識見)을 원한다면 조화원약(造花元鑰)을 참조하시기 바람.

# 아. 지지(地支)의 동물비교

① 子 : 쥐

② 丑 : 소

③ 寅 : 범

④ 卯 : 토끼

⑤ 辰 : 용

⑥ 巳 : 뱀

⑦ 午 : 말

⑧ 未 : 양

⑨ 申 : 원숭이

⑩ 酉 : 닭

⑪ 戌 : 개

⑫ 亥 : 돼지

## 자. 납음화갑자(納音花甲子)

①육십갑자에 의한 선천수(先天數)<9,8,7,6,5,4>와 오행에 의한 후천수(後天數)<생수(生數)1,2,3,4,5,성(成數)6,7,8,9,10>의수(數)로써 육십갑자의 간지에 대입시켜 만든 오행을 납음오행(納音五行) <소리오행> 또는 납음화갑자(納音花甲子)라고 한다.

②납음오행(納音五行)은 소리로써 오행(五行)을 나타냄을 말하며, 납음오행을 사주명리에 사용할 때는 <결용납음(缺用納音)전위보기(全爲補氣)>라고 태산아부희(泰山阿部憙)가 말하고 있다.

즉 결(缺)이 있으면 납음(納音)을사용하고, 완전하면 보기(補氣)이다"라고 하였음.

예를 들어, 목기(木氣)가 부족한 명식(命式)이 있다고 할 때, 납음에서 목기(木氣)가 있으면, 원명식(元命式)에서 부족(不足)한 목기를 보충한다고 보며, 약5분의 힘이 있다고 추리(推理)함.

③납음오행은 성명학(姓名學)에도 사용하고, 궁합(宮合) 및 사주감정(四柱鑑定)에도 사용(使用) 하고 있으니, 필히 숙지(熟知)하시기 바람.

④납음오행 속산법(速算法)

(a)납음오행 기본수(基本數)

木1, 金2, 水3, 火4, 土5,

(b) 천간 수

甲乙<木>1, 丙丁<火>2, 戊己<土>3, 庚申<金>4, 壬癸<水>5

(c)지지의 수

子,丑,午,未<1>　　寅,卯,申,酉<2>　　辰,巳,戌,亥<3>

상기(b)항 천간의 수와 상기(c)항 지지의 수를 합(合)한 것이 납음오행의 수이다.


예(例)를 들어

(가) 甲子의 납음오행을 구(求)하려면,

　　甲은 1이고, 子도 1이다, 합하면 2가 된다.

　　2는 (a)항의 기본수(基本數) 2가 된다.

　　2는 金이 됨을 알 수 있다.


(나) 庚寅의 납음오행을 구하려면,

　　庚은 4가 되고, 寅은 2이다. 합하면 6이 된다.

　　5가 넘기 때문에 기본수 5를 빼면 1이 남는다

　　1은 木이 됨을 알 수 있다.

⑤납음화갑자표(納音花甲子表)

| 간지 | 甲子<br>乙丑 | 甲戌<br>乙亥 | 甲申<br>乙酉 | 甲午<br>乙未 | 甲辰<br>乙巳 | 甲寅<br>乙卯 |
|---|---|---|---|---|---|---|
| 납음 | 海中金<br>해중금 | 山頭火<br>산두화 | 泉中水<br>천중수 | 沙中金<br>사중근 | 覆燈火<br>복등화 | 大溪水<br>대계수 |
| 간지 | 丙寅<br>丁卯 | 丙子<br>丁丑 | 丙戌<br>丁亥 | 丙申<br>丁酉 | 丙午<br>丁未 | 丙辰<br>丁巳 |
| 납음 | 爐中火<br>노중화 | 澗下水<br>간하수 | 屋上土<br>옥상토 | 山下火<br>산하화 | 天河水<br>천하수 | 沙中土<br>사중토 |
| 간지 | 戊辰<br>己巳 | 戊寅<br>己卯 | 戊子<br>己丑 | 戊戌<br>己亥 | 戊申<br>己酉 | 戊午<br>己未 |
| 납음 | 大林木<br>대림목 | 城頭土<br>성두토 | 霹靂火<br>벽력화 | 平地木<br>평지목 | 大驛土<br>대역토 | 天上火<br>천상화 |
| 간지 | 庚午<br>辛未 | 庚辰<br>辛巳 | 庚寅<br>辛卯 | 庚子<br>辛丑 | 庚戌<br>辛亥 | 庚申<br>辛酉 |
| 납음 | 路傍土<br>노방토 | 白蠟金<br>백랍금 | 松柏木<br>송백목 | 壁上土<br>벽상토 | 叉釧金<br>차천금 | 石榴木<br>석류목 |
| 간지 | 壬申<br>癸酉 | 壬午<br>癸未 | 壬辰<br>癸巳 | 壬寅<br>癸卯 | 壬子<br>癸丑 | 壬戌<br>癸亥 |
| 납음 | 劍鋒金<br>검봉금 | 楊柳木<br>양류목 | 長柳水<br>장류수 | 金箔金<br>금박금 | 桑柘木<br>상자목 | 大海水<br>대해수 |

# 5. 십이운성(十二運星)

## 가. 십이운성이란 무엇인가

일간(日干) 오행(五行)의, 강(强)하고 약(弱)함을 십이지지(十二地支) 상의 인생살이에 비유(比喩)하여 표현(表現)한 것으로 사주감정시 일간의 강약을 측정(測定)하는 데 중요(重要)한 척도(尺度)가 됨.

## 나. 십이운성에는 장생법(長生法)과 포태법(胞胎法)이 있다.

여기서는 장생법(長生法)을 설명(說明)한다. <장생법이나 포태법은 내용(內容)은 똑같으나 시작점(始作點)만 다를 뿐이다.>

## 다. 십이운성 해설

| 1 | 2 | 3 | 4 | 5 | 6 | 7 | 8 | 9 | 10 | 11 | 12 |
|---|---|---|---|---|---|---|---|---|----|----|----|
| 長生<br>(장생) | 沐浴<br>(목욕) | 冠帶<br>(관대) | 臨官<br>(임관) | 帝王<br>(제왕) | 衰<br>(쇠) | 病<br>(병) | 死<br>(사) | 墓<br>(묘) | 絶<br>(절) | 胎<br>(태) | 養<br>(양) |

① 장생(長生) : 어머니의 뱃속에서 이 세상에 태어나는 출생을 의미한다.

② 목욕(沐浴) : 갓 태어난 아기가 모태의 때를 씻고, 목욕하는 과정을 의미(意味)한다.

③ 관대(冠帶) : 어린아이가 장성하여 성인이 되어, 성인의복(成人衣服)을 착용(着用)한 형상이다.

④ 임관(臨官) : 일명 건록(建祿) 이라고도 한다. 임관은 시험에 합격하여 직(職)을 받고 국가(國家)의 록(祿)을 받는 것을 말한다.

⑤ 제왕(帝王) : 혈기(血氣)가 왕성(旺盛)한 인생의 전성기(全盛期)를 말한다.

⑥쇠(衰) : 왕성한 혈기가 식고, 시들어가는 형태(形態)를 말한다.

⑦병(病) : 시든 육체(肉體)가 병이든 형상(形象)이다.

⑧사(死) : 죽음을 의미한다.

⑨묘(墓) : 장(葬)과 같다. 죽어서 땅속에 묻혔음을 뜻한다.

⑩절(絶) : 인생의 삶이, 죽고, 묻혀서, 모든 것이 끝났음을 의미한다.

⑪태(胎) : 어머니의 뱃속에 새 생명(生命)이 잉태(孕胎)되었음을 뜻한다.

⑫양(養) : 잉태(孕胎)된 새 생명이 잘 자라고 있는 것을 말한다.


## 라. 12운성 속지법(速指法) 및 수장도(手掌圖)

①십이운성<암기하기 쉽도록 첫 자를 생략함>

| 1 | 2 | 3 | 4 | 5 | 6 | 7 | 8 | 9 | 10 | 11 | 12 |
|---|---|---|---|---|---|---|---|---|----|----|----|
| 生(생) | 浴(욕) | 帶(대) | 冠(관) | 旺(왕) | 衰(쇠) | 病(병) | 死(사) | 墓(묘) | 絶(절) | 胎(태) | 養(양) |

②양간(陽干)은 순행(順行)<左(좌)에서 우(右)>하고,

음간(陰干)은 역행(逆行)<우(右)에서 좌(左)>한다.

(가). 양간(陽干)　　　　　　　(나.) 음간(陰干)

甲은 亥에서 순행하고,　　　乙은 午에서 역행하고,

丙은 寅에서 순행하고,　　　丁은 酉에서 역행하고,

戊는 寅에서 순행하고,　　　己는 酉에서 역행하고,

庚은 巳에서 순행하고,　　　辛은 子에서 역행하고,

壬은 申에서 순행한다.　　　癸는 卯에서 역행한다.

③ 십이운성 수장도(手掌圖)

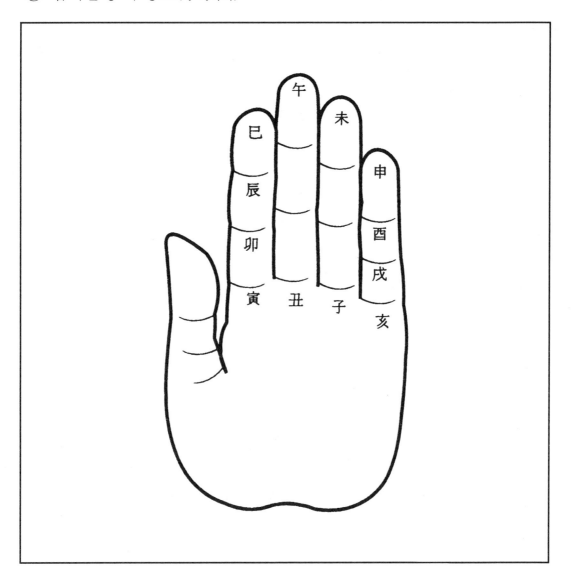

## 마. 십이운성(十二運星) 조견표(早見表)

| 구분 | 甲 | 乙 | 丙 | 丁 | 戊 | 己 | 庚 | 辛 | 壬 | 癸 |
|---|---|---|---|---|---|---|---|---|---|---|
| 長生<br>장생 | 亥 | 午 | 寅 | 酉 | 寅 | 酉 | 巳 | 子 | 申 | 卯 |
| 沐浴<br>목욕 | 子 | 巳 | 卯 | 申 | 卯 | 申 | 午 | 亥 | 酉 | 寅 |
| 冠帶<br>관대 | 丑 | 辰 | 辰 | 未 | 辰 | 未 | 未 | 戌 | 戌 | 丑 |
| 臨官<br>임관 | 寅 | 卯 | 巳 | 午 | 巳 | 午 | 申 | 酉 | 亥 | 子 |
| 帝王<br>제왕 | 卯 | 寅 | 午 | 巳 | 午 | 巳 | 酉 | 申 | 子 | 亥 |
| 衰<br>쇠 | 辰 | 丑 | 未 | 辰 | 未 | 辰 | 戌 | 未 | 丑 | 戌 |
| 病<br>병 | 巳 | 子 | 申 | 卯 | 申 | 卯 | 亥 | 午 | 寅 | 酉 |
| 死<br>사 | 午 | 亥 | 酉 | 寅 | 酉 | 寅 | 子 | 巳 | 卯 | 申 |
| 墓<br>묘 | 未 | 戌 | 戌 | 丑 | 戌 | 丑 | 丑 | 辰 | 辰 | 未 |
| 絶<br>절 | 申 | 酉 | 亥 | 子 | 亥 | 子 | 寅 | 卯 | 巳 | 午 |
| 胎<br>태 | 酉 | 申 | 子 | 亥 | 子 | 亥 | 卯 | 寅 | 午 | 巳 |
| 養<br>양 | 戌 | 未 | 丑 | 戌 | 丑 | 戌 | 辰 | 丑 | 未 | 辰 |

## 바. 십이운성의 왕쇠(旺衰)

①4왕지(旺地) : 생대관왕(生帶冠旺)을 4왕지라 하고, 强(강)하다고 본다.

②4평지(平地) : 욕양태묘(浴養胎墓)를 4평지라 하고, 중간(中間)으로 본다.

③4쇠지(衰地) : 쇠병사절(衰病死絶)을 4쇠지라 하고, 약(弱)하다고 본다.

## 사. 봉(逢)하는 십이운

일간에서 연월일시지(年月日時支)에 인종(引從)한 십이운을 봉(逢)하는 십이운이라고 하며, 일간의 강약(强弱)을 측정(測定)한다.

## 아. 거(居)하는 십이운

년월일시(年月日時)의 각천간(天干)에서 그 해당(該當) 지지(地支)에 있는 십이운을 거(居)하는 십이운이라고 하며, 해당 육친(六親)의 강약(强弱)을 측정한다.

## 자. 좌(坐)하는 십이운

년월일시(年月日時)의 각지지(地支)에서 그 각각의 지지장간(地支藏干)을 보고 좌하는 십이운 이라고 하며, 그 육친(六親)의 강약(强弱)을 측정(測定)한다.

## 차. 인종(引從)하는 십이운

각육친(各六親)과 대세운(大歲運)의 강약(强弱)을 연월일시지(年月日時支)에 인종(引從)하여 그 육친(六親)과 대세운(大歲運)의 강약(强弱)을 측정(測定)한다.

## 카. 십이운성(十二運星)의 기(氣)와 질(質)

십이운의 강약(强弱)에는 십간(十干)의 기(氣)와 질(質)의 강약(强弱)이 있고 오행(五行)의 강약(强弱)이 있다. 잘 분별(分別)해야 한다.


예를 들면, 甲 乙 木 의 경우

해월(亥月)은 겨울이라 木의 잎은 떨어지나,

생기(生氣)는 안으로 들어가서, 봄에 싹이 나서, 무성(茂盛)해질

준비(準備)를 하고 있으며,

오월(午月)은 여름이나, 그 잎과 줄기는 무성(茂盛)하지만,

그 기(氣)는 겉으로 다 발산된 고로,

甲木은 亥에서 生하고,

午에서 사(死)한다 라고 한 것은 그 기(氣)를 말함이며,


乙木은 午에서 生하고, 亥에서 사(死)한다 라고 한 것은

그 질(質)을 말함이니, 분별(分別)에 주의(主意)를 요(要)하며,


甲乙木은 같은 木인데, 어찌 甲의 봄이 따로 있고, 乙의 봄이 따로 있겠는가

# 6. 십이신살(十二神殺)

십이신살(十二神殺)은 현재(現在) 사주명리계(四柱命理界)에서 사용(使用)하고 있는 170여종의 신살류(神殺類)가운데 12지지(地支)에 맞게 선별(選別)한 것으로 여겨지는 신살(神殺)로써 운명감정(運命鑑定)에 필수적(必須的)으로 사용하니 암기(暗記)하거나 숙지(熟知)하시기 바람.

## 가. 십이신살(十二神殺)

| 1 | 2 | 3 | 4 | 5 | 6 |
|---|---|---|---|---|---|
| 겁살<br>(劫殺) | 재살<br>(災殺) | 천살<br>(天殺) | 지살<br>(地殺) | 년살<br>(年殺) | 월살<br>(月殺) |
| 7 | 8 | 9 | 10 | 11 | 12 |
| 망신살<br>(亡身殺) | 장성살<br>(將星살) | 반안살<br>(攀鞍殺) | 역마살<br>(驛馬殺) | 육해살<br>(六害殺) | 화개살<br>(華蓋殺) |

## 나. 십이신살(十二神殺) 해설(解說)

①겁살(劫煞) : 자의(自意)에 반(反)한 강압(强壓)에 의한 외부(外部)로부터의 겁탈(劫奪)을 당한다는 의미.

②재살(災殺) : 일명 수옥살(囚獄殺)이라고도 한다. 법(法)에 의해 육체적인(肉體的)인 활동(活動)을 제한(制限) 받는 것

③천살(天殺) : 불시(不時)에 천재지변(天災地變)을 당할 수 있음을 뜻하는 것.

④지살(地殺) : 객지생활(客地生活)과 국내여행(國內旅行) 또는 변동(變動)이 많은 것,

⑤년살(年殺) : 일명 도화살(桃花殺)또는 욕살(浴殺)이라고도 한다. 미(美)를 사랑하고 적극적(積極的)이고 개방적(開放的)인 성격(性格)이나 이성관계(異姓關係) 문제(問題)가 많이 발생(發生)함

⑥월살(月殺) : 일명 고초살(枯草殺)이라고도 한다. 싹이 나서 자라지 않고 메말라 버린다는 의미.

⑦망신살(亡身殺) : 내부(內部)에서 발생(發生)하는 좋지 않은 현상(現象).

⑧장성살(將星殺) : 직장(職場)에서의 우두머리.

⑨반안살(攀鞍殺) : 말 등의 편안(便安)한 안장을 의미

⑩역마살(驛馬殺) : 객지생활(客地生活)과 해외여행(海外旅行), 그리고 변동(變動)이 많은 것.

⑪육해살(六害殺) : 이(利)롭지 않으면서 좋지 못한 일들이 발생(發生)한다.(육친관계)

⑫화개살(華蓋殺) : 예술(藝術) 그리고 신앙(信仰)의 살(殺)을 말함.

## 다. 십이신살(十二神殺) 속지법(速指法)

①십이신살(十二神殺) 속지법(速指法)

(암기(暗記)할 때는 첫 자만 암기한다. 단 역마살(驛馬殺)은 둘째자임>

| 1 | 2 | 3 | 4 | 5 | 6 | 7 | 8 | 9 | 10 | 11 | 12 |
|---|---|---|---|---|---|---|---|---|---|---|---|
| 겁(劫) | 재(災) | 천(天) | 지(地) | 년(年) | 월(月) | 망(亡) | 장(將) | 반(攀) | 마(馬) | 육(六) | 화(華) |

년지(年支) 또는 일지(日支)를 기준한다

<여기서는 년지 기준>

　寅午戌 년(年) 亥劫殺(해겁살) : 亥에서 順行(순행)하고,

　巳酉丑 년(年) 寅劫殺(인겁살) : 寅에서 順行(순행)하고,

　申子辰 년(年) 巳劫殺(사겁살) : 巳에서 順行(순행)하고,

　亥卯未 년(年) 申劫殺(신겁살) : 申에서 順行(순행)한다.

② 십이신살 수장도(手掌圖)

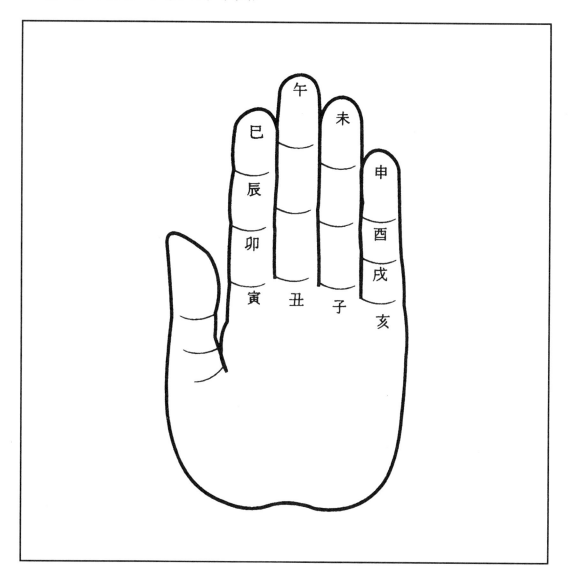

# 7. 지장간(地藏干)

가. 십이지(十二支)는 십이월(十二月)과 같은 것이다.

　　지지(地支)속에 천간(天干)의 기(氣)가 감추어져 있다 하여 지장간 (地藏干)이라 한다.

나. 천(天)은 가볍고 맑은 기(氣)요,

　　지(地)는 무겁고 탁한 질(質)이다.

　　그 사이에 명(命)과 운(運)을 품고 사람이 태어났기 때문에　천간 (天干)은 천원(天元)이라고 하고, 지지(地支)를 지원(地元)이라고 하며, 지장간(地藏干)을 인원(人元)이라고 하며, 천원(天元), 지원(地元), 인원(人元)을 삼원(三元)이라고 한다.

다. 출생월(出生月)에 어느 기(氣)가 맡고 있느냐에 따라서, 즉 사령(司令)하느냐에 따라서 사주팔자(四柱八字)에 지대(至大)한 영향(影響)을 미치므로 지장간(地藏干)은 매우 중요(重要)하다.

라. 지장간은 1개월간의 변화(變化)를 나타낸 것이니,

　　초기(初氣)와 중기(中氣)와 정기(定氣)로 구분된다.

　　초기(初氣)란 전월 정기(定氣)의 기(氣)가 남아 있다는 뜻이요, 중기(中氣)란, 초기(初氣)와 정기(定氣)의 중간기(中間氣)란 뜻이며, 정기(定氣)란, 그달의 본(本)오행(五行)의 기를 뜻한다.

마. 운명(運命)을 감정(鑑定)할 때는 연월일시지(年月日時支)속에 감추어진 장간(藏干)도 모두 표출(表出)하여 4干4支 즉, 연월일시 주柱)와 대조(對照)한 후, 신강(身强) 신약(身弱)을 판정(判定)할 것이며, 격국(格局)과 용신(用神), 희신(喜神), 기신(忌神)과 대세운(大歲運)에 미치는 영향을 세밀(細密)히 관찰(觀察)해야 할 것이다.

바. 년월일시지의 지장간(地藏干)도 중요(重要)한 것은 말할 필요(必要)
   가 없으나 그 중에서도, 월지(月支) 장간은 특히 중요(重要)하다.


   월지(月支) 장간(藏干)의 초기(初氣), 중기(中氣), 정기(定氣)중에 천
간(天干)에 투출(投出)된 장간(藏干)이 있을 때와 없을 때의 차이(差異)
가 극명(克明)하고 그 심천(深淺)과 유근(有根), 무근(無根)에 따라 운
명(運命)이 판이(判異)하게 달라지기 때문에 월지(月支) 장간(藏干)은
특히 세밀(細密)하게 관찰(觀察)해야 할 것이다.


사. 지장간(地藏干) 분야표(分野表)......<참고:자평진전평주>

| 월별 | 지지 | 초기 | 중기 | 정기 |
|------|------|------|------|------|
| 1 | 寅 | 戊7日 | 丙7日 | 甲16日 |
| 2 | 卯 | 甲10日 | | 乙20日 |
| 3 | 辰 | 乙9日 | 癸3日 | 戊18日 |
| 4 | 巳 | 戊5日 | 庚9日 | 丙16日 |
| 5 | 午 | 丙10日 | 己9日 | 丁11日 |
| 6 | 未 | 丁9日 | 乙3日 | 己18日 |
| 7 | 申 | 戊10日 | 壬3日 | 庚17日 |
| 8 | 酉 | 庚10日 | | 辛20日 |
| 9 | 戌 | 辛9日 | 丁3日 | 戊18日 |
| 10 | 亥 | 戊7日 | 甲5日 | 壬18日 |
| 11 | 子 | 壬10日 | | 癸20日 |
| 12 | 丑 | 癸9日 | 辛3日 | 己18日 |

※ 월지(月支) 장간(藏干)의 심천(深淺) 식별법

출생일에서 입절(立節)된 날을 빼고 난 후, 남은 일수를 월지 장간의

조견표에서 찾아 대조하면, 초,중,정기생을 알 수 있다.

예를 들면, 1968년 음력 3월30일생의 경우,

만세력을 보면, 3월중의 절기인 청명(淸明)이 바뀐 날이, 3월8일이니

출생일인, 3월30일에서 3월8일을 빼면, 22일이 남는다.

3월은 辰월이니까, 辰중에는 지장간이 乙癸戊가 있는데,

乙木이 초기니까, 3월8일부터 9일간이므로, 3월16일까지가 초기생이고,

癸水가 중기니까, 3월17일부터 3일간이므로, 3월19일까지가 중기생이고,

戊土가 정기니까, 3월20일부터 18일간이므로, 그 다음달 입절일까지가

정기생이 된다.


※ 지장간의 연상(聯想)기억법

子(壬 癸) : 子경이는 壬씨 한테 癸량기 보는법을 배웠다.

丑(癸辛己) : 丑사에서 그 고운 癸식이 어머니가, 축분을 치우는 것을
　　　　　　　보니 辛己하고 대단하다.

寅(戊丙甲) : 寅근에는 戊丙장수하는, 甲식이 아버지가 살고 계신다.

卯(甲 乙) : 卯하게도 甲돌이를 乙지로에서 만났다.

辰(乙癸戊) : 辰짜맛乙 내려면 癸란과 戊를 넣어라.

巳(戊庚丙) : 巳돈이도로를 戊단 횡단하다, 다쳐서 庚찰과 丙원에갔다.

午(丙己丁) : 午전에 친구 丙문안 가서, 오랫만에 己丁이를 만났다.

未(丁乙己) : 未우면 깊은丁乙, 己대하지 말거라.

申(戊壬庚) : 申용 카드도 현금도 없이, 戊壬 승차하면 庚찰에가야한다.

酉(庚 辛) : 酉리가 미끄러우니, 庚고문을 辛중하게 써라.

戌(辛丁戊) : 戌은 구정이 아닌 辛정때, 戊척 많이 마셨다.

亥(戊甲壬) ; 亥가 저물 무렵에, 甲판에서 壬씨 아버지를 만났다.

**42**

# 8. 이십사절기(二十四節氣)

　사주팔자(四柱八字)를 산출(算出)하려면 반드시 음력(陰曆) 절기(節氣)를 기준(基準)으로 해서 사주(四柱)를 조립(組立)해야 한다.

　일년(一年)은 십이개월(十二個月)이고, 십이개월에는 이십사절기(二十四節氣)가 있으며, 한 달이 시작(始作) 될 때를 절(節)이라 하고,
　한 달의 중간(中間)을 기(氣)라 한다.
　절(節)은 사주팔자(四柱八字)를 만들 때, 12절(節)을 사용(使用)하고, 기(氣)는 명궁(命宮)을 산출(算出)할 때 12기(氣)를 사용(使用)한다.

※이십사절기표(二十四節氣表)

| 월별 | 1 | 2 | 3 | 4 | 5 | 6 | 7 | 8 | 9 | 10 | 11 | 12 |
|---|---|---|---|---|---|---|---|---|---|---|---|---|
| 12 지지 | 寅 | 卯 | 辰 | 巳 | 午 | 未 | 申 | 酉 | 戌 | 亥 | 子 | 丑 |
| 節 절 | 立春 입춘 | 驚蟄 경칩 | 淸明 청명 | 立夏 입하 | 芒種 망종 | 小暑 소서 | 立秋 입추 | 白露 백로 | 寒露 한로 | 立冬 입동 | 大雪 대설 | 小寒 소한 |
| 氣 기 | 雨水 우수 | 春分 춘분 | 穀雨 곡우 | 小滿 소만 | 夏至 하지 | 大暑 대서 | 處暑 처서 | 秋分 추분 | 霜降 상강 | 小雪 소설 | 冬至 동지 | 大寒 대한 |

　절(節)은 대단히 중요(重要)하다. 왜냐하면 사주명리학 에서는 사주팔자를 구성(構成)할 때 음력(陰曆) 절(節)을 기준(基準)으로 삼아 사주(四柱)를 산출하여 조립(組立)하기 때문이다.

　그러므로 12절(節)은 반드시 암송(暗誦)해야만 할 필수요소(必需要素)이다.

* 12절(節) 암송법(暗誦法)<12절(節)의 첫 자만 암송(暗誦)한다>

| 월별 | 1 | 2 | 3 | 4 | 5 | 6 | 7 | 8 | 9 | 10 | 11 | 12 |
|---|---|---|---|---|---|---|---|---|---|---|---|---|
| 節<br>절 | 立<br>입 | 驚<br>경 | 淸<br>청 | 立<br>입 | 芒<br>망 | 小<br>소 | 立<br>입 | 白<br>백 | 寒<br>한 | 立<br>입 | 大<br>대 | 小<br>소 |

1은 입춘(立春)　　　　　7은 입추(立秋)

2는 경칩(驚蟄)　　　　　8은 백로(白露)

3은 청명(淸明)　　　　　9는 한로(寒露)

4는 입하(立夏)　　　　　10은 입동(立冬)

5는 망종(芒種)　　　　　11은 대설(大雪)

6은 소서(小暑)　　　　　12는 소한(小寒)

# 9. 간지총론(干支總論)

　간지(干支)란 천간지지(天干地支)의 준말 이라고 앞에서 우리는 배웠다.

　그러면 천간지지(天干地支)란 무엇인가

　그 옛날 황제(皇帝)께서 하늘에 제(祭)를 지낸 후, 하늘의 게시(揭示)를 받아, 천간지지((天干地支)를 만들었는데, 그 간지(干支)로 훗날 대요(大僥)씨가 60甲子를 창안(創案)하여 사주명리(四柱命理)의 　주춧돌이 되었으니, 그 주춧돌위의 사주명리(四柱命理)란, 간지(干支) 22자에 대한 통변(通辯)일 따름이다.

　통변(通辯)이란 무엇인가

　통변(通辯)이란 간지(干支)와 음양(陰陽), 오행(五行)을 활용(活用)하는 연상(聯想)의 출발점(出發點)이며, 인생(人生)의 운명(運命)에 대한 추명(推命)의 시작(始作)이며, 끝없는 변화(變化)를 이끌어내는 용솟음 치는 샘물과 같다.

　예를 들어,

　甲木을 연상(聯想)하고 추리(推理)하며 변화(變化)되는 과정(過程)을 찾아보자.

　甲木이란,

　적천수 강의(適天髓 講義)에서

甲木參千 脫胎要火 春不容金 秋不容土

갑목참천 탈퇴요화 춘불용금 추불용토

火熾乘龍 水蕩騎虎 地潤天和　植立千古

화치승룡 수탕기호 지윤천하　식립천고

라고 했다. 즉

웅장하게 하늘닿게, 우뚝우뚝 늘어서서,

온천하에 제일인양, 자랑스런 甲木이여,

처음 나서 어린나무, 따스한 불 필요하고,

목기(木氣)왕한 봄에 나면, 金기운은 지레죽고,

金기왕한 가을에는, 허약한토 쓸모없네,

이글대는 불속에선, 물 뿜는 용 필요하고,

질척질척 습지에는, 호랑이가 필요하다.

촉촉한 땅 뿌리박고, 하늘기운 온화하면,

그 땅위에 심어져서, 천년만년 살고지고.

라고 했으니,


그것은 甲木의 성장환경(成長環境)이며,

성장환경(成長環境)을 논(論)하자면, 깊이가 한없이 깊고 넓기 때문에 차차 공부하고,

좀더 간단(簡單)하면서도 실생활(實生活)에 바로 적용(適用) 할수 있는 것으로 통변(通辯)의 잣대를 맞추는 것도 그 범위는 넓고 크기만 하다.


방향(方向)으로 보면 東쪽이고, 계절(季節)로는 봄이 되고,

색(色)으로 보면 녹색(綠色)이며, 맛으로 보면 산(酸)이며,

음(音)으로 보면 각음(角音)이 되고, 한글 소리로는 ㄱ,ㅋ이 되며,

수(數)로는 삼(三),팔(八)이 되고, 상(常)으로 보면 인(仁)이 되며,

신체장기(身體臟器)로 보면 간(肝)이 되고, 영(靈)으로 보면 혼(魂)이 머물고, 복(福)으로 보면 수(壽)가 된다.

사람의 성격(性格)으로 보면,

木의 많고 적음에 따라 다르긴 해도,

인(仁)을 주(主)로 하고, 항상 타인(他人)에 대하여 유정(有情)하고,

자애(自愛)가 깊고, 인심(仁心)과 측은지심(測隱之心)을 갖고 있으며,

악(惡)을 미워하고, 자세(姿勢)는 수려(秀麗)하고, 기거동작(寄居動作)은 단정(端正)하다고 볼 수 있으며,


나무로 보면,

소나무, 잣나무, 삼나무, 야자나무, 대나무, 산수유 등이 되고,


사람으로 보면,

장군(將軍), 통수권자(統帥權者), 가장(家長), 우두머리, 형(兄),

의사(醫師), 법관(法官), 높은 사람, 키 큰 사람 등이 되고,


동물(動物)로 보면,

학, 꾀꼬리, 공작, 사자, 호랑이, 표범, 사슴, 도마뱀, 구렁이, 기린  등이 되고,


직업(職業)으로 보면,

창시자(創始者), 정치가(政治家), 총무(總務), 농림업(農林業), 목재업(木材業), 건축업(建築業), 감독(監督) 등이 되고,


지리건축(地理建築)으로 보면,

삼림(森林), 대로(大路), 교량(橋梁), 기둥, 큰집이 되고,

질병(疾病)으로 보면,

머리, 담낭, 머리카락, 목소리, 뇌신경 등이 되고,


기물(器物)로 보면,

퉁소, 피리, 북, 비파, 거문고, 안마봉, 곤봉, 농기구 등이 된다.


그 외(外) 환경(環境)과 상태(狀態)에 따라,

甲木의 통변(通辯)은 계속하여 이어질 수 있다.


그런 이유(理由)로 이 책의 첫머리 간지해설(干支解說)에서는

한가지씩 만 설명(說明)했으나,


기본적(基本的)인 간지(干支)의 성격(性格)을 모르고는 사주명리(四柱命理)의 대해(大海)에 들어가기 어려우므로 전문적(專門的)이고, 깊고, 넓은, 간지해설(干支解說)은 지양(止揚)하고,


기본적(基本的)이고 일반적(一般的)인 간지해설(干支解說) 중, 필자(筆者)의 판단(判斷)에 따라 간지(干支)를 해설하니 반드시 숙지(熟知)하시기 바람.

# 가. 천간론(天干論) <조화원약평주의 이론을 긴단히 소개한다>

### ①甲木

甲木은 양(陽)이다.

하늘에서는 우뢰(雨雷)이며, 땅에서는 동량(棟樑)이며 강한 나무다.

해수(海水)에 묻히면 천년동안 썩지 않고,

도끼를 만나면 기물(器物)을 이루고,

불을 얻으면 문명(文明)을 이룬다.

그러나 金이 많으면 꺽이고,

화다(火多)하면 재로 변한다.

춘(春)에는 왕(旺)하고, 하(夏)에는 영화(榮華)롭고,

추(秋)에는, 기(氣)가 시들고, 동(冬)에는 태양빛이 없으면 흉(凶)하다.

### ②乙木

乙木은 음(陰)이다.

음목(陰木) 또는 활목(活木)이라 하며 약(弱)한 나무다.

하늘에서는 바람이고,

숲에서는 청목(靑木)이고, 전원(田園)에서는 도리(桃李)와 같다.

윤택(潤澤)한 土로 뿌리를 배양(培養)해 주며, 활수(活水)로

도와야 이(利)롭다.

수다(水多)하거나 금절(金折)하면 흉(凶)하다,

춘(春)에는 싹이 나고, 하(夏)에는 잎이 번성(繁盛)하고, 추(秋)에는

금왕(金旺)하니 종(從)하면 길(吉)하다.

동(冬)에는 잎이 떨어지니, 뿌리가 견고(堅固)하면 길(吉)하다.

③丙火

丙火는 양(陽)이다.

하늘에서는 태양(太陽)이고 우뢰이며,

땅에서는 용광로(鎔鑛爐)이며 강한 불이다.

태양(太陽)은 寅에서 생(生)하고 酉에서 사(死)한다.

건목(乾木)으로 불꽃이 발생하면 길(吉)하고,

숲은 빛이 가리워 지면 흉(凶)하다.

금다(金多)하면 어두워지고, 토다(土多)하면 꺼진다.

춘(春)에는 만물(萬物)을 화창하게 하여 길(吉)하고,

하(夏)에는 조열(燥熱)하여 근심이 있고,

추(秋)에는 돌아오며 거두어 들이는 쓰임이 있고,

동(冬)에는 어둡게 하면 흉(凶)하다.

④丁火

丁火는 음(陰)이다

하늘에는 별이고,

땅에서는 등촉(燈燭)의 불이고, 약(弱)한 불이다.

밤에는 밝으나,

태양(太陽)이 나오면 어두워져, 戌亥 시(時)를 좋아하며,

戌亥는 천문(天文)으로 별이 북극성(北極星)을 이룬다.

때를 얻으면 단단한 쇠도 단련(鍛鍊)하나,

때를 잃으면 작은 쇠도 못 녹인다.

춘목(春木)은 등잔불에 기름을 붓는것과 같고,

하화(夏火)는 용광로(鎔鑛爐)에 숯이다.

추(秋)에는 별빛이 밝고,

동(冬)에는 땅속에 숨는다.

## ⑤戊土

戊土는 양(陽)이다.

만물(萬物)을 가득 실으며, 사방(四方)에 존재(存在)한다.

하늘에서는 안개와 노을이고,

땅에서는 산(山)이나 육지(陸地)이니 많은 흙이다.

태양(太陽)이 비치면 노을이 나타나고,

사계절(四季節)에 제방(堤防)을 이루면 기뻐하고,

水가 서로 비추어 주면 기뻐하고,

火가 지나치게 뜨거우면 꺼리고,

금다(金多)하면, 모체(母體)가, 설(泄)이 되어 약(弱)해지고,

木이 왕성(旺盛)하면 본질(本質)이 붕괴(崩壞)된다.

천간(天干)에 癸水가 투출하면 비온 후에 노을이 빛나는

상(像)이 되어 좋고,

사계절(四季節)을 좋아함은 뿌리가 튼튼하여 강물이 모이기 때문이다.


## ⑥ 己土

己土는 음(陰)이다.

만물(萬物)을 키우니 사시(四時)에 왕성(旺城)하다.

하늘에서는 구름이고,

땅에서는 전답(田畓)이니 부드러운 흙이다.

甲木과 상합(相合)하면 구름과 우뢰(雨雷)가 모여 비를 내리고,

酉에 앉으면, 연못에 임하는 것이니,

산천(山川)의 증기(蒸氣)가 구름을 만든다.

실령(失令)하면 천박(淺薄)하여 자애(慈愛)롭지 못하고,

득시(得時)하면 곡식을 배양(培養)하는 공(功)을 이룬다.

⑦庚金

庚金은 양(陽)이다. 천지숙살권(天地肅殺權)이다.

하늘에서는 달이고, 땅에서는 강한 쇠다.

용광로(鎔鑛爐)에서 단련(鍛鍊)되는 것을 좋아하고,

水土에 묻히고 가라앉는 것을 싫어한다.

乙巳를 만나면 월백풍청(月白風靑)하고,

壬子의 왕수(旺水)를 만나면 파도(波濤)가 출렁이고,

달을 보고, 활을 쏘며, 풍월(風月)을 즐기는 형상이 되고

춘목(春木)에는 金이 이지러지고,

하(夏)에는 괴멸(壞滅)되고,

추(秋)에는 광채(光彩)가 나고,

동(冬)에는 침몰(沈沒)된다.


⑧辛金

辛金은 음(陰)이다.

산(山)에서는 주옥(珠玉)을 이루고, 물에서는 검봉(劍鋒)을 이룬다.

하늘에서는 서리이고, 땅에서는 부드러운 금이다.

중추(中秋)에는 만물(萬物)을 숙살(肅殺)하고,

백로(白露)에는 서리로 나뭇잎을 상(傷)한다.

갑옷에서 나오면 칼이니 권위(權威)를 떨친다.

丙火를 만나면 水가 되며,

동월생(冬月生)이 辛亥가 있는데,

丙火가 투출(透出)되면 귀격(貴格)을 이룬다.

乙木을 만나면, 예리(銳利)함이 강(强)해지며,

동월생(冬月生)이 辛卯, 辛未가 있는데,

乙木이 투출(透出)하면 부격(富格)을 이룬다.

⑨壬水

壬水는 양(陽)이다.

호탕(浩蕩)하고 왕양(汪洋)하여 수많은 하천(河川)이 모여든다.

하늘에서는 우로(雨露)이고, 땅에서는 강호(江湖)이니 강한 물이다.

土의 제방(堤防)을 만나면 강하(江河)를 이루나,

土가 水의 흐름을 막지 못하면 반드시 흩어진다.

봄의 이슬은 초목(草木)을 자라게 하나,

가을의 이슬은 초목(草木)을 상(傷)하게 한다.

丁火를 만나면 은하수(銀河水)가 나타나는 격이니,

남방운(南方運)을 만나면 좋아진다.


⑩癸水

癸水는 음(陰)이다.

사방(四方)에 흩어져서 만물(萬物)을 자생(滋生)한다.

하늘에서는 비이고,

땅에서는 샘물이니, 활수(活水)요 약(弱)한물이다.

土를 만나면 탁(濁)해지나, 金에서 나오면 깨끗하다.

춘하(春夏)에 생(生)하면 단비가 되어 영화(榮華)롭고,

추동(秋冬)에 생(生)하면 장맛비를 이루어 진흙탕이 된다.

卯辰을 좋아하는 것은 구름을 만들어 비를 내려주기 때문이요,

己巳의 火土가 왕(旺)한 것을 두려워하는 것은,

구름이 나타나기 때문이다.

## 나. 지지론(地支論) <조화원약평주의 이론을 간단히 소개한다>

### ① 子水

子는 감(坎)이며 水이고, 正北쪽이다.

월건(月建)인 子월은 대설(大雪)후에는 왕(旺)하고,

申辰과 회합(會合)하면 강해(江海)를 이루어 파도(波濤)를

발생(發生)시킨다.

한밤중에 있으니,

전반(前半)은 음(陰)이고, 후반(後半)은 양(陽)이니,

음양교차(陰陽交差)의 중심(中心)이 된다.

子는 밤이니 흑색(黑色)이며,

묵지(墨池)의 상(象)이다.

### ② 丑土

丑은 이양(二陽)이며 음토(陰土)로 金水가 들어있다.

방위(方位)는 北이며, 東으로 향한다.

월건(月建)은 丑월로 소한(小寒)후에는 土가

응결(凝結)되고,

丑이 융동(隆冬)<한겨울>에 있으나,

土가 따뜻해져 만물(萬物)이 소생(蘇生)한다.

土가 水를 막으니 유안(柳岸)의 상이다.

### ③ 寅木

寅은 간(艮)이며 산(山)이고,

방위(方位)는 東이고 北쪽에 가깝다.

월건(月建)은 寅월로 입춘(立春)후에는 반드시 삼양(三陽)이 모인다.

木土의 장생지(長生地)가 되니 광곡(廣谷)의 상(象)이다.

④卯木

卯는 진(震)이고 木이며 正東쪽이다.

월건(月建)은 卯월로 경칩(驚蟄)후에는 반드시 왕성(旺盛)하며 강해진다.

亥未와 회합(會合)하면 숲을 이루며,

옥(玉)과 같이 푸르니 경림(瓊林)의 상이다.


⑤辰土

辰은 용궁(龍宮)이며 습(濕)한 土로 水木이 들어있다.

방위(方位)는 東쪽이며, 南 향한다.

월건(月建)은 辰월로 청명(淸明)후에는 만물(萬物)이

성장(成長)한다.

水木을 모으니 초택(草澤)의 상이다.


⑥巳火

巳는 손(巽)이고 바람이며 육음(六陰)의 극(極)이다.

방위(方位)는 南이고 東方에 가깝다.

월건(月建)은 巳월로 입하(立夏) 후에는 火가 빛을 더한다.

火土가 모두 모이니, 사람의 훈기 (薰氣)가 모이는 것과 같아

대역(大驛)의 상(象)이다.

⑦午火

午는 이(離)이고, 火이며 正南쪽이다.

월건(月建)은 午월로 망종(芒種) 후에는 뜨거운 기(氣)가 있다.

寅戌과 화합(會合)하면 화염(火焰)이 격렬하여 빛을 더욱

증가(增加)시킨다.

시(時)가 午에 앉으면 전반(前半)은 육양(六陽)의 양(陽)이고,

후반(後半)은 육음(六陰)의 음(陰)이 처음 시작한다.

그러므로 午가 음양(陰陽)이 교차(交差)하는 중심(中心)이 된다.

하루 중의 시후(時候)는 적황색(赤黃色)으로 봉화(烽火)의 상(象)이다.


⑧未土

未는 하(夏)이고 난토(暖土)로 火木이 들어있다.

방위(方位)는 南쪽이고 西쪽에 가깝다.

월건(月建)은 未월로 소서(小暑)후에는 반드시 土가 따뜻해진다.

난토(暖土)로 木을 배양(培養)하여 화원(花園)의 상(象)이다.


⑨申金

申은 곤(坤)이고, 땅이며,

방위(方位)는 西쪽이며 南쪽에 가깝다.

월건(月建)은 申월로 입추(立秋)후에는 반드시 숙살(肅殺)의

기(氣)가 있다. 金水土가 모두 모이니,

나라를 세우는 것과 같아 명도(名都)의 상(象)이다.


56

⑩酉金

酉는 태(兌)이며 연못이고 正西쪽이다.

월건(月建)은 酉월 백로(白露) 후에는 금이 백색(白色)으로
변한다.

巳丑이 회합(會合)하면 견고(堅固)하고, 날카로워진다.

酉는 戌亥에 가깝다.

戌亥는 천문(天門)이고, 西방에 있으나, 범사(梵寺)의
경계(境界)에 있다.

사찰(寺刹)의 종(鐘)을 두드리는 천문(天門)에 소리가 들리니 사종(寺鐘)의
상이다.


⑪戌土

戌은 건토(乾土)로 火金이 들어있다.

방위(方位)는 西쪽이며 北에 가깝다.

월건(月建)은 戌월로 한로(寒露) 후에는 土가 메마르기
때문에 초목(草木)이 시든다.

농가(農家)에서 전답(田畓)에 불을 지르는 것 같으니, 소원(燒原)의
상(象)이다.


⑫亥水

亥는 건(乾)이며 하늘이고, 육음(六陰)의 극(極)이다.

방위(方位)는 北쪽이며 西쪽에 가깝다.

월건(月建)은 亥월로 소춘(小春) 이라고도 한다.

亥는 천문(天門)에 속하니, 현하(懸河)의 상(象)이다.

# 10. 사주(四柱) 정(定)하는 법(法)

## 가. 사주(四柱)란 무엇인가

①사주(四柱)란, 사주팔자(四柱八字) 또는 사주명리(四柱命理) 혹은 사주추명(四柱推命) 이라고도 한다.

사람이 출생(出生)한 연월일시(年月日時)를 음력(陰曆)으로 환산(換算)한 후, 각각(各各)의 연월일시(年月日時)를 육십갑자(六十甲子)의 간지(干支)로 바꾼 네 기둥 즉, 년주(年柱), 월주(月柱), 일주(日柱), 시주(時柱)의 4주(柱)와 간지(干支) 8자(字)를 사주팔자(四柱八字)라 고 하며, 또 8자를 생략(省略)하고 통칭(通稱), 사주(四柱) 라고도 한다.

②사주팔자(四柱八字)를 한그루의 나무에 비유(比喩)하여 근묘화실(根苗花實)이라 고도 한다.

즉 뿌리에서 싹이 난 후 자라서 꽃이 피고, 열매를 맺는 식물(植物)의 성장과정(成長過程)을 사람의 운명(運命)과 동일시(同一視)한 것을 말하며, 또 근묘화실(根苗花實)을 사주팔자(四柱八字)에 대입(代入)하여 사주감정(四柱鑑定)시 다음표의 내용(內容)과 같이 활용(活用)하기도 한다.

※사주(四柱) 대(對) 근묘화실(根苗花實) 비교표(比較表)

| 구분(區分) | 근(根) | 묘(苗) | 화(花) | 실(實) |
|---|---|---|---|---|
| 출생일시<br>(出生日時) | 년(年) | 월(月) | 일(日) | 시(時) |
| 사주(四柱) | 년주(年柱) | 월주(月柱) | 일주(日柱) | 시주(時柱) |
| 사주팔자<br>(四柱八字) | 甲子 | 乙丑 | 丙寅 | 丁卯 |
| 년령 | 0~20세(歲) | 21~40세(歲) | 41~60세(歲) | 61~80세(歲) |
| 육친(六親) | 조부(祖父)<br>조모(祖母) | 부모(父母)<br>형제(兄弟) | 본인(本人)<br>배우자<br>(配偶者) | 자녀(子女)<br>손자녀<br>(孫子女) |
| 성명(姓名) | 원(元) | 형(亨) | 이(利) | 정(貞) |

## 나. 년주(年柱) 정하는 법

년주(年柱)는 태어난 해로 정(定)한다.

예(例)를 들면, 2009년 己丑 년에 태어났으면 己丑으로
년주(年柱)를 정(定)한다.

단, 2009년 己丑년의 음력(陰曆) 절기(節氣)인 입춘(立春)
전(前)이냐, 입춘(立春) 후(後)이냐에 따라서 년주(年柱),
즉 태세(太歲)는 달라진다.

2009년 己丑년의 입춘(立春)은 만세력(萬歲曆)을 보면,

2009년 2월 4일 오전(午前) 1시<음(陰)1월 10일>가 입절(立節)되는
시각(時刻) 이므로,

① 2009년 2월 4일 오전(午前) 1시 이후(以後)는 년주(年柱)를
   2009년 己丑 년의 태세(太歲)인 己丑으로 정(定)하고,
② 2009년 2월 4일 오전(午前) 1시 이전(以前)은 년주(年柱)를
   2008년 戊子 년의 태세(太歲)인 戊子로 정(定)한다.

즉 태어난 연월일시(年月日時)가 입춘(立春) 전(前)이냐, 입춘(立春)
후(後)이냐에 따라서 년주(年柱)가 달라진다.
그리고 다른 해도 같은 방법(方法)으로 년주(年柱),
즉 태세(太歲)를 정(定)한다.

## 다. 월주(月柱) 정하는 법

월주(月柱)를 정(定)하는 법(法)은 다음의 두 가지가 있다.

두 가지 중에서 각자 취향(趣向)에 따라서 취사선택(取捨選擇)하여
암기(暗記)하거나 숙지(熟知) 하시기 바람
(내용(內容)은 동일(同一)함>

① 연두법(年頭法)

　甲己년 병인두(丙寅頭)

　乙庚년 무인두(戊寅頭)

　丙辛년 경인두(庚寅頭)

　丁壬년 임인두(壬寅頭)

　戊癸년 갑인두(甲寅頭)

② 오행상생법(五行相生法)

　甲己合土　火生土

　乙庚合金　土生金

　丙辛合水　金生水

　丁壬合木　水生木

　戊癸合火　木生火

③ 연두법(年頭法) 해설(解說)

甲己년 병인두(丙寅頭)라 함은,

천간(天干)이 甲 또는 己년으로 시작되는 해는,

1월의 간지(干支)가 丙寅이 된다는 뜻으로,

1월은 丙寅월, 2월은 丁卯월,

3월은 戊辰월, 4월은 己巳월,

5월은 庚午월, 6월은 辛未월,

7월은 壬申월, 8월은 癸酉월,

9월은 甲戌월, 10월은 乙亥월,

11월은 丙子월, 12월은 丁丑월로,

월주(月柱)가 60갑자의 순서(順序)대로 정(定)해진다.


乙庚년 무인두(戊寅頭)

丙辛년 경인두(庚寅頭)

丁壬년 임인두(壬寅頭)

戊癸년 갑인두(甲寅頭)도


위 甲己년 병인두(丙寅頭)의 방법(方法)으로

월주(月柱)를 산출(産出)한다.

④오행상생법(五行相生法) 해설(解說)

　甲己合土 火生土라 함은,

　甲 또는 己년으로 시작(始作)되는 해는,

　甲己合으로 土를 생(生)하는 바,

　土를 생(生)하는 인수(印綬)인 火를,

　1월의 간(干)으로 정(定)하는데,

　인수(印綬)인 火에는 丙火 丁火가 있으나,

　그중에서 양간(陽干)인 丙火를 선택(選擇)한다.


　지지(地支)는 움직이지 않고 고정(固定)되어 있으므로

　寅으로 하여,

　1월의 간지(干支)가 丙寅이 된다.

　그러므로 전③항 연두법(年頭法)과 같은 요령(要領)으로,

　2월은 丁卯월, 3월은 戊辰월,

　4월은 己巳월, 5월은 庚午월,

　6월은 辛未월, 7월은 壬申월,

　8월은 癸酉월, 9월은 甲戌월,

　10월은 乙亥월, 11월은 丙子월,

　12월은 丁丑월로 간지(干支)가 정(定)해진다.


　乙庚合金 土生金

　丙辛合水 金生水

　丁壬合木 水生木

　戊癸合火 (木生火도

　위 甲己合土 火生土와 같은 방법(方法)으로

　월주(月柱)를 산출(産出)한다.

⑤월주조견표(月柱早見表)

| 구분 | | 甲己년 | 乙庚년 | 丙辛년 | 丁壬년 | 戊癸년 |
|---|---|---|---|---|---|---|
| 1월 | 寅 | 丙寅 | 戊寅 | 庚寅 | 壬寅 | 甲寅 |
| 2월 | 卯 | 丁卯 | 己卯 | 辛卯 | 癸卯 | 乙卯 |
| 3월 | 辰 | 戊辰 | 庚辰 | 壬辰 | 甲辰 | 丙辰 |
| 4월 | 巳 | 己巳 | 辛巳 | 癸巳 | 乙巳 | 丁巳 |
| 5월 | 午 | 庚午 | 壬午 | 甲午 | 丙午 | 戊午 |
| 6월 | 未 | 辛未 | 癸未 | 乙未 | 丁未 | 己未 |
| 7월 | 申 | 壬申 | 甲申 | 丙申 | 戊申 | 庚申 |
| 8월 | 酉 | 癸酉 | 乙酉 | 丁酉 | 己酉 | 辛酉 |
| 9월 | 戌 | 甲戌 | 丙戌 | 戊戌 | 庚戌 | 壬戌 |
| 10월 | 亥 | 乙亥 | 丁亥 | 己亥 | 辛亥 | 癸亥 |
| 11월 | 子 | 丙子 | 戊子 | 庚子 | 壬子 | 甲子 |
| 12월 | 丑 | 丁丑 | 己丑 | 辛丑 | 癸丑 | 乙丑 |

## 라. 일주(日柱) 정하는 법

일주(日柱)를 정(定)하는 법(法)은 연월일시주(年月日時柱) 중 가장 간단(簡單)하다.

만세력(萬歲曆)에서 해당(該當) 년월일시(年月日時)를 양음력(陽陰歷) 대조(對照) 확인(確認) 후(後), 당일(當日)의 일진(日辰)을 찾아

기록(記錄)하면 된다.

일주(日柱)는 일간(日干)과 일지(日支)로 구분(區分) 되는 바,

일간(日干)은 일주(日主)이고, 나이고, 아신(我身)이며, 기신(己身)

이고, 일원(日元)이며 명주(命主)이기도 하다.

일지(日支)는 남녀 모두에게 통상(通常) 배우자(配偶者)로 본다.


## 마. 시주(時柱) 정하는 법

시주(時柱) 정(定)하는 법(法)은 두 가지가 있다.

시두법(時頭法)과 오행생극법(五行生剋法)이 그것이다.

두 가지 중에서 취사선택(取捨選擇)하여 사용(使用)하되,

암기(暗記)하거나 숙지(熟知)하시기 바람.

①시두법(時頭法)

甲己일  甲子시

乙庚일  丙子시

丙辛일  戊子시)

丁壬일  庚子시

戊癸일  壬子시

②오행생극법(五行生剋法)

　　甲己合土　　木剋土

　　乙庚合金　　火剋金

　　丙辛合水　　土剋水

　　丁壬合木　　金剋木

　　戊癸合火　　水剋火


③시두법(時頭法) 해설(解說)

　　甲己일　甲子시 란

　　천간(天干)이 甲일이나 己일생은 子시의

　　천간(天干)이 甲이 된다는 뜻이며,


　　丑시는 乙丑시로, 寅시는 丙寅시로,

　　卯시는 丁卯시로, 辰시는 戊辰시로,

　　巳시는 己巳시로, 午시는 庚午시로,

　　未시는 辛未시로, 申시는 壬申시로,

　　酉시는 癸酉시로, 戌시는 甲戌시로,

　　亥시는 乙亥시로 시주(時柱)가 六十甲子

　　순(順)으로 순행(順行)하며 정(定)해진다.


　　그리고,

　　乙庚일　丙子시

　　丙辛일　戊子시

　　丁壬일　庚子시

　　戊癸일　壬子시도,

위의 甲己일 甲子시와 같은 방법(方法)으로
시주(時柱)가 정(定)해진다.


④오행생극법(五行生剋法) 해설(解說)

甲己合土 木剋土라 함은,


甲일이나 己일생은 甲子시로 시주(時柱)가
정(定)해진다는 뜻이니,

甲과 己가 합(合)하여 土를 생(生)하고, 土를 木이 극(剋)하여 木이
승(勝)하고, 木중에는 甲乙이 있으나, 양간(陽干) 우선원칙(優先原
則)에 의하여 양간(陽干) 甲木을 선택(選擇)하여 甲子시로 정(定)해
지는 바,


계속 순행(順行)하여,
乙丑, 丙寅, 丁卯, 戊辰, 己巳,
庚午, 辛未, 壬申, 癸酉, 甲戌,
乙亥시로 시주(時柱)가 정(定)해진다.


乙庚合金 火剋金
丙辛合水 土剋水
丁壬合木 金剋木
戊癸合火 水剋火도
위의 甲己合土 木剋土와 같은 방법(方法)으로
시주(時柱)를 정(定)한다.

**67**

## ⑤시주조견표(時柱早見表)

| 일간(日干) \ 시간(時間) | 甲己日 | 乙庚日 | 丙辛日 | 丁壬日 | 戊癸日 |
|---|---|---|---|---|---|
| 子時<br>23:30-01:30 | 甲子 | 丙子 | 戊子 | 庚子 | 壬子 |
| 丑時<br>01:30-03:30 | 乙丑 | 丁丑 | 己丑 | 辛丑 | 癸丑 |
| 寅時<br>03:30-05:30 | 丙寅 | 戊寅 | 庚寅 | 壬寅 | 甲寅 |
| 卯時<br>05:30-07:30 | 丁卯 | 己卯 | 辛卯 | 癸卯 | 乙卯 |
| 辰時<br>07:30-09:30 | 戊辰 | 庚辰 | 壬辰 | 甲辰 | 丙辰 |
| 巳時<br>09:30-11:30 | 己巳 | 辛巳 | 癸巳 | 乙巳 | 丁巳 |
| 午時<br>11:30-13:30 | 庚午 | 壬午 | 甲午 | 丙午 | 戊午 |
| 未時<br>13:30-15:30 | 辛未 | 癸未 | 乙未 | 丁未 | 己未 |
| 申時<br>15:30-17:30 | 壬申 | 甲申 | 丙申 | 戊申 | 庚申 |
| 酉時<br>17:30-19:30 | 癸酉 | 乙酉 | 丁酉 | 己酉 | 辛酉 |
| 戌時<br>19:30-21:30 | 甲戌 | 丙戌 | 戊戌 | 庚戌 | 壬戌 |
| 亥時<br>21:30-23:30 | 乙亥 | 丁亥 | 己亥 | 辛亥 | 癸亥 |

⑥표준시(標準時)에 대하여

사주팔자(四柱八字)에서 시주(時柱)는 인생(人生)의 황혼기(黃昏期), 즉 노년(老年)의 운명(運命)을 말해주고 있기 때문에 인생(人生)에 있어서 매우 비중(比重)이 크고 대단히 중요(重要)하다.

출생(出生)한 시간(時間)에 따라 시주(時柱)가 정(定)해지기 때문이다.

그런데, 아무 문제가 없었던 시간문제(時間問題)가 서머타임과

표준시(標準時) 때문에 현재 사주명리계(四柱命理界)에서는

혼돈(混沌)이 생기고 있다.

서머타임과 표준시(標準時)를 무시하고, 전통적(傳統的)인 방법(方法)에 의하여 시주(時柱)를 산출(産出)하는 역학자(易學者)가 있는가 하면, 표준시(標準時)에 의하여 시주(時柱)를 산출(産出) 하는 역학자(易學者)가 있다.

그러면 이 두 가지의 시주산출(時柱産出) 방법(方法)에 우리는 어떤 방법(方法)을 택(擇)해야만 할 것인가

전자(前者)의 방법(方法)을 택(擇)해야 할까

후자(後者)의 방법(方法)을 택(擇)해야 할까

매우 고민(苦悶)스럽고 혼란(混亂)스럽다.

필자(筆者)의 생각은 이렇다.

1945년 해방(解放) 이후(以後) 총13회에 걸쳐 시간(時間)을 조절(調節)하는 정부(政府)의 조치(措置)가 있었다.

그 중에서 1961년 8월 10일, 낮 12:00시를 낮 12:30분으로 시간을 30분 앞당긴 표준시(標準時)가 현재(現在)까지 사용(使用)되고 있다.

우리는 현재(現在) 사용(使用)하고 있는 표준시(標準時)를 시주산출(時柱産出)에 적용(適用)하는 것이 바르다고 생각한다.

필자(筆者)는 표준시(標準時)에 따라 시주(時柱)를 산출(産出)하고 있다.

즉, 1961년 8월 10일 이후(以後) 출생자(出生者)는 30분 앞당긴 표준시(標準時)의 시간(時間)에 따라 시주(時柱)를 산출(産出)하고, 1961년 8월 10일 이전(以前) 출생자(出生者)는 종전(從前)의 전통적(傳統的) 방법(方法)에 따라 시주(時柱)를 산출(産出)하고 있다.

물론 각 지역(地域)의 경도(經度)와 위도상(緯度上)의 차이(差異)로 출신지역(出身地域)에 따라 약간(若干)의 미미(微微)한 차이(差異)는 나겠지만,

통일(統一)된 표준시(標準時)를 따르는 것이 혼돈(混沌)과 혼란(混亂)을 없애는 좋은 방법(方法)이기 때문이다.

전통(傳統)을 살리되, 현실(現實)에 맞는 통변(通辯)을 위해서라도 시간개념(時間概念)을 바로 잡아야 할 것이다.

⑦야자시법(夜子時法)

(가)子時에는 야자시(夜子時)와 정자시(正子時)가 있다.

　유독 子時만이 갖고 있는 특성(特性)이기도 하다.

　야자시(夜子時)와 정자시(正子時)를 구별(區別)하여
　시주(時柱)를 세우는 것을 야자시(夜子時)법(法)이라 한다.

　야자시(夜子時)는 23:30분에서 24:30분 사이를 말하고,
　정자시(正子時)는 24:30분에서 01:30분 사이를 말한다.

　도표(圖表)로 표시(表示)하면 다음과 같다.

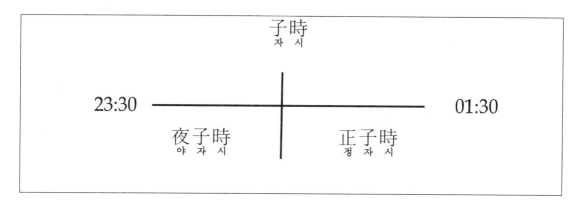

(나)야자시생(夜子時生)은 출생일(出生日) 일진(日辰)은 만세력(萬歲曆)에 기록(記錄)된 일진(日辰)을 그대로 사용(使用)하되, 출생시(出生時)는 다음날의 첫 시를 사용(使用)한다.

　예(例)를 들면 癸巳일 23:50분에 태어난 사람의 일진(日辰)은 癸巳일 그대로 사용(使用)하고,
　출생(出生) 시간(時間)만 다음날 甲午일 첫 시인 甲子시를 사용(使用)하여 癸巳일 甲子시가 되는 것이다.

(다)정자시생(正子時生)은 출생일(出生日) 일진(日辰)은 만세력(萬歲曆)에 기록(記錄)된 일진(日辰)을 사용(使用)하지 않고 다음날 일진(日辰)을 사용(使用)하며, 출생시(出生時)도 다음날 첫 시를 사용(使用)한다.

예(例)를 들면 癸巳일 24:31분에 태어난 사람의 일진(日辰) 인 癸巳일은 사용(使用)하지 않고, 다음날 일진(日辰)인 甲午를 사용(使用)하고, 시간(時間)도 甲午일 첫 시인 甲子시를 사용(使用)하여, 甲午일, 甲子시로 일주(日柱)와 시주(時柱)가 결정(決定)되는 것이다,

(라)야자시생(夜子時生)의 일주(日柱) 및 시주(時柱) 산출(産出)

> **예(例) 2000년 1월 10일 23:50분생**
>
> &lt;사주기록은 우에서 좌로 기재한다. 연월일시순&gt;
>
> 甲 癸 戊 庚
>
> 子 巳 寅 辰

(마)정자시생(正子時生)의 일주(日柱) 및 시주(時柱) 산출(産出)

> **예(例) 2000년 1월 10일 24:31분생 &lt;사주기록은 우에서 좌&gt;**
>
> 甲 甲 戊 庚
>
> 子 午 寅 辰

상기(上記) 두 예(例)에서 보는 바와 같이 야자시생(夜子時生)과 정자시생(正子時生)의 일주(日柱)와 시주(時柱)가 각각(各各) 다름을 확인(確認)할 수 있다.

## ⑧ 사주(四柱) 정하는 법 실례

사주(四柱) 정(定)하는 법(法)을 연월일시주별(年月日時柱別)로 각(各) 2개의 예(例)씩 <남녀별(男女別)> 실례(實例)를 들었으니, 사주(四柱) 정(定)하는 요령(要領)을 완전(完全)히 숙지(熟知) 하시기 바람.

### (가) 년주(年柱) 실례

예(例)1

---

**건명(乾命)<남(男)>2000년 양(陽) 2월4일 오후(午後) 8시(時) 생(生)**

戊 壬 丁 己
戊 辰 丑 卯

위 건명(乾命)은 2000년 庚辰년에 출생(出生)하고도 입춘(立春)이 2000년 2월 4일 오후9시에 입절(立節)되기 때문에, 연주(年柱) 즉, 태세(太歲)가 1999년인 己卯가 되었음.

---

예(例)2

---

**곤명(坤命)<녀(女)>2000년 2월 4일 오후(午後) 10시 생(生)**

辛 壬 戊 庚
亥 辰 寅 辰

위 곤명(坤命)은 위의 건명(乾命)과 같은 해, 같은 달, 같은 날에 태어나고 출생시(出生時)만 두 시간 늦게 태어났는데도, 사주(四柱)가 완전(完全)히 판이(判異)하다.
사주명리(四柱命理)에서는 입절(立節)이 그만치 중요(重要)하다는 것을 명심(銘心)해야 할 것이다.

---

## (나). 월주(月柱) 실례

예(例)1

건명(乾命)<남(男)>2000년<음(陰)>4월2일 12:00시 생(生)

戊　癸　庚　庚
午　亥　辰　辰

이 건명(乾命)은 4월에 출생(出生)하고도 월주(月柱)가 庚辰으로
3월생이 되었다.
입하(立夏) 절기(節氣)가 4월 2일 13:00시에 입절(立節) 되었기
때문이다.

예(例)2

곤명(坤命)<녀(女)>2000년 4월 2일 14:00시 생(生)

己　癸　辛　庚
未　亥　巳　辰

위 곤명(坤命)은 입하(立夏)절기(節氣)가 4월 2일 13:00시에
입절(立節) 된 후에 출생하였기 때문에 월주(月柱)가 辛巳로
4월생이 되었다.

(다). 일주(日柱) 실례(實例)


예(例)1

---

**건명(乾命)<남(男)>2000년<음(陰)>1월 1일 오후(午後) 4시 15분**


      庚 癸 戊 庚
      申 巳 寅 辰


만세력(萬歲曆)을 보면 2000년<음(陰)>1월 1일은 癸巳일이다.
일주(日柱)는 癸巳일이 된다.

---


예(例)2

---

**곤명(坤命)<녀(女)>2000년<음(陰)>2월 2일 오후(午後)2시 10분**


      辛 甲 己 庚
      未 子 卯 辰


2000년<음(陰)>2월 2일도 만세력(萬歲曆)을 보면 甲子라고
기록(記錄) 되어 있다. 甲子가 일주(日柱)가 된다.

---

(라). 시주(時柱) 실례

예(例)1.

---

### 건명(乾命) 2000년 <음(陰)>3월 5일 오후(午後) 3시 10분

丁　丁　庚　庚
未　酉　辰　辰

일주(日柱)가 丁酉일 이므로 <丁壬일 庚子시>의 법칙(法則)에 의하여 순행(順行)하면 丁未시가 된다.

---

예(例)2

---

### 곤명(坤命) 2000년 <음(陰)>3월 11일 오후(午後)1시 50분

己　癸　庚　庚
未　卯　辰　辰

일주(日柱)가 癸卯일 이므로 <戊癸일 壬子시>의 법칙(法則)에 의하여 속지법(速指法)으로 순행(順行)하면 己未시가 된다.

---

이상(以上)으로 사주(四柱) 정하는 요령(要領)을 년월일시(年月日時)에 걸쳐 모두 설명(說明)하였다.

2회 내지 3회 정도 읽으면 숙지(熟知) 하리라고 본다.

사주(四柱) 정(定)하는 법(法)은 기초(基礎)중의 기초(基礎)이니 완전(完全)히 숙지(熟知)해야만 사주명리(四柱命理) 공부에 박차(拍車)를 가할 수 있으므로 여러분의 노력(努力)이 빛나기를 기원한다.

# 11. 대운(大運) 소운(小運) 세운(歲運)

## 가. 대운(大運)이란 무엇인가

대운(大運)이란, 월주(月柱)에서 시작(始作)되는 4계절(季節), 기후(氣候)의 흐름이며 연간(年干)의 음양(陰陽)에 따라 운로(運路)의 순(順)·역행(逆行)이 결정(決定)되어 10년마다 변(變)하는 간지(干支)로서 사주팔자(四柱八字) 즉, 원명식(元命式)에 크나큰 영향(影響)을 미치는 운명(運命)의 변화과정(變化過程)을 말한다.

①대운(大運)을 세우는 요령(要領)

　양남음녀(陽男陰女)는 순행(順行)하고

　음남양녀(陰男陽女)는 역행(逆行)한다.

(가)대운(大運)을 산출(産出)하는 방법(方法)은 연간(年干)으로 음양(陰陽)을 구분(區分)하며, 월주(月柱)로 대운(大運)의 출발점(出發點)으로 삼는다.

(나) 甲丙戊庚壬 년을 양년(陽年)이라 하고,

　　乙丁己辛癸 년을 음년(陰年)이라 한다.

(다)양년생(陽年生) 남자(男子)와 음년생(陰年生) 여자(女子)는 미래절(未來節)로 순행(順行)하고, 음년생(陰年生) 남자(男子)와 양년생(陽年生) 여자(女子)는 과거절(過去節)로 역행(逆行)한다.

(라)출생일(出生日)로부터 음양(陰陽)의 구분(區分)에 따라 미래절(未來節)이나 과거절(過去節)까지 총일수(總日數)를 계산(計算)한 후, 총일수(總日數)에다 3일씩 나눈 후, 나눈 수가 1이면 1대운(大運), 2이면 2대운(大運), 3이면 3대운(大運)<이하 같다>이라하며, 나눈 후, 남는 수가 2이면 사사오입(四捨五入)의 방법(方法)에 따라 해당(該當) 대운(大運)에 1을 더해 주고, 남는 수가 1이면 1은 버린다.

## ② 음양년구분표(陰陽年區分表)

| | | | | | | |
|---|---|---|---|---|---|---|
| 양년<br>(陽年) | 甲子 | 甲戌 | 甲申 | 甲午 | 甲辰 | 甲寅 |
| | 丙子 | 丙戌 | 丙申 | 丙午 | 丙辰 | 丙寅 |
| | 戊子 | 戊戌 | 戊申 | 戊午 | 戊辰 | 戊寅 |
| | 庚子 | 庚戌 | 庚申 | 庚午 | 庚辰 | 庚寅 |
| | 壬子 | 壬戌 | 壬申 | 壬午 | 壬辰 | 壬寅 |
| 음년<br>(陰年) | 乙丑 | 乙卯 | 乙巳 | 乙未 | 乙酉 | 乙亥 |
| | 丁丑 | 丁卯 | 丁巳 | 丁未 | 丁酉 | 丁亥 |
| | 己丑 | 己卯 | 己巳 | 己未 | 己酉 | 己亥 |
| | 辛丑 | 辛卯 | 辛巳 | 辛未 | 辛酉 | 辛亥 |
| | 癸丑 | 癸卯 | 癸巳 | 癸未 | 癸酉 | 癸亥 |

③ 예(例)1

---

**양남(陽男) 1948년 8월 15일 사시생(巳時生)**

辛 乙 辛 戊
巳 巳 酉 子

　　　　　　77　67　57　47　37　27　17　7
　　　　　　己　戊　丁　丙　乙　甲　癸　壬　　대운
　　　　　　巳　辰　卯　寅　丑　子　亥　戌

*입절일(立節日) : 한로(寒露) - 9월 6일

양남(兩南)으로 월간(月干) 辛酉에서 순행(順行)한다.

출생일(出生日)인 8월 15일부터 입절일(立節日)인 한로(寒露) 9월 6일까지 21일이 되니 3으로 나누면 7이 된다.

그래서 7 대운(大運)이다.

---

예(例)2

---

**음녀(陰女) 1967년 10월 30일 자시생(子時生)**

丙 己 辛 丁
子 亥 亥 未

　　　　　　72　62　52　42　32　22　12　2
　　　　　　己　戊　丁　丙　乙　甲　癸　壬　　대운
　　　　　　未　午　巳　辰　卯　寅　丑　子

*입절일(立節日) : 11월 7일 대설(大雪)

음녀(陰女)로서 월간(月干) 辛亥에서 순행(順行)한다. 대설(大雪)이 11월 7일이니 10월 3일부터 11월 7일까지 날자를 계산(計算)하면 7일이 된다. 7을 3으로 나누면 2가 되고 1이 남는다. 2대운(大運)이다.

<나누고 남는 수가 2가 되면 대운(大運)에 1을 더하고, 1이 되면 버린다.>

---

예(例)3

---

### 음남(陰男) 1969년 4월(月) 27일 묘시생(卯時生)

癸 丁 庚 己
卯 巳 午 酉

| 72 | 62 | 52 | 42 | 32 | 22 | 12 | 2 | |
|----|----|----|----|----|----|----|----|----|
| 壬 | 癸 | 甲 | 乙 | 丙 | 丁 | 戊 | 己 | 대운 |
| 戌 | 亥 | 子 | 丑 | 寅 | 卯 | 辰 | 巳 | |

*입절일(立節日) : 4월 22일 망종(芒種)
음남(陰男)으로 월간(月干) 庚午에서 역행(逆行)한다.
출생일(出生日)인 4월 27일부터 망종(芒種)인 4월 22일까지 날자를 역(逆)으로 계산(計算)하면 5일이 되니 3으로 나누면 1이 되고, 2가 남는다.2대운(大運)이다. <2를 사사오입(四捨五入)한다.>

---

예(例)4

---

### 양녀(陽女) 1970년 4월 12일 인시생(寅時生)

庚 丙 辛 庚
寅 申 巳 戌

| 74 | 64 | 54 | 44 | 34 | 24 | 14 | 4 |
|----|----|----|----|----|----|----|----|
| 癸 | 甲 | 乙 | 丙 | 丁 | 戊 | 己 | 庚 |
| 酉 | 戌 | 亥 | 子 | 丑 | 寅 | 卯 | 辰 |

*입절일(立節日) : 4월 2일 입하(立夏)
양녀(陽女)로써 월간(月干) 辛巳에서 역행(逆行)한다.
입하(立夏)가 4월 2일이니 출생일(出生日)인 4월 12일부터 입하(立夏)인 4월 2일까지 날자를 역(逆)으로 계산(計算)하면 11일이 된다.
11일을 3으로 나누면 3하고 2가 남는다.
사사오입(四捨五入)하면 4대운(大運)이다.

---

## 나. 소운(小運)

소운(小運)이란 사람이 태어나서 대운(大運)이 들어오기 전의 어린시절 유년기(幼年期)의 운세(運勢)를 말하는 바, 소운(小運)을 산출(産出)하는 데는 두 가지 방법(方法)이 있다.

①시주(時柱)를 기준(基準)하여 감정(鑑定)하는 방법(方法)으로,

예(例)를 들어, 甲子時에 태어났으면,

2세(歲)가 乙丑, 3세(歲)가 丙寅, 4세(歲)가 丁卯 순(順)으로,

즉 육십갑자(六十甲子) 순으로 태세(太歲)가 정(定)해지며,

대운법(大運法)과 같이 양남음녀(陽男陰女)는 순행(順行)하고

음남양녀(陰男陽女)는 역행(逆行) 한다.

②남자(男子)는 1세(歲)를 寅에서 시작하고,

여자(女子)는 1세(歲)를 申에서 시작한다.

예(例)를 들어 甲己년 생이라면 연두법(年頭法)에 의해 甲己년丙寅두의 법칙에 따라,

1세가 丙寅이 되고,

여자는, 1세가 壬申이 된다 이하 같은 법칙에 의한다.

①항 ②항 모두 사주원국(四柱元局)과 비교(比較)하여 길흉(吉凶)을 판단(判斷)한다.

그러나, 요즘은 특별(特別)한 경우(境遇)를 제외하고는

소운(小運)을 사용(使用)하지 않는 것이 일반적(一般的)이다.

## 다. 세운(歲運)

세운(歲運)이란 당년(當年)의 운세(運勢)를 말한다.

2009년은 己丑년이니까 己丑이 세운(歲運)이다.

2009년 태세(太歲)인 己丑을 원명식(原命式) 즉 사주팔자

(四柱八字)와 대조(對照)하여 당년(當年)의 운세(運勢)를 감정(鑑定)하는 것을 세운(歲運)이라고 한다.

세운(歲運)을 세군(歲君)이라고도 한다.

그만치 그해의 운세(運勢)에 큰 영향(影響)을 미치기 때문이다.


세운(歲運)을 대운(大運)과 연결(連結)하여 상호대조(相互對照)한 후, 운세(運勢)를 판단(判斷)하는 것이 현명(賢明)한 방법(方法)이다.

# 12. 대운정밀법(大運精密法)<사주첩경에의함>

## 가. 기존(旣存)의 대운법(大運法)에 대하여

대운(大運)을 산출(産出)함에 있어 양남음녀(陽男陰女)는 순행(順行)하고 음남양녀(陰男陽女)는 역행(逆行)하여 미래절(未來節)이나 과거절(過去節)까지의 일수(日數)를 계산(計算)하고 총(總) 일수(日數)에다 3일을 나눈 후, 나눈 수로 표출(表出)된 숫자로 대운(大運)을 삼고, 남는 수가 2이면 정(定)해진 대운(大運)에 1을 더하고, 남는 수가 1이면 1은 버리고 대운(大運)을 산출(産出) 하고 있다.

결론적(結論的)으로 말하면 날짜로 대운(大運)을 산출(産出)하되, 사사오입(四捨五入)하는 방식(方式)을 택(擇)하고 있다.

시간(時間)은 계산(計算)하지 않고, 날자만 계산(計算)하되 그나마도 사사오입(四捨五入)하는 방식(方式)이기 때문에 대운(大運)의 정확(正確)한 교체일(交替日)을 알 수가 없다.

대운(大運)의 교체기(交替期) 즉 예(例)를 들면 8대운(大運)이라고 할 때, 8세(歲)가 되는 해에 대운(大運)이 교체(交替)된다는 것만 알 수 있을 뿐, 8세가 되는 해, 몇 월, 몇 일에 대운(大運)이 교체(交替)되는 지 알 수 없고, 그것도 출생일(出生日)의 전(前)인지, 후(後)인지 조차 알 수 없다.

매우 추상적(抽象的)이라 현대인(現代人)의 정서(情緒)에 맞지 않고, 사주감정(四柱鑑定)의 신뢰도(信賴度)를 실추(失墜)시킬 우려(憂慮)가 있으므로, 우리 역학인(易學人)들은 대운산출(大運産出)에 있어, 대운정밀법(大運精密法)으로 사주감정(四柱鑑定)에 임하는 것이 바람직한 자세(姿勢)가 아닐까 생각해 본다.

## 나. 대운정밀(大運精密) 산출(産出) 요령(要領)

①먼저 일수(日數)를 계산(計算)한다. 사주명리에서는

1개월(個月)이 30일(日) 이고,

1년(年)이 360일(日)이 되며,

10년(年)은 3,600일(日)이 된다.

②두 번째로 시간(時間)을 계산(計算)한다.

1일(日)은 12시간(時間)이 되고,

1개월(個月)은 360시간(時間)이 되며,

1년(年)은 4,320시간(時間)이 되며,

10년(年)은 43,200시간(時間)이 된다.

③대운(大運)과 절기(節氣)의 시간(時間)을 나눈다.

대운(大運) 10년(年)은 3,600일(日)이며 43,200시간(時間)이 되고,

절기(節氣) 한 달은 30일(日)이 되고, 360시간(時間)이 되는 바,

43,200시간(時間)을 360시간(時間)으로 나누면,

120시간(時間)이 된다.

즉, 절기상(節氣上) 1개월(個月)의 한 시간(時間)이,

대운상(大運上) 120시간(時間)이 되고

일수(日數)로 10일(日)이 된다.

④유의사항(留意事項)

가)출생(出生) 일시(日時)에서 입절일시(立節日時)까지를

만(滿)으로 계산(計算)한다.

나)절기상(節氣上) 1시간(時間)이 대운상(大運上) 10일(日)<120시간
(時間)>으로 계산(計算)한다.

다)대운(大運)을 정(定)하고 남는 수(數)는 출생일수(出生日數)에서 순행(順行)하고, 모자라는 수(數)는 출생일시(出生日時)에서 역행(逆行)하되 남녀별(男女別), 음양별(陰陽別)을 불문(不問)하고 계산(計算)한다.

⑤예(例)1 양남(陽男)

**건명(乾命)1972년 10월 9일 寅시생**

丙 己 辛 壬
寅 酉 亥 子

88 78 68 58 48 38 28 18 8
庚 己 戊 丁 丙 乙 甲 癸 壬　　대운
申 未 午 巳 辰 卯 寅 丑 子

가)양남(陽男)으로 미래절(未來節)이다.

나)입절일시(立節日時) : 대설(大雪) 11월 2일 진시(辰時)

다)壬子년 10월 9일 寅시에서 대설일(大雪日)

辰시까지는 만(滿)23일 2시간(時間)이 된다.

라)8대운(大運) 24일이 되려면, 10시간(時間)이 부족(不足)하다.

마)절운(節運) 1시간(時間)은 대운(大運) 10일(日)에 해당(該當)

하므로 절운(節運) 10시간(時間)은 대운상(大運上)

100일(日)<3개월10일>이 된다.

바)부족(不足)한 것은 역행(逆行)하므로

3개월(個月) 10일(日)을 감(減)해야 한다.

출생일(出生日)인 10월 9일(日)에서 3개월(個月)을 빼면

<9월 9일 1달, 8월 9일 2달, 7월 9일 3달> 7월 9일이 되며,

10일을 더 감(減)하면, 6월 29일이 된다.

사)이 건명(乾命)의 대운(大運) 교체일(交替日)은 정확(正確)히 매(每) 8대운(大運), 대운(大運)이 시작(始作)되는 해의 6월 29일이 된다.

예(例)2<음녀(陰女)>

---

### 곤명(坤命) 1975년 2월 24일 卯시생)

辛 辛 己 乙
卯 巳 卯 卯

|   |   |   |   |   |   |   |   |   |   |
|---|---|---|---|---|---|---|---|---|---|
| 81 | 71 | 61 | 51 | 41 | 31 | 21 | 11 | 1 |  |
| 戊 | 丁 | 丙 | 乙 | 甲 | 癸 | 壬 | 辛 | 庚 | 대운 |
| 子 | 亥 | 戌 | 酉 | 申 | 未 | 午 | 巳 | 辰 |  |

---

가)음녀(陰女)로서 미래절(未來節)이다.

나)입절일시(立節日時) : 청명(淸明) 2월24일 酉시

다)출생일(出生日)인 2월24일 卯시에서 입절일시(立節日時)인 2월24일 酉시, 청명(淸明)까지는 같은 날로서 시간(時間)만 6시간(時間) 차이(差異)가 날 뿐이다.

라)대운(大運)은 입절일(立節日)과 같으므로 1대운(大運)이 되고 시간(時間)이 6시간(時間) 부족(不足)하다.

마)부족(不足)한 절운(節運) 6시간(時間)은 대운(大運) 60일

<2개월(個月)>에 해당(該當)한다.

바)모자라는 것은 역행(逆行)하므로, 출생일(出生日)인 2월24일에서 2개월(個月)을 <1월24일 한 달, 전년(前年) 12월24일 두 달> 감(減)하면, 이 곤명(坤命)은 매(每) 1대운(大運)이 시작(始作)되는 전(前)해의 12월24일에 대운(大運)이 교체(交替)된다.

예(例)3 <음남(陰男)>

---

**건명(乾命) 1941년 10월 13일 寅시생**

甲 癸 己 辛
寅 未 亥 巳

78 68 58 48 38 28 18 8
辛 壬 癸 甲 乙 丙 丁 戊　　대운
卯 辰 巳 午 未 申 酉 戌

---

가)음남(陰男)으로 과거절(過去節)로 역행(逆行)한다.

나)입절일시(立節日時):입동(立冬) 9월20일 寅시

다)출생일(出生日)인 10월13일 寅시에서 입절일(立節日)인 입동(立冬)
　9월20일 寅시까지는 만(滿) 23일이 되어, 8대운(大運)이 되려면 10
　시간(時間)이 부족(不足)하다.

라)절운(節運) 1시간(時間)은 대운(大運) 10일에 해당(該當)하므로
　100일 즉 3개월(個月) 10일이 된다.

마)부족(不足)한 수(數)는 역행(逆行)하므로 출생일(出生日)에서 3개
　월(個月) 20일을 감(減)하면, 9월 13일 한달, 8월 13일 두달, 7월13
　일 석달, 그리고 10일을 더 감(減)하면 7월 3일이 된다.

사)이 건명(乾命)의 대운(大運) 교체일(交替日)은 매(每) 8대운(大運)
　이 시작(始作)되는 해의 7월 3일이 된다.

예(例) 양녀(陽女)

곤명(坤命) 1946년 11월 19일 戌시생

丙 庚 庚 丙
戌 申 子 戌

81 71 61 51 41 31 21 11 1
辛 壬 癸 甲 乙 丙 丁 戊 己　대운
卯 辰 巳 午 未 申 酉 戌 亥

가)양녀(陽女)로서 과거절(過去節)로 역행(逆行)한다.

나)입절일(立節日) : 대설(大雪) 11월15일 丑시

다)출생일(出生日)인 11월19일 戌시에서 입절일(立節日)인 대설(大雪) 11월 15일 丑시까지는 만(滿) 3일 3시간(時間)이 된다.

라)1대운(大運)이 되고도 3시간(時間)이 남는다.

마)절운(節運) 1시간(時間)은 대운(大運) 10일이므로 30일 즉, 1개월(個月)이 된다.

바)남는 수(數)는 순행(順行)하므로 출생일(出生日)에서 30일을 더하면 12월 19일이 된다.

사)이 곤명(坤命)의 대운(大運) 교체일(交替日)은 매(每) 1대운(大運)이 시작(始作)되는 해의 12월 19일이 된다.

# 제3장 합충론(合沖論)

## 1. 합충(合沖)

합(合)하고 충(沖)하는 것을 말한다.

합(合)과 충(沖)은 사주명리(四柱命理)에서는 매우 중요(重要)하므로 별도(別途)로 분리(分離)하여 설명(說明)한다.

## 가. 합(合)

合有宜不宜　合多不爲奇
합유의불의　합다불위기

합(合)이 되면 좋을 수도 있고, 나쁠 수도 있으며, 합(合)이 많으면 좋지 않다 라고 했으나,

합(合)에 의한 오행(五行)의 변화(變化) 유무(有無)를 보고, 그 육친(六親)과 용(用)·희(喜)·기(忌)를 살펴 길흉(吉凶)을 판단(判斷)해야 한다.

### ①간합(干合)

甲己合土　乙庚合金　丙辛合水　丁壬合木　戊癸合火

간합(干合)을 부부합(夫婦合) 이라고도 한다.

왜 그런가하면, 양(陽)과 음(陰)이 합(合)하고, 음(陰)과 양(陽)이 합(合)하며 또 육친상(六親上) 甲에게 己가 처(妻)요, 乙에게는 庚이 남편이며,

丙에게 辛이 처(妻)요, 丁에게는 壬이 남편이며,

戊에게 癸는 처(妻)가 되기 때문이다.


그리고 간합(干合)에 의한 오행(五行)의 생성이유(生成理由)는

甲己合土의 경우(境遇), 甲己合土木克土 또는 甲己년丙寅두 법칙(法則)에 의거 土가 월건(月建)으로 생성(生成)되기 때문이다.


乙庚合金, 丙辛合水, 丁壬合木, 戊癸合火도동일(同日)한 법칙(法則)에 의거 五行이 生成되기 때문이다.


가) 甲己合土 : 중정(中正)의 합(合)

甲은 인(仁)이요, 己는 순박(淳朴)하여 만물(萬物)을 생(生)하므로 중정(中正)의 합(合) 이라고 한다.

사주(四柱)에 甲己合이 있는 사람은 너그럽고 정대(正大)하여 세인(世人)의 존경(尊敬)을 받는다. 그러나 甲己合이 있고 오행(五行)이 사절(死絶)되면 그렇지 못하다.


나) 乙庚合金 : 인의(仁義)의 합(合)

乙은 부드럽고, 庚은 강하여, 인(仁)과 의(義)를 갖추어 과감강직(果敢剛直)하다. 그러나 오행(五行)이 사절(死絶)되거나 살(殺)이 동주(同住)하면 그렇지 못하다.

다) 丙辛合水 : 위엄(威嚴)의 합(合)

丙은 밝고, 辛은 무기라 장군의 칼처럼 위엄(威嚴)이 있으나, 뇌

물(賂物)을 탐(貪)하고 음난(淫亂)하다.

오행(五行)이 사절(死絶)되면 의(義)와 정(情)이 없고 은혜(恩惠)를 모른다.


라) 丁壬合木 : 음난(淫亂)의 합(合)

壬은 차갑고, 丁은 따뜻하여 음난(淫亂)의 합(合)이라고도 한다. 사주(四柱)에 丁壬合이 있는 사람은 감정적(感情的)이고 호색적(好色的)이다. 오행(五行)이 사절(死絶)되고 도화(桃花)와 살(殺)이 함께 있으면 이성간(異性間)의 문제(問題)로 좋지 않은 일이 발생(發生) 할 수 있다.


마) 戊癸合火 : 무정(無情)의 합(合)

戊는 늙고, 癸는 어려서, 무정(無情)의 합(合)이라고도 한다.

사주(四柱)에 戊癸合이 있는 사람은 사치(奢侈)스럽고 화려(華麗)함을 좋아하며 부부(夫婦)간에 나이 차이(差異)가 많은 사람을 만날 수 있다.


바) 간합(干合)에 의한 오행(五行)의 변화(變化)

甲己合土, 乙庚合金은 부부(夫婦) 상호(相好) 간의 오행(五行)으로 변(變)하나,

丙辛合水, 丁壬合木, 戊癸合火는 새로운 오행(五行)을 생(生)하므로 운명(運命) 감정시(鑑定時) 그 점을 유의(有意)해야 할 것이다.

②지합(支合)

午未合無(무) 巳申合水 辰酉合金 卯戌合火 寅亥合木 子丑合土

지합(支合)을 육합(六合) 또는 천지상합(天地相合)이라고도 한다.


지합(支合)의 생성(生成) 사유(事由)는 다음과 같다.


十二地支를 하늘과 땅에 배정(配定)하여 午를 하늘의 기준(基準)으로 하고, 未를 땅의 기준(基準)으로 삼아, 아래 표와 같이 배열(配列)한 뒤, 하늘은 좌선(左旋)하고, 땅은 우선(右旋)하되, 하늘과 땅의 지지(地支)가 만나는 합치점(合致點)을 육합(六合) 또는 천지상합(天地相合)이라고 하며, 태양(太陽)을 하늘의 표준(標準)으로 삼아서 태양(太陽)의 자전(自轉)과 지구(地球)의 자전(自轉) 및 공전(空轉)을 통해 발생(發生)하는 음양(陰陽) 즉, 자연현상(自然現象)을 춘하추동(春夏秋冬), 十二地支로, 표현(表現)한 것임.


육합표(六合表)<천지상합표(天地相合表)>

| 申<br>巳 | 未<br>午 | 午<br>未 | 巳<br>申 |
|---|---|---|---|
| 酉<br>辰 | | | 辰<br>酉 |
| 戌<br>卯 | 천지상합도<br>(육합도) | | 卯<br>戌 |
| 亥<br>寅 | 子<br>丑 | 丑<br>子 | 寅)<br>亥 |

③삼합(三合)

　申子辰合水局(국)　亥卯未合木局(국)

　寅午戌合火局(국)　巳酉丑合金局(국)

삼합(三合)은 사정(四正)인 子午卯酉에서 5번째의 지지(地支)인 삼지(三支)가 서로모여 국(局)을 이룬 뒤 오행(五行)이 변(變)하는 과정(過程)이다.

원리(原理) 두 가지를 설명(說明)한다.

가) 삼합(三合) 원리(原理) 1

(1) 申子辰合水局(국)은 水가 십이운상(十二運上) 申에서 생(生)하고, 子에서 왕(旺)하며, 辰에서 입묘(入墓)하여, 水의 생왕(生旺)함이, 辰의 수고(水庫)에 채워짐을 의미(意味)하며,

(2) 亥卯未合木局(국)은 木이 십이운상(十二運上) 亥에서 생(生)하고, 卯에서 왕(旺)하며, 未에서 입묘(入墓)하여, 木의 생왕(生旺)함이, 未의 목고(木庫)에 채워짐을 의미(意味)하며,

(3) 寅午戌合火局(국)은 火가 십이운상(十二運上), 寅에서 생(生)하고, 午에서 왕(旺)하고, 戌에서 입묘(入墓)하여, 火의 생왕(生旺)함이, 戌의 화고(火庫)에 채워짐을 의미(意味)하고,

(4) 巳酉丑合金局(국)은 金은 십이운상(十二運上), 巳에서 생(生)하고, 酉에서 왕(旺)하며, 丑에서 입묘(入墓)하여, 金의 생왕(生旺)함이 丑의 금고(金庫)에 채워짐을 의미(意味)한다.

土는 삼합(三合)에 속(屬)하지 않는다. 土는 중앙(中央)에         있어
사우(四隅)를 이루고 있다. 사우(四隅)란, 간(艮)<丑寅> 손(巽)<辰巳>,
곤(坤)<未申>, 건(乾)<戌亥>를 말한다.


나) 삼합(三合) 원리(原理) 2

  (1) 申子辰合水局(국)은 申중에 壬水, 子중에 壬癸水,

      辰중에 癸水가 있어 水가  모여 강해지고,

  (2) 亥卯未合木局(국)은 亥중에 甲木, 卯중에

      甲乙木, 未중에 乙木이 있어 木이  모여 강해지며,

  (3) 寅午戌合火局(국)은 寅중에 丙火, 午중에 丙丁火,

      戌중에 丁火가 있어 火가  모여 강해지고,

  (4) 巳酉丑合金局(국)은 巳중에 庚金, 酉중에 庚辛金,

      丑중에 辛金이 있어 金이  모여 강(强)해진다.


  (5) 삼합(三合)을 도표(圖表)로 표시(表示)하면 다음과 같다.

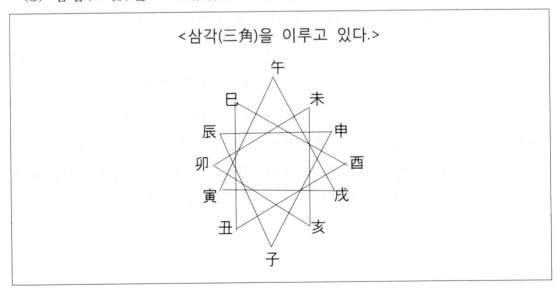

<삼각(三角)을 이루고 있다.>

다) 사정(四正)이란 무엇인가

　　사정(四正)이란, 子午卯酉를 말하며, 사정(四正) 또는

　　사패국(四敗局)이라 한다.

　　사생(四生)이란, 寅申巳亥를 말하며, 사생(四生) 또는

　　사맹국(四孟局)이라 한다.

　　사고(四庫)란, 辰戌丑未를 말하며, 사고(四庫) 또는

　　사묘국(四墓局)이라 한다.

④ 반삼합(半三合)

　　반삼합(半三合)이란, 삼합(三合) 중에 하나의 지지(地支)가 빠진 것을 말한다.

　　지지(地支) 하나가 빠져도 삼합작용(三合作用)을 하기 때문에 다음에 열거(列擧)한다. 단(但), 삼합(三合)의 힘은 완전(完全)한 삼합(三合)이 제일(第一) 강(强)하고, 사정(四正)인 子午卯酉가 포함(包含)된

반삼합(半三合)이 두 번째로 강(强)하고, 子午卯酉가 포함(包含)되지 않은 반삼합(半三合)이 제일(第一) 약(弱)하다.


　　※ 반삼합(半三合)

申子半三合水局(국)　子辰半三合水局(국)

申辰半三合水局(국)

亥卯半三合木局(국)　卯未半三合木局(국)

亥未半三合木局(국)


寅午半三合火局(국)　午戌半三合火局(국)

寅戌半三合火局(국)

巳酉半三合金局(국)　酉丑半三合金局(국)

巳丑半三合金局(국)

⑤방합(方合)

　寅卯辰東方木局(국)

　巳午未南方火局(국)

　申酉戌西方金局(국)

　亥子丑北方水局(국)


　※　方是方兮局是局　方要得方莫混局

　　　방시방혜국시국　방요득방막혼국

　　방(方)은 방(方)으로 짜여야 하고, 국(局)은 국(局)으로 짜여야 한다.

　　방(方)으로 구조(構造)가 되어 있는데, 국(局)이 섞이면 좋지 않다.


　※방합(方合)이란

　가)1월 2월 3월 봄이요, 東쪽에 있는 목국(木局)이요,

　나)4월 5월 6월 여름이요, 南쪽에 있는 화국(火局)이요,

　다)7월 8월 9월 가을이요, 西쪽에 있는 금국(金局)이며,

　라)10월 11월 12월 겨울이요, 北쪽에 있는 수국(水局)이다.

　　　방합(方合)은 방위합(方位合) 또는 계절합(季節合) 이라고도 하
　　　며, 이웃 간의 모임 이라고도 한다.

　※반방합(半方合)은 위의

　　<방시방혜국시국(方是方兮局是局),

　　방요득방막혼국(方要得方莫混局)>의 논리(論理)에 따라, 사용(使
　　用) 하는 것을 신중(愼重)히 고려(考慮)해야 할 것이다.

# 나. 충(沖)

旺者沖衰 衰者拔 衰神旺沖 旺神拔
왕자충쇠 쇠자발 쇠신왕충 왕신발

강(强)한 자(者)가 약(弱)한 자(者)를 충(沖)하면 약(弱)한 자가 뽑혀 나가고, 약(弱)한 자가 강(强)한 자를 충(沖)하면, 강(强)한 자가 더 강(强)해진다.

충(沖)이란 부딪히고 충돌(衝突) 하는 것이다. 충(沖)은 모든 살(殺) 중에서 제일 흉(凶)하다.

사주(四柱)에 충(沖)이 있으면 사업상(事業上) 매사(每事) 부진(不振) 하고, 육친상(六親上), 이별(離別), 다툼, 거처이동(居處移動) 등이 있 고, 건강상(健康上) 질병(疾病), 수술(手術) 등이 뒤 따르고 갑작스러 운 사고(事故)를 당(當)할 수 있다.

그렇지만 충(沖)이 공망(空亡) 되거나 합(合)할 때, 그 외(外)의 오행 (五行)과 길신(吉神)의 도움이 있을 때는 흉(凶)이 없어지거나 흉(凶)이 적어지고 길(吉)로 변(變)할 수 있다.

년(年)과 월(月)이 충(沖)하면 가업(家業)을 바꾸고
객지생활(客地生活)을 하며,
월(月)과 일(日)이 충(沖)하면 부모(父母)와 불화(不和)하고
이동(移動)이 많으며,
일(日)과 시(時)가 충(沖)하면 자식(子息)과 불화(不和)하고
심신(心身)이 편안하지 못하다.

① 간충(干沖)

| 甲庚상충 | 乙辛상충 | 丙壬상충 | 丁癸상충 |
|---|---|---|---|

甲庚충  乙辛충  丙壬충  丁癸충은

간충(干沖) 또는 천간충(天干沖)이라 하고,

戊甲,  己乙,  庚丙,  辛丁,  壬戊,

癸己는 간충(干沖)이 아니고 간극(干克)이다.

간충(干沖)과 간극(干克) 모두 칠살(七殺)이 된다.


② 지충(支沖)

| 子午상충 | 丑未상충 | 寅申상충 | 卯酉상충 | 辰戌상충 | 巳亥상충 |
|---|---|---|---|---|---|

支神只以 沖爲重 刑與穿兮 動不動
지신지이 충위중 행여천혜 동부동

지지(地支)중에서 흉(凶)은 충(沖)이 제일 심하고,

형파해(刑破害)는 그 다음이다.

천간충(天干沖)은 7번째 만나면 충(沖) 또는 극(克)이 되지만,

지지(地支)에서는 7번째 만나면 충(沖)이 된다.

즉 칠충(七沖)이 되고 칠살(七殺)이 된다.

子午충 巳亥충은 水와 火의 충(沖)이요,

寅申충 卯酉충은 金과 木의 충(沖)이며,

辰戌충 丑未충은 土와 土의 충(沖)이니

붕충(朋沖)이다.

**98**

붕충(朋沖) 辰戌丑未는

진술충(辰戌沖)은 辰중의 乙木癸水와

戌중의 辛金丁火가 암장(暗藏)의 천간(天干)끼리

乙辛충 癸丁충이 되기 때문이며,

丑未충은 丑중의 癸水辛金과 未중의

丁火乙木이 암장(暗藏)의 천간(天干)끼리 癸丁충

辛乙충이 되는 바, 사주감정시(四柱鑑定時) 유심히 관찰(觀察)해야 붕충(朋沖)의 복잡(複雜)함을 알 수 있을 것이다.


※ 지지상충도(地支相沖圖)

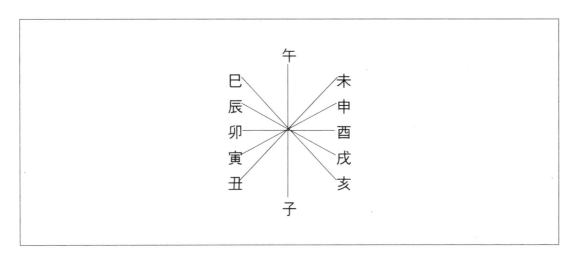

③충(沖)을 마치며

충(沖)은 살(殺)이다. 살(殺)은 흉(凶)을 의미(意味)한다.

170여종의 신살(神殺) 중 살(殺)은 흉(凶)의 대명사(代名詞)이기 때문이다.

유독 충(沖)만을 별도(別途)로 분리(分離)하여 설명(說明)한 것은 오행(五行)을 생(生)하는 합(合)의 대칭선상(對稱線上)에 있고, 오행(五行)이 변(變)하는 합(合)과 주로 충돌(衝突)하기 때문이다.

## 2. 형(刑) 파(破) 해(害) 원진(元嗔) 공망(空亡)

### 가. 형(刑)

형(刑)은 충(沖) 다음의 흉살(凶殺)이다.

① 寅巳申　寅巳　　巳申　　寅申 <시세형(恃勢刑)>
　　丑戌未　　丑戌　　戌未　　未丑<무은형(無恩刑)>
②상형(相刑)
　　子卯 <무례형(無禮刑)>
③자형(自刑)
　　辰辰　午午　酉酉　亥亥


　가)형(刑)의 구성원리(構成原理) 1
　　1)삼합(三合) : 寅午戌　申子辰　亥卯未　巳酉丑

　　2)방합(方合) : 巳午未　寅卯辰　亥子丑　申酉戌

삼합(三合)과 방합(方合)을 종(縱)으로 보면 형(刑)이 됨을 알 수 있듯이, 형(刑)은 삼합(三合)과 방합(方合)에서 발생(發生)하였다고 보며 巳午未는 火인데 寅午戌 화국(火局)을 만나면 火가 더욱 강(强)해지고,

寅卯辰은 木인데 申子辰 수국(水局)을 만나면 木이 더욱 강(强)해지며,

亥子丑은 水인데 亥卯未 목국(木局)을 만나면 木은 더욱 강(强)해지고,

申酉戌은 金인데 巳酉丑 금국(金局)을 만나면 金이 더욱 강(强)해져서,

중화(中和)의 도(道)를 잃게 되어 서로 형(刑)하게 되는 것이다.

3) (寅巳申은 시세지형(恃勢之刑)으로 寅巳申이
   각각 생지(生地), 녹지(祿地)에 임(任)하고 있어 자기의 강(强)한 세력(勢力)만 믿고 형(刑)함이요,

4) 丑戌未는 무은지형(無恩之刑)으로 각각 다 土인데 형제(兄弟)
   끼리 우애(友愛)가 있어야 할 것인데 그 반대(反對)로 형(刑)하기 때문이요,

5) 子卯는 무례지형(無禮之刑)으로 子水는 卯木의 어머니인데,
   어머니를 형(刑)하기 때문에 무례형(無禮刑)이요,

6) 辰辰 午午 酉酉 亥亥는 자형(自刑)으로 내가 나 스스로를 형(刑)하기 때문이다.

나) 형(刑)의 구성원리(構成原理) 2

수리(數理)로써 형(刑)을 설명(說明)하고 있는바, 1은 수(數)의 시작이고, 10은 수(數)의 끝이다.

세상(世上) 모든 만물(萬物)은 차<영(盈)>면 기울고, 기울면 역전반기(逆轉反旗)한다. 음양오행(陰陽五行)과 상생상극(相生相剋) 길흉(吉凶)도 마찬가지로 수리(數理)의 이치(理致)를 벗어날 수 없다.

항간(巷間)에서 말하는 사혹십악(四惑十惡)도 형(刑)을 말하는 것인 바, 즉 순행(順行) 4번째가 사혹(四惑)이고 역행(逆行) 10번째가 십악(十惡)에 해당(該當)되는데 寅巳申, 丑戌未 삼형(三刑)의 구성(構成)도 마찬가지다.

寅에서 순행(順行) 4번째가 巳이고,

寅에서 역행(逆行) 10번째가 巳이다.

巳에서 순행(順行) 4번째가 申이고,

巳에서 역행(逆行) 10번째가 申이다.


이하 丑戌未도 같은 방법(方法)으로 형(刑)이 되며, 자묘형(子卯刑)도 같은 방법(方法)이다.


자형(自刑)은 강(强)함이 강(强)함을 만나고, 강(剛)함이 강(剛)함을 만나 분수(分數)를 넘어서 스스로 형(刑)한다.


또 무은지형(無恩之刑)은 부은(父恩)을 잊어 버렸기 때문이요,

시세지형(恃勢之刑)은 암장(暗藏)의 간(干)끼리 형(刑)하기

때문이며,

무례형(無禮刑)은 자식(子息)이 어미를 형(刑)하기 때문에

예의(禮義)를 잃었기 때문이다.


1) 사주(四柱)에 삼형(三刑)이 있으면 성질(性質)이 냉정(冷情)하고, 은인(恩人)을 모함(謀陷)하고, 의리(義理)가 없고 무정(無情)하다.

2) 삼형(三刑)이 12운사절(死絶)과 동주(同柱)하면 옳은 것을 그르다고 한다.

3) 사주(四柱)중에 삼형(三刑)이 있으면 자기(自己)만 믿고 돌진(突進)하다가 좌절(挫折)하기 쉽다.

4) 여자(女子)가 삼형(三刑)이 있으면 성질(性質)이 사납고 가족(家族)과 불화(不和)하며 예의(禮義)가 없다.

5)자형(自刑)이 있으면 독립심(獨立心)이 결핍(缺乏)되고 매사(每事)에 열성(熱誠)이적고 유시무종(有始無終)하며 마음이 험독(險毒)하여 타인(他人)을 적대시(敵對視)한다.

6)대세운(大勢運)에 삼형(三刑)을 만나면 관재구설(官災口舌), 교통사고(交通事故), 수술(手術) 등의 재난(災難)이 있다.

7)삼형(三刑)이 있고 격(格)이 좋으면 생살권(生殺權)을 잡는다.


이상(以上) 설명(說明)한 것은 형(刑) 하나만으로 운명(運命)에 작용(作用)하는 것으로,

형(刑) 이외의 길신(吉神)과 오행(五行)의 생극제화(生剋制化)에 따라 흉(凶)이 길(吉)로 변(變)하므로, 형(刑) 하나하나에 집착(執着)하지 말고 사주전체(四柱全體)를 보고 잘 살피는 능력(能力)을 배양(培養)할 것이다.

## 나. 파(破)

| 子酉 | 巳申 | 丑辰 |
|------|------|------|
| 午卯 | 寅亥 | 戌未 |

파(破)는 일명(一名) 육파(六破) 또는 상파(相破)라고 한다.

위 표(表)에서 보는 바와 같이 횡(橫)으로 보면 파(破)요,

종(縱)또는 대각선으로 보면 충(沖)이 되는데,

충(沖), 즉 부딪치면 파손(破損)되고 파괴(破壞)됨을 나타내고 있으나, 충(沖)이나 형(刑)보다는 약(弱)하다.

①년(年)을 파(破)하면 부모(父母)를 일찍 이별(離別)한다.

②월(月)을 파(破)하면 객지생활(客地生活)을 한다.

③일(日)을 파(破)하면 외롭고 처자(妻子)와의 사이가 좋지 않다.

④시(時)를 파(破)하면 노년(老年)이 좋지 않다.

## 다. 해(害)

| 子未 | 寅巳 | 卯辰 |
|------|------|------|
| 丑午 | 亥申 | 戌酉 |

해(害)는 일명(一名) 육해(六害)라고 한다.

해(害)는 육합(六合)에서 발생(發生)하였는 바, 위 표(表)에서와 같이, 종(縱)으로 합(合)하는데 대각선(對角線)으로 충(沖)하여 합(合)을 방해(妨害)하므로 해(害)가 되는 것이다.

예(例)를 들어 子가 丑과 합(合)하는데 未가 丑을 충(沖)하여 합(合)을 방해(妨害)하므로 未가 해(害)가 되며 寅이 亥와 합(合)하는데 亥를 巳가 충(沖)하여 합(合)을 방해(妨害)하므로 巳가 해(害)가 되는 것이다.

卯辰 丑午 亥申 戌酉도 같은 이치(理致)로 해(害)가 된다.

①사주(四柱)에 해(害)가 많으면 육친(六親)을 극(克)한다.

②사주(四柱)에 해(害)가 많으면 인내심(忍耐心)이 적고, 화를 잘내고, 건강(健康)이 좋지 않다.

③월(月)에 해(害)가 있으면 고독(孤獨)하다. 여명(女命)은 더 심(甚)하다.

④일(日)과 시(時)에 해(害)가 있으면 노년(老年)에 잔병(殘病)이 많다.

⑤寅일 巳시생은 신체불구(身體不具)나 난치병(難治病)이 있다.

## 라. 원진(怨嗔)

원진(怨嗔)은 원진(元辰)이라고도 쓰고, 일명(一名) 대모살(大耗殺)이라고도 한다.

| 子未 | 丑午 | 寅酉 | 卯申 | 辰亥 | 巳戌 |
|------|------|------|------|------|------|

양지(陽支)<子.寅.辰>는 충(沖) 다음이 원진(怨嗔)이고,

음지(陰支)<丑.卯.巳>는 충(沖) 앞이 원진(元辰)이다.

원진(元辰)은 서로 미워하고 싫어하는 것을 말하고, 흔히, 동물(動物)에 비유(比喩)하여 세간(世間)에서 많이 사용(使用)한다.

즉, 쥐와 양이 원진(元辰)이요, 소와 말이 원진(元辰)이며, 범과 닭이 원진(元辰)이고, 토끼와 원숭이가 원진(元辰)이며, 용(龍)과 닭이 원진(元辰)이고, 뱀과 개가 원진(元辰)이다.

①명중(命中)에 원진(元辰)이 있고, 사절(死絶)이 되면 용모(容貌)가 추(醜)하다.

②명중(命中)에 원진(元辰)이 있고, 세운(世運)에서 원진(元辰)을 만나면 관계(官界)에 있는 자는 좌천(左遷)한다.

③명중(命中)에 원진(元辰)이 있고 대운(大運)이 바뀌는 즈음에 세운(世運)에서 겁살(劫煞), 망신(亡神), 양인(陽刃) 등을 보면 생명(生命)이 위태(危殆)로울 수 있다.

④명중(命中)에 원진(元辰)이 망신(亡神)과 같이 있으면 무고(誣告)함을 당(當)한다.

⑤음명(陰命)에 원진(元辰)이 있으면 음성(音聲)이 크고 예의(禮義)를 잘 지키지 않는다.

## 마. 공망(空亡)

① 공망(空亡)이란 일명(一名) 천중살(天中殺)이라고 한다.

공망(空亡)이란 비었다, 없다, 공(空)이다.

있다고 하더라도 없는 것과 같다는 의미(意味)이다.


甲子旬(순)에는 戌亥가 공망(空亡)이요,

甲戌旬(순)에는 申酉가 공망(空亡)이고,

甲申旬(순)에는 午未가 공망(空亡)이며,

甲午旬(순)에는 辰巳가 공망(空亡)이고,

甲辰旬(순)에는 寅卯가 공망(空亡)이요,

甲寅旬(순)에는 子丑이 공망(空亡)이다.


즉 60甲子는 육순(六旬)이 육십(六十)이며,

일순(一旬)은 10을 의미(意味)한다.

일순(一旬)에는 10개의 간(干)이 있고, 10개의 지(支)가 있다.

원래 천간(天干)은 10이요, 지지(地支)는 12인데,

12개의 지지(地支)는 그 중 2개가 짝이 없다.


짝이 없는 2개의 간지(干支)가 공망(空亡)이다.

가)공망(空亡)이 합(合)하거나 충(沖)할 때는 공망(空亡)이 없어진다.

나)연월일(年月日) 또는 월일시(月日時)가 공망(空亡)되면 흉극길
(凶極吉)이 된다. 즉 흉(凶)이 길(吉)로 변(變)한다.

다)흉(凶)이 공망(空亡)되면 길(吉)로 변(變)하고 길(吉)이 공망(空
亡)되면 흉(凶)으로 변(變)한다.

라)년(年)이 공망(空亡)되면 조상(祖上)의 음덕(陰德)이 적다.

마)월(月)이 공망(空亡)이면 부모형제(父母兄弟)가 무력(無力)하고 어린시절(時節) 고생(苦生)이 많다.

바)일(日)이 공망(空亡)되면 배우자(配偶者) 덕(德)이 적고 가정풍파(家庭風波)가 많다.

사)시(時)가 공망(空亡)되면 자손(子孫)이 무력(無力)하고 노년(老年)이 외롭다.

아)식신(食神)을 공망(空亡)하면 건강(健康)에 문제가 있다.

자)공망(空亡)도 다른 흉살(凶殺)처럼 오행(五行)의 생극제화(生剋制化)와 사주구성(四柱構成)을 잘 살핀 후, 길흉(吉凶)을 판단(判斷) 해야 한다.

② 공망표(空亡表)

| 순별<br>(旬別) | 육십갑자(六十甲子) | | | | | | | | | | 공망<br>(空亡) |
|---|---|---|---|---|---|---|---|---|---|---|---|
| 1순(旬)<br>甲子순 | 甲子 | 乙丑 | 丙寅 | 丁卯 | 戊辰 | 己巳 | 庚午 | 辛未 | 壬申 | 癸酉 | 戌亥 |
| 2순(旬)<br>甲戌순 | 甲戌 | 乙亥 | 丙子 | 丁丑 | 戊寅 | 己卯 | 庚辰 | 辛巳 | 壬午 | 癸未 | 申酉 |
| 3순(旬)<br>甲申순 | 甲申 | 乙酉 | 丙戌 | 丁亥 | 戊子 | 己丑 | 庚寅 | 辛卯 | 壬辰 | 癸巳 | 午未 |
| 4순(旬)<br>甲午순 | 甲午 | 乙未 | 丙申 | 丁酉 | 戊戌 | 己亥 | 庚子 | 辛丑 | 壬寅 | 癸卯 | 辰巳 |
| 5순(旬)<br>甲辰순 | 甲辰 | (乙巳 | 丙午 | 丁未 | 戊申 | 己酉 | 庚戌 | 辛亥 | 壬子 | 癸丑 | 寅卯 |
| 6순(旬)<br>甲寅순 | 甲寅 | 乙卯 | 丙辰 | 丁巳 | 戊午 | 己未 | 庚申 | 辛酉 | 壬戌 | 癸亥 | 子丑 |

③ 절로공망(截路空亡)

| 일간<br>(日干) | 甲己 | 乙庚 | 丙辛 | 丁壬 | 戊癸 |
|---|---|---|---|---|---|
| 출생시<br>(出生時) | 壬申<br>癸酉 | 壬午<br>癸未 | 壬辰<br>癸巳 | 壬寅<br>癸卯 | 壬子<br>癸丑 |

해설(解說)

甲일이나 己일생은 壬申시 癸酉시가

절로공망(截路空亡)이요,

乙일이나 庚일생은 壬午시 癸未시가

절로공망(截路空亡)이고,

丙일이나 辛일생은 壬辰시 癸巳시가

절로공망(截路空亡)이며,

丁일이나 壬일생은 壬寅시 癸卯시가

절로공망(截路空亡)이고,

戊일이나 癸일생은 壬子시 癸丑시가

절로공망(截路空亡)이다.

절로공망(截路空亡)은 매사(每事)를 처리(處理)함에 있어 매사(每事)마다 어려움이 생겨 중단(中斷)하기 쉽다는 흉살(凶殺)이다.

절로공망(截路空亡)을 살펴보면 출생시(出生時)의 시간지(時干支)가 모두 水 이므로 길을 가다가 물로 인해 길이 막혀 길을 못가는 상태(狀態)를 말하는 바,

사주(四柱)를 감정(鑑定)할 때 오행상(五行上)의 水를 잘 살펴 보고 길흉(吉凶)을 판단(判斷)해야 할 것이다.

# 3. 명궁(命宮) 태원(胎元) 태식(胎息)

## 가. 명궁(命宮)

①명궁은 사람의 명(命)이 거(居)하는 곳이다.

　신(神)은 사묘(社廟)에 영(靈)은 영부(靈符)에 사는 것처럼

　신명(身命)도 명궁(命宮)에 사는 것이다.


　명궁(命宮)은 卯를 기준(基準)한다.

　卯는 정동방(正東方)의 木이요, 인(仁)이요, 수(壽)이고,

　태양(太陽)이 뜨는 곳이기 때문이다.

　명궁(命宮)으로 원명사주(原命四柱)의 빈부귀천(貧富貴賤)과 현우수요(賢愚壽夭)가 좀 더 명확(明確)해 지기 때문이다.


②명궁(命宮)은 사람의 출생(出生)한 월(月)과 시(時)로 태양(太陽)의 위치(位置), 즉 卯를 찾아내는 방법(方法)이다.

　명궁(命宮)은 24절기(節氣) 중 사주(四柱)를 구성(構成)할 때 사용(使用)하는 12절(節)을 사용(使用)하지 않고 중기(中氣)인 12기(氣)를 사용(使用)한다. 12기(氣)란 다음 표(表)와 같다.

＊12기(氣) 중기표(中氣表)

| 월별<br>(月別) | 1 | 2 | 3 | 4 | 5 | 6 | 7 | 8 | 9 | 10 | 11 | 12 |
|---|---|---|---|---|---|---|---|---|---|---|---|---|
| 12기<br>(氣) | 대한<br>(大寒) | 우수<br>(雨水) | 춘분<br>(春分) | 곡우<br>(穀雨) | 소만<br>(小滿) | 하지<br>(夏至) | 대서<br>(大暑) | 처서<br>(處暑) | 추분<br>(秋分) | 상강<br>(霜降) | 소한<br>(小寒) | 동지<br>(冬至) |

③명궁산출법(命宮算出法)

　명궁(命宮)을 산출(算出)하는 방법(方法)은 두 가지가 있다.


가)명궁조견표(命宮早見表)에 의한 산출방법(算出方法)

　1월은 子, 2월은 亥, 3월은 戌, 4월은 酉,

　5월은 申, 6월은 未, 7월은 午, 8월은 巳,

　9월은 辰, 10월은 卯, 11월은 寅, 12월은 丑으로

　역(逆)으로 세어가서 월(月)을 정해놓고,


　예(例)를 들어 己丑년 6월<하지(夏至)> 亥시생이라면,

　첫째로, 子월을 기준(基準)해서 역(逆)으로 세어 가면

　6월 未에 닿는다.


　둘째로, 6월 未를 출생시(出生時) 亥월의 출발점(出發點)　으로 해서, 순(順)으로 세어 가면 亥. 子. 丑. 寅, 卯로

　명궁조견표(命宮早見表)를 보면 亥에 닿는다.

　亥가 곧 명궁지지(命宮地支)가 된다.


　셋째, 명궁지지(命宮地支)가 정해 졌으니 명궁간(命宮干)을 찾아야
　　한다.

　명궁간(命宮干)은 연두법(年頭法)에 의거 구(求)한다.


　己丑년생이니까 甲己合土火生土

　갑기년병인두(甲己年丙寅頭)이니까,

　　丙寅　丁卯　戊辰　己巳　庚午　辛未

壬申    癸酉    甲戌    乙亥로

육십갑자(六十甲子)를 차례로 짚어 가면 乙이 명궁간(命宮干)이 된다.

己丑년 6월<하지(夏至)> 亥시생)의 명궁간지(命宮干支)는 乙亥가 된다.


나)고정수(固定數)에 의한 명궁(命宮) 산출방법(算出方法)


※ 첫째 명궁기본수

| 월시지<br>(月時支) | 寅 | 卯 | 辰 | 巳 | 午 | 未 | 申 | 酉 | 戌 | 亥 | 子 | 丑 |
|---|---|---|---|---|---|---|---|---|---|---|---|---|
| 고정수<br>(固定數) | 1 | 2 | 3 | 4 | 5 | 6 | 7 | 8 | 9 | 10 | 11 | 12 |


※ 둘째 명궁(命宮) 고정수(固定數)

| 14 | 26 |
|---|---|
| 생월(生月) 생시(生時) 수(數)를 합(合)하여 14미만(未滿) 일 때 사용(使用) | 생월(生月) 생시(生時) 수(數)를 합(合)하여 14이상(以上) 일 때 사용(使用) |

예(例)1.

---

### 戊子년 寅월 卯시생

寅1 + 卯2 = 3

기본수(基本數)14-3=11, 11은 월시지(月時支) 고정수(固定數)를 보면,

子가 된다.

子가 명궁(命宮) 지지(地支)가 된다.

명궁간(命宮干)은 戊癸合火木生火

무계년갑인두(戊癸年甲寅頭)에 의거 甲이 명궁간(命宮干)이 된다.

戊子년 寅월 卯시생의 명궁(命宮)은 甲子가된다.

---

예(例)2.

---

### 己丑년 未월 亥시생

未6 + 亥10 = 16

기본수(基本數) 26-16=10,  10은 亥가 된다.

亥는 명궁지지(命宮地支)가 된다.

명궁간(命宮干)은 甲己合土火生土

갑기년병인두(甲己年丙寅頭)에 의거,

丙寅 丁卯 순(順)으로 세어 가면 乙亥에 닿는다.

乙이 명궁간(命宮干)이다.

己丑년 未월 亥시생의 명궁(命宮)은  乙亥가 된다.

---

※ 명궁표(命宮表)

| 생시<br>(生時) \ 생월<br>(生月) | 寅 | 卯 | 辰 | 巳 | 午 | 未 | 申 | 酉 | 戌 | 亥 | 子 | 丑 |
|---|---|---|---|---|---|---|---|---|---|---|---|---|
| 子 | 卯 | 寅 | 丑 | 子 | 亥 | 戌 | 酉 | 申 | 未 | 午 | 巳 | 辰 |
| 丑 | 寅 | 丑 | 子 | 亥 | 戌 | 酉 | 申 | 未 | 午 | 巳 | 辰 | 卯 |
| 寅 | 丑 | 子 | 亥 | 戌 | 酉 | 申 | 未 | 午 | 巳 | 辰 | 卯 | 寅 |
| 卯 | 子 | 亥 | 戌 | 酉 | 申 | 未 | 午 | 巳 | 辰 | 卯 | 寅 | 丑 |
| 辰 | 亥 | 戌 | 酉 | 申 | 未 | 午 | 巳 | 辰 | 卯 | 寅 | 丑 | 子 |
| 巳 | 戌 | 酉 | 申 | 未 | 午 | 巳 | 辰 | 卯 | 寅 | 丑 | 子 | 亥 |
| 午 | 酉 | 申 | 未 | 午 | 巳 | 辰 | 卯 | 寅 | 丑 | 子 | 亥 | 戌 |
| 未 | 申 | 未 | 午 | 巳 | 辰 | 卯 | 寅 | 丑 | 子 | 亥 | 戌 | 酉 |
| 申 | 未 | 午 | 巳 | 辰 | 卯 | 寅 | 丑 | 子 | 亥 | 戌 | 酉 | 申 |
| 酉 | 午 | 巳 | 辰 | 卯 | 寅 | 丑 | 子 | 亥 | 戌 | 酉 | 申 | 未 |
| 戌 | 巳 | 辰 | 卯 | 寅 | 丑 | 子 | 亥 | 戌 | 酉 | 申 | 未 | 午 |
| 亥 | 辰 | 卯 | 寅 | 丑 | 子 | 亥 | 戌 | 酉 | 申 | 未 | 午 | 巳 |

1)명궁(命宮)이 생(生) 대(帶) 관(冠) 왕지(旺地)에 있고
천을귀인(天乙貴人)등 길신(吉神)이 있으면 사람이 덕(德)이 있고
부귀(富貴)한다.

2)명궁(命宮)에 백호(白虎) 망신(亡身) 겁살(劫煞) 칠살(七殺)등의
흉신(凶神)이 있으면 가난하고 질병(疾病)이 있으며 재앙(災殃)이
침범(侵犯)한다.

3)명궁(命宮)에 고신과숙(孤辰寡宿)이 있으면 고독(孤獨)하거나
승려(僧侶)가 된다.

4)명궁(命宮)이 도화살(桃花殺)이 되면 주색(酒色)을 좋아한다.
공망(空亡)되면 풍류심(風流心)만 있다.

5)명궁(命宮)이 생월(生月) 또는 생년(生年)과 고신과숙(孤辰寡宿)이
되면 혼사(婚事)가 늦다.
여명(女命)이 그러하면 화류계(花柳界)에 몸을 담을 수 있고,
남녀(男女) 모두 승려(僧侶)가 될 수 있다.

6)명궁(命宮)이 卯나 酉일 때 사주격(四柱格)에 따라
부부연(夫婦緣)이 바뀐다.

7)명궁(命宮)에 도화(桃花) 또는 역마(驛馬)가 있으면 타향(他鄕)살이
하고, 색정(色情) 문제(問題)가 발생(發生)하며, 여명(女命)은 음부
(陰部)에 질환(疾患)이 있거나 산액(産額)이 있다.

8)명궁(命宮)이 亥인데 생일(生日) 또는 생년(生年)이 酉인
사람은 형제(兄弟)간 무정(無情)하다.

9)명궁(命宮)이 辰이면 호주가(好酒家)이다.

10)명궁(命宮)이 생일(生日)과 형충파해(刑沖破害)가 되면 흉(凶)하다,

11)대세운(大世運)이 명궁(命宮)을 충(沖)하면 생명(生命)이 위태(危
殆)롭다.

116

## 나. 태 원(胎元)

태원이란 입태월 즉 임신된 달이다.

월주에서 천간은 한자리 전진하고, 지지는 세 자리 전진한다.

예를 들면,

甲戌이 월주라면, 천간은 甲. 乙이니까 乙이 되고,

지지는, 戌. 亥. 子. 丑이 되어, 乙丑이 태원이 된다.

## 다. 태 식(胎息)

태식이란, 입태일 즉 임신된 날이다.

甲戌일에 출생 했으면,

甲은 己와 합하고,

戌은 卯와 합하여 입태일은 己卯일이 된다.

천간지지가 상합되는 날이 입태일이다.

※명리학은,

오성학과 자평학의 양파가 있는 바,

오성학은 출생월과 시를 기준하여 명궁을 찾아 추명하고,

자평학은 생일을 위주로 기후의 심천을 중히 하는 바,

월과 시도 다 중요함을 인식해야 할 것이다.

# 제 4 장 신 살 론(神殺論)

신살(神殺)은 길신(吉神)과 흉신(凶神) 그리고 칠살(七殺)을 말한다.

170여종의 신살 중 사주감정(四柱鑑定)에 많이 사용하는 것만 설명한다.

신살 중 12신살(神殺)은 사주구성에 필요하여 별도로 먼저 열거하였으나 이 신살(神殺) 후반에 보완하여 설명하겠으며,

합(合) 충(沖) 형(刑) 파(破) 해(害) 원진(元嗔) 공망(空亡)도 신살(神殺)이지만 그 사용의 빈번함 때문에 먼저 설명하였으므로 이 신살(神殺)란에 포함되지 않았다.

신살(神殺)의 활용은 년(年) 또는 일(日) 과 대조하여 사용하고 있으나, 그 활용선택은 신중해야 할 것이다.

신살(神殺)은 길신(吉神)을 먼저 설명하고 흉살(凶殺)은 뒤에 설명한다.

신살(神殺)이 운명에 미치는 영향은

사주팔자(四柱八字)의 구성과 격국(格局) 용신(用神) 조후(調候) 및 대세운(大歲運)에 종속적 부차적 상대적으로 작용될 따름이다.

예컨대 사주팔자(四柱八字)가 귀격(貴格)이고 선행(善行)이 있고 인격이 높을 경우에는 흉살(凶殺)이 있어도 그 작용(作用)은 정화(淨化)되는 것인 바, 그 사람의 인격(人格)과 심신(心身)의 수양(修養) 및 적선(積善)여부에 따라서 악(惡)도 선(善)으로 변하게 되는 것이다.

사주감정(四柱鑑定)시 그 사람의 인격(人格)과 적선여부(積善與否)를 세심히 살펴 신살(神殺)의 작용을 판별해야 하지만, 그 작용(作用)도 어디까지나 사주(四柱)의 종속적 부차적 상대적임을 명심해야 할 것이다.


# 1. 신살(神殺) 50종

## 1) 천을귀인(天乙貴人)

| 일간(日干) | 甲戊庚 | 乙己 | 丙丁 | 辛 | 壬癸 |
|---|---|---|---|---|---|
| 천을(天乙) | 丑未 | 子申 | 亥酉 | 寅午 | 巳卯 |

○사주에 천을귀인(天乙貴人)이 있으면 연해자평(淵海子平)에서 옥당관(玉堂官)이 된다고 하였는 바, 옥당관(玉堂官)이란 왕(王)과 국정(國政)을 논(論)하는 중앙관직(中央官職)인 바 요즘의 장관이나 국회의원 같은 직책이다.

○천을귀인(天乙貴人)은 천상(天上)의 신(神)으로써 자미원(紫薇垣) 밖에 있으면서 태을성(太乙星)과 더불어 천황(天皇)을 섬기면서 만신(萬神)을 주재하며 옥형을 잡고 천상(天上)이나 인간의 제사(諸事)를 비교 헤아리며 천을(天乙)이 임하는 곳에는 일체의 흉살(凶殺)이 피한다는 천상신(天上神)이다.

○천을귀인(天乙貴人)은 백가지 재앙을 물리치고 재난이 스스로 물러가며 복(福)을 후(厚)하고 학문이 높아 명중(命中)에 천을귀인(天乙貴人)이 있으면 총명영리하고 마음과 인격이 바르다. 천을귀인(天乙貴人)은 합(合)을 좋아하며, 합(合)으로 인해 출세를 할 수 있으며 귀인이 호환되면 부귀한다.

○천을귀인(天乙貴人)은  호중자(壺中子)에  의하면, 출생시에  따라서 주귀(晝貴)와  야귀(夜貴)로  나누는  바, 낮과  밤을  각각  주귀(晝貴)와 야귀(夜貴)가  다스린다고  하였으며, 12지지(地支)  중에  辰戌에는  천 을귀인(天乙貴人)이  임하지  않는  바, 辰戌은  괴강(魁罡)이기  때문이 다.

○천을귀인(天乙貴人)이  형충파해  공망되면  일생에  고생이  많다.

○천을귀인(天乙貴人)이  십이운생왕지에  있으면  일생동안  길(吉)이 많고 십이운 사절지에  있으면  그렇지  않다.

○천을귀인(天乙貴人)이  있는  천간이  간합(干合)되거나  지지(地支)가 합이  되면  출세가  빠르고  주위의  신임을  받으며  일생에  형벌을  받지 아니한다.

○천을귀인(天乙貴人)이  겁살(劫煞)과  동주(同住)하면  위엄이  있고 문창성과  동주하면  지혜가  높고  괴강과  같이  있으면  성격이  활발 하고  경우가  밝다.

○천을귀인(天乙貴人)이  건록과  같이  있으면  문장력이  좋다.

## 2) 천월덕(天月德) 귀인(貴人)

| 월지<br>(月支) | 寅 | 卯 | 辰 | 巳 | 午 | 未 | 申 | 酉 | 戌 | 亥 | 子 | 丑 |
|---|---|---|---|---|---|---|---|---|---|---|---|---|
| 천덕<br>(天德) | 丁 | 申 | 壬 | 辛 | 亥 | 甲 | 癸 | 寅 | 丙 | 乙 | 巳 | 庚 |
| 월덕<br>(月德) | 丙 | 甲 | 壬 | 庚 | 丙 | 甲 | 壬 | 庚 | 丙 | 甲 | 壬 | 庚 |

결(訣)에 이르기를 천월이덕(天月二德)이 일주(日主)에 임(臨)하면 일생에 험(險)이 없고 이름이 상부(上府)에 오른다 라고 했다.

천월덕(天月德) 귀인(貴人)은 월지(月支)를 기준으로 한다.

천월덕(天月德) 귀인(貴人)이 사주에 있으면 충(沖), 극(剋), 효신(梟神), 상관(傷官), 겁재(劫財), 귀살(鬼殺) 등의 흉(凶)이 해소되거나 길(吉)로 변한다.

천월덕(天月德) 귀인(貴人)이 관(官)에 있으면 관운(官運)이 좋고,
　　　　　　　재(財)에 있으면 재운(財運)이 좋고,
　　　　　　　인(印)에 있으면 심성(心性)이 좋아 이름을 얻고,
　　　　　　　식(食)에 있으면 선빈후귀(先貧後貴)하며,
　　　　　　　시(時)에 있으면 귀자(貴子)를 둔다.
　　　　　　　일간(日干)에 있으면 천우신조(天佑神助)가 있다.

## 3) 천관귀인(天官貴人)

| 일간(日干) 또는 연간(年干) | 甲 | 乙 | 丙 | 丁 | 戊 | 己 | 庚 | 辛 | 壬 | 癸 |
|---|---|---|---|---|---|---|---|---|---|---|
| 천관귀인 (天官貴人) | 未 | 辰 | 巳 | 酉 | 戌 | 卯 | 亥 | 申 | 寅 | 午 |

년간(年干) 또는 일간(日干)을 기준한다.

시주(時柱)에 있으면 제일 좋다

재관인(財官印)을 복신(福神)으로 보기 때문이다.

천관귀인(天官貴人)이 명중에 있으면 관직(官職)으로 입신(立身)하는데 일주(日柱)의 납음오행(納音五行)을 상(傷)치 말아야 할 것이다.

복신(福神)(재관인 財官印)의 도움이 있으면 출세(出世)한다.

형(刑) 충(沖) 양인(羊刃)이 있으면 좋지 않다.

관(官)이 귀격이면 고관(高官)이 되며 문창귀인(文昌貴人)과 동주하면 대길하며 대세운에서 천관귀인을 만나도 좋다.

## 4) 천주귀인(天廚貴人)

| 일간<br>(日干) | 甲 | 乙 | 丙 | 丁 | 戊 | 己 | 庚 | 辛 | 壬 | 癸 |
|---|---|---|---|---|---|---|---|---|---|---|
| 천주귀인<br>(天廚貴人) | 巳 | 午 | 巳 | 午 | 申 | 酉 | 亥 | 子 | 寅 | 卯 |

일간(日干)을 기준한다. 필요시 년간(年干)으로도 기준할 수 있다.

천주귀인(天廚貴人)이란 일간(日干)의 식신(食神)에 대한 건록지(建祿地)를 말한다.

예를 들면,

甲의 식신(食神)은 丙인데 丙의 12운상 녹지(祿地)는 巳이고

乙의 식신(食神)은 丁인데 丁의 12운상 록(祿)은 午이며

丙의 식신(食神)은 戊인데 戊의 12운상 록(祿)은 巳이고

丁의 식신(食神)은 己인데 乙의 12운상 록(祿)은 午가 된다.

戊己庚申壬癸도 같은 방법으로 천주귀인(天廚貴人)이 정해진다.

천주귀인(天廚貴人)이 사주에 있으면

식신(食神)이 대복신(大福神)이므로 건강과 수명이 쌍전(雙全)하여 빛나고 정관정인(正官正印)과 함께 있으면 관직(官職)과 명리(名利)가 높으나 형충공망(刑沖空亡)되면 좋지 않다.

## 5) 천사일(天赦日)

| 년지(年地) | 춘(春) | 하(夏) | 추(秋) | 동(冬) |
|---|---|---|---|---|
| 천사일(天赦日) | 戊寅 | 甲午 | 戊申 | 甲子 |

월지(月支)를 기준한다.

사람의 재화(災禍) 즉 흉(凶)과 악살(惡殺)을 구해주는 길신(吉神)인 바, 상기 일주(日主)가 해당된다.

즉

寅卯辰월에 戊寅일이 천사가 되고,

巳午未월에 甲午일이 천사가 되며,

申酉戌월에 戊申일이 천사가 되고,

亥子丑월에 甲子일이 천사가 된다.

## 6) 천의성(天醫星)

| 월지<br>(月支) | 子 | 丑 | 寅 | 卯 | 辰 | 巳 | 午 | 未 | 申 | 酉 | 戌 | 亥 |
|---|---|---|---|---|---|---|---|---|---|---|---|---|
| 천의성<br>(天醫星) | 亥 | 子 | 丑 | 寅 | 卯 | 辰 | 巳 | 午 | 未 | 申 | 酉 | 戌 |

월지(月支)를 기준한다.

월지(月支)의 전지(前支)가 천의성(天醫星)이 된다.

즉 표에서와 같이 子는 亥가 천의요, 丑은 子가 천의 이고 寅은 丑이 천의가 된다. 卯辰巳午未申酉戌도 같은 방법으로 천의가 된다.

사주에 천의성(天醫星)이 있으면

의사(醫師), 간호사(看護師), 의료업(醫療業) 등 활인업(活人業)에 종사 하게 된다.

여명(女命)은 혹 유흥업에도 종사한다.

## 7) 태극귀인(太極貴人)

| 년간<br>(年干) | 甲 | 乙 | 丙 | 丁 | 戊 | 己 | 庚 | 辛 | 壬 | 癸 |
|---|---|---|---|---|---|---|---|---|---|---|
| 태극<br>(太極) | 子午 | 子午 | 卯酉 | 卯酉 | 辰戌 | 丑未 | 寅亥 | 寅亥 | 巳申 | 巳申 |

년간(年干)을 기준하다.

필요시 혹 일간(日干)을 기준할 수도 있다.

태극(太極)이란 시(始)와 종(終) 즉 처음과 끝을 말함이니 사주에 태극
귀인(太極貴人)이 있고 격국(格局)이 좋으면

입신양명(立身揚名)할 수 있다.

## 8) 삼기귀인(三奇貴人)

```
甲 戊 庚 ~ 천상삼기(天上三奇)
乙 丙 丁 ~ 지하삼기(地下三奇)
辛 壬 癸 ~ 인중삼기(人中三奇)
```

사주천간(四柱天干)을 기준한다.


월일시 연월일에 순서대로 있으면 좋고 흩어져 있으면 성패(成敗)가
있다.


甲戊庚은 천을귀인법(天乙貴人法)에 의거 복(福)이 많고,

乙丙丁은 일월성(日月星)에 비교되어 인물이 뛰어나고,

辛壬癸는 태을경(太乙庚)에 비교되어 수기(水奇) 즉 지혜가 뛰어나다.

삼기(三奇)에는 戊亥가 있으면 더욱 좋다.


○ 명중(命中)에 삼기(三奇)가 있으면 정신력과 인격이 뛰어나고 박학
  유능(博學有能)하다.

○ 삼기(三奇)가 천을 천월덕과 함께 있으면 파흉위길(避凶爲吉)한다.

○ 삼기(三奇)가 삼합(三合)을 이루면 큰 인물이 되고

  삼기(三奇)가 공망되면 세속에 물들지 아니한 사람이다.

○ 삼기(三奇)가 형(刑), 충(沖), 파(破), 해(害), 원진(元辰), 함지(咸地)

  와 함께 있으면 좋지 않다.

## 9) 복성귀인(福星貴人)

| 일간(日干) | 甲 | 乙 | 丙 | 丁 | 戊 | 己 | 庚 | 辛 | 壬 | 癸 |
|---|---|---|---|---|---|---|---|---|---|---|
| 복성(福星) | 寅 | 丑 | 子 | 酉 | 申 | 未 | 午 | 巳 | 辰 | 卯 |

일간(日干)을 기준한다.

복성귀인(福星貴人)이란 일간(日干)이 간합(干合)되는 순중(旬中) 식신(食神)의 지지(地支)를 말한다.

甲은 丙이 식신인데 甲己순중에 丙寅이있어 寅이 복성이되고

乙은 丁이 식신인데 乙庚순중에 丁丑이있어 丑이 복성이되며

丙은 戊가 식신인데 丙辛순중에 戊子가있어 子가 복성이되고

丁은 己가 식신인데 丁壬순중에 己酉가있어 酉가 복성이며

戊는 庚이 식신인데 戊癸순중에 庚申이있어 申이 복성이되고

己는 辛이 식신인데 甲己순중에 辛未가있어 未가 복성이되며

庚은 壬이 식신인데 乙庚순중에 壬午가있어 午가 복성이되고

辛은 癸가 식신인데 丙辛순중에 癸巳가있어 巳가 복성이며

壬은 甲이 식신인데 丁壬순중에 甲辰이있어 辰이 복성이되고

癸는 乙이 식신인데 戊癸순중에 乙卯가있어 卯가복성이된다

명중(命中)에 복성귀인(福星貴人)이 있으면 복수(福壽)를 뜻하는 길신갑(吉神甲)이니 좋은데, 사주가 귀격이면 복수(福壽)와 명리(名利)가 건전하고 또 천명(賤命)도 안락(安樂)하다고 하는 길신이다.

## 10) 학당귀인(學堂貴人)

| 일간<br>(日干) | 甲 | 乙 | 丙 | 丁 | 戊 | 己 | 庚 | 辛 | 壬 | 癸 |
|---|---|---|---|---|---|---|---|---|---|---|
| 학당<br>(學堂) | 亥 | 午 | 寅 | 酉 | 寅 | 酉 | 巳 | 子 | 申 | 卯 |

일간(日干)을 기준한다.

일간(日干)의 십이운상(十二運上) 장생지(長生地)가 학당(學堂)이다.

양순음역(陽順陰逆)으로 암기(暗記)한다.

부귀부(富貴賦)에서는 "총명(聰明)한 명(命)은 학당(學堂)을 보고 알 수 있다" 하였고

삼거일람(三車一覽)에서는 "학당(學堂)이 유기(有氣)하고

생왕(生旺)하면 師儒(사유-학자)의 도(道)에 합당(合當)하다"고 하였다.

즉 명중(命中)과 학당귀인(學堂貴人)이 있고 유기(有氣)하면

그 명주(命主)는 총명 영리한 것이 틀림없다.

## 11) 문창귀인(文昌貴人)

| 일간<br>(日干) | 甲 | 乙 | 丙 | 丁 | 戊 | 己 | 庚 | 辛 | 壬 | 癸 |
|---|---|---|---|---|---|---|---|---|---|---|
| 문창<br>(文昌) | 巳 | 午 | 申 | 酉 | 申 | 酉 | 亥 | 子 | 寅 | 卯 |

일간(日干)을 기준한다.

문창귀인(文昌貴人)은 일명 문창성(文昌星)이라고도 한다.
문창귀인(文昌貴人)은 일간(日干)의 녹지(祿地)에서 음양(陰陽)
불문(不問) 순행(順行) 4위째가 문창귀인(文昌貴人)이다.

예를 들면 甲의 녹지(祿地)는 寅인데 寅에서 순행(順行)하면 巳가 된
다.

여타 다른 일간(日干)도 같은 방법으로 문창귀인(文昌貴人)을 정한다.
사주(四柱)에 문창귀인(文昌貴人)이 있으면 지혜가 있고 총명 과인(過
人)하며 학문이 뛰어나고 흉변위길(凶變爲吉)하며
학문이 뛰어남을 비유하여
문창귀인(文昌貴人)을 생시문장(生時文章)이라 하고
문곡귀인(文曲貴人)을 사후문장(死後文章)이라 한다.

## 12) 문곡귀인(文曲貴人)

| 일간<br>(日干) | 甲 | 乙 | 丙 | 丁 | 戊 | 己 | 庚 | 辛 | 壬 | 癸 |
|---|---|---|---|---|---|---|---|---|---|---|
| 문곡<br>(文曲) | 亥 | 子 | 寅 | 卯 | 寅 | 卯 | 巳 | 午 | 申 | 酉 |

일간(日干)을 기준한다.

일간(日干)의 녹지(祿地)에서 양간(陽干)은 역행 4번째이고
음간(陰干) 순행4번째가 문곡귀인(文曲貴人)이다.

사주(四柱)에 문곡귀인(文曲貴人)이 있으면 학문이 뛰어나며, 더욱이
사후(死後)에 그 명성(名聲)이 더욱 빛나고 높이 평가된다.

예(例)를 들면 甲의 녹지(祿地)는 寅인데 寅에서 역행(逆行) 4번째가
亥가 되며.
乙의 녹지는 卯인데 卯에서 순행 4번째가 子가 되는바
다른 일간(日干)도 같은 방법으로 문곡귀인(文曲貴人)을 정한다.

## 13) 관귀학관(官貴學館)

| 일간<br>(日干) | 甲 | 乙 | 丙 | 丁 | 戊 | 己 | 庚 | 辛 | 壬 | 癸 |
|---|---|---|---|---|---|---|---|---|---|---|
| 관귀학관<br>(官貴學館) | 巳 | 巳 | 申 | 申 | 亥 | 亥 | 寅 | 寅 | 寅 | 寅 |

일간(日干)을 기준한다.

관귀학관(官貴學館)은 일간(日干) 관성(官星)의 장생지(長生地)가 되는 곳인데

예(例)을 들면 甲의 관성(官星)은 金인데 金의 장생지(長生地)는 巳가 되는 것이다.

단, 이때 관성(官星)은 음양(陰陽) 중 양(陽)을 기준한다.
다른 일간(日干)도 같은 방법으로 관귀학관(官貴學館)을 정한다.

사주(四柱)에 관귀학관(官貴學館)이 있으면 공직(公職)에 진출(進出)하면 승진(昇進)이 매우 빨라 직위(職位)가 높아진다는 것이다.

## 14) 진신(進神)

| 월별(月別) | 寅卯辰 | 巳午未 | 申酉戌 | 亥子丑 |
|---|---|---|---|---|
| 일주(日主) | 甲子 | 甲午 | 己卯 | 己酉 |

월지를 기준한다.

1월 2월 3월 생은 甲子 일주(日主)가 진신(進神)이요

4월 5월 6월 생은 甲午 일주(日主)가 진신(進神)이며

7월 8월 9월 생은 己卯 일주(日主)가 진신(進神)이요

10월 11월 12월 생은 己酉 일주(日主)가 진신(進神)이다.

일주(日主)가 진신(進神)이 되면

매사(每事) 장애(障碍)없이 진행(進行)이 계획대로 잘 된다는 좋은 길신(吉神)이다.

## 15) 황은대사(皇恩大赦)

| 월지<br>(月支) | 寅 | 卯 | 辰 | 巳 | 午 | 未 | 申 | 酉 | 戌 | 亥 | 子 | 丑 |
|---|---|---|---|---|---|---|---|---|---|---|---|---|
| 황은대사<br>(皇恩大赦) | 戌 | 丑 | 寅 | 巳 | 酉 | 卯 | 子 | 午 | 亥 | 辰 | 申 | 未 |

월지(月支)를 기준한다.


명중에

1월생이 戌, 2월생이 丑, 3월생이 寅, 4월생이 巳,

5월생이 酉, 6월생이 卯, 7월생이 子, 8월생이 午,

9월생이 亥, 10월생이 辰, 11월생이 申, 12월생이 未가 있으면

황은대사(皇恩大赦)가 되어

중죄(重罪)에 처(處)했다가도 곧 특사(特赦)를 받아 사면(赦免)된다는 길신(吉神)이다.

## 16) 천희신(天喜神)

| 월지<br>(月支) | 寅 | 卯 | 辰 | 巳 | 午 | 未 | 申 | 酉 | 戌 | 亥 | 子 | 丑 |
|---|---|---|---|---|---|---|---|---|---|---|---|---|
| 천희신<br>(天喜神) | 未 | 午 | 巳 | 辰 | 卯 | 寅 | 丑 | 子 | 亥 | 戌 | 酉 | 申 |

월지(月支)를 기준한다.


명중(命中)에

1월생이 未, 2월생이 午, 3월생이 巳, 4월생이 辰,

5월생이 卯, 6월생이 寅, 7월생이 丑, 8월생이 子,

9월생이 亥, 10월생이 戌, 11월생이 酉, 12월생이 申이 있으면

천희신(天喜神)으로서 목전(目前) 흉사(凶事)도 자연(自然) 변(變)하여
환희(歡喜)에 넘친다는 길신(吉神)이다.

## 17) 홍란성(紅鸞星)

| 월지<br>(月支) | 寅 | 卯 | 辰 | 巳 | 午 | 未 | 申 | 酉 | 戌 | 亥 | 子 | 丑 |
|---|---|---|---|---|---|---|---|---|---|---|---|---|
| 홍란<br>(紅鸞) | 丑 | 子 | 亥 | 戌 | 酉 | 申 | 未 | 午 | 巳 | 辰 | 卯 | 寅 |

월지(月支)를 기준한다.


명중(命中)에

1월생이 丑, 2월생이 子, 3월생이 亥, 4월생이 戌,

5월생이 酉, 6월생이申, 7월생이 未, 8월생이 午,

9월생이 巳, 10월생이 辰, 11월생이 卯, 12월생이 寅이 있으면

홍란성(紅鸞星)으로서 농혈지액(膿血之厄)이 면(免)하여지고 길상사(吉祥事)가 연출(連出)된다는 길신(吉神)이다.

## 18) 건록(建祿)

| 일간<br>(日干) | 甲 | 丙戊 | 庚 | 壬 | 乙 | 丁己 | 辛 | 癸 |
|---|---|---|---|---|---|---|---|---|
| 건록<br>(建祿) | 寅 | 巳 | 申 | 亥 | 卯 | 午 | 酉 | 子 |

일간(日干)을 기준한다.

건록(建祿)은 일명 녹(祿) 또는 정록(正祿)이라 한다.

12지(支) 중에 진술축미(辰戌丑未) 네 지지(地支)에는 록(祿)이 없다.

진술(辰戌)은 괴강(魁罡)이라 악살(惡殺)이기 때문이요

축미(丑未)는 천을귀인(天乙貴人)이 출입하는 문이기 때문이다.

그리고 녹(祿)은 일간(日干) 대(對) 십이운 관(冠)[임관(臨官)]인데

임관(臨官)은 국가나 공직에 진출하여 대가를 받는 것을 의미한다.

그래서 명중(命中)에 녹(祿)이 있으면 직위와 식록(食祿)이 있고 바른 일의 종사자라고 하는 것이다.

록(祿)은 12운상 관(冠)으로 음양(陰陽)을 불문(不問)한다.

## 19) 암록(暗祿)

| 일간<br>(日干) | 甲 | 丙戊 | 庚 | 壬 | 乙 | 丁己 | 辛 | 癸 |
|---|---|---|---|---|---|---|---|---|
| 암록<br>(暗祿) | 亥 | 申 | 巳 | 寅 | 戌 | 未 | 辰 | 丑 |

일간(日干)을 기준한다.

암록(暗祿)은 건록(建祿)과 지지(地支)가 육합(六合)되는 자리가 암록(暗祿)이다.

예(例)를 들면 甲 일간(日干)은 寅이 록(祿)이요 寅과 육합(六合)되는 亥가 암록(暗祿)이며,

乙 일간(日干)은 卯가 록(祿)이요 卯와 육합(六合)되는 戌이 암록(暗祿)이고,

丙 일간(日干)은 巳가 록(祿)이요 巳와 육합(六合)되는 申이 암록(暗祿)이 된다

丁戊己庚辛壬癸도 위와 같은 방법으로 록(祿)과 육합(六合)되는 지지(地支)가 암록(暗祿)이 되는 것이다.

사주(四柱)에 암록(暗祿)이 있으면 일생동안 금전(金錢)의 궁(窮)함이 없고 또 어려움이 있더라도 생각지도 않은 사람으로부터 도움을 받아 잘 해결된다는 좋은 길신(吉神)이다.

## 20) 협록(夾祿)

| 일간<br>(日干) | 甲 | 乙 | 丙戊 | 丁己 | 庚 | 壬 | 癸 |
|---|---|---|---|---|---|---|---|
| 협록<br>(夾祿) | 丑卯 | 寅辰 | 辰午 | 巳未 | 未酉 | 戌子 | 亥丑 |

일간(日干)을 기준한다.

협록(夾祿)은 일간(日干)의 록(祿)을 양(兩) 지지(地支)가 품에 껴안고 있는 형상(形象)이다.

예를 들면 甲의 록(祿)은 寅인데 寅을 丑과 卯 사이에 끼워 품에 껴안고 있으며,

乙의 록(祿)은 卯인데 卯를 寅과 辰 사이에 끼워 품에 안고 있는 형상(形象)이다.

병정무기경신임계(丙丁戊己庚辛壬癸)도 같은 이치(理致)이다.

명중(命中)에 협록(夾祿)이 있으면

친척(親戚), 친구 또는 지인(知人)으로부터 재물(財物)의 도움을 많이 받는다는 길신(吉神)이다.

## 21) 교록(交祿)

| 일주<br>(日主) | 甲申 | 庚寅 | 乙酉 | 辛卯 | 癸巳 | 癸巳 | 丙子 | 戊子 | 壬午 | 壬午 | 丁亥 | 己亥 |
|---|---|---|---|---|---|---|---|---|---|---|---|---|
| 교록<br>(交祿) | 庚寅 | 甲申 | 辛卯 | 乙酉 | 丙子 | 戊子 | 癸巳 | 癸巳 | 丁亥 | 己亥 | 壬午 | 壬午 |

일주(日主)를 기준한다.

교록(交祿)이란 록(祿)을 상대(相對) 일주(日主)와 서로 바꾸어 갖고 있는 것을 말한다.

즉 甲申의 록(祿)은 庚寅이 갖고 있고, 庚寅의 록(祿)은 甲申이 갖고 있어 교록(交祿)이라 하며,

乙酉의 록(祿)은 辛卯가 갖고 있고, 辛卯의 록(祿)은 乙酉가 갖고 있어 역시 교록(交祿)이라 한다.

癸巳 대(對) 丙子, 丙子 대(對) 癸巳 등 상기 표(表)에 있는 일주(日主) 도 마찬가지로 록(祿)을 바꾸어 갖고 있다.

사주(四柱) 중에 교록(交祿)이 있으면 무역, 교역, 물물교환 등의 거래 (去來)에 좋은 소질(素質)을 갖고 있는 길신(吉神)이다.

## 22) 금여록(金與祿)

| 일간<br>(日干) | 甲 | 乙 | 丙 | 丁 | 戊 | 己 | 庚 | 辛 | 壬 | 癸 |
|---|---|---|---|---|---|---|---|---|---|---|
| 금여<br>(金與) | 辰 | 巳 | 未 | 申 | 未 | 申 | 戌 | 亥 | 丑 | 寅 |

일간(日干)을 기준한다.

사주첩경(四柱捷徑)에서 금여록(金與祿)의 구성(構成)은 각자 일주(日主)의 정록(正祿) 자리에서 3위차 닿는 곳이 금여록(金與祿)이라고 했으나 양간(陽干)은 맞는 말이나 음간(陰干)은 틀린 말이다.

즉 양간(陽干)은 록(祿)에서 순행(順行) 3번째 지지(地支)가 금여록(金與祿)이요, 음간(陰干)은 록(祿)에서 역행(逆行) 3번째 지지(地支)가 금여록(金與祿)이다.

명중(命中)에 금여록(金與祿)이 있으면

온후(溫厚), 유순(柔順), 절의(節義), 음덕(蔭德), 양연(良緣)이 있고, 얼굴에 화기(和氣)가 있고, 품행이 단정하며, 남명은 발명(發明)에 재간이 있고, 처 및 처가의 도움이 있으며,

여명은 미모이며 결혼운이 좋다.

특히 일시(日時)에 금여록(金與祿)이 있으면 말년이 편안하며 황족(皇族)의 사주에 금여록(金與祿)이 많다고 한다.

## 23) 양인(陽刃)

| 일간(日干) | 甲 | 丙 | 戊 | 庚 | 壬 |
|---|---|---|---|---|---|
| 양인(陽刃) | 卯 | 午 | 午 | 酉 | 子 |

일간(日干)을 기준한다.

양일간(陽日干) 음일간(陰日干) 중 양일간(陽日干)만 양인(陽刃)으로 본다.

양인(陽刃)은 일명 양인(羊刃)이라고도 쓴다.

양인(陽刃)은 십이운 건록(建祿) 다음인 제왕(帝旺)을 일컫는다.

사람이 록(祿)이 있으면 지위(地位)가 있고 지위(地位)는 곧 권세(權勢)를 갖게 되는 바

공명(功名)을 성취(成就)하였으면 은퇴(隱退)를 해야 하는데 그렇지 않고 장기 집권한 독재자 처럼 계속 권세를 휘두르며 광폭한 짓을 하기 때문이다.

양인(陽刃)은 중화(中和)되어야 좋고 신왕(身旺)한테 있는 양인(陽刃)은 악살(惡殺)이다.


양인(陽刃)이 명중(命中)에 있으면 다음과 같은 운명상 변화가 일어난다.

○양인(陽刃)이 년지(年支)에 있으면 조업(祖業)을 파(破)하고 은혜를 원수로 갚는다.

○양인(陽刃)이 월지(月支)에 있으면 성질이 편굴(偏屈)하다(바르지 못하다)

○양인(陽刃)이 시지(時支)에 있으면 극처(克妻) 극자(克子)하고 만년(晩年)에 재화(災禍)를 만난다. 그러나 명중(命中)에 편관(偏官)이 있으면 제화(制化)된다.

○일지(日支)에 양인(陽刃)이 있고 시지(時支)에 편인(偏印)이 있으면 부인(婦人)에게 산액(産厄)이 있다.

○양인(陽刃)이 겁재(劫財)와 동주(同舟)하면 겉으로는 겸손하고 유순한 듯 하나 내심(內心)은 무자비한 성질이 많다

○양인(陽刃)이 정재(正財)와 같이 있으면 재물(財物)로 인해 낭패를 당할 수 있다.

○양인(陽刃)이 인수(印綬)와 동주(同舟)해 있으면 명예는 있으나 긴병을 앓는다.

○양인(陽刃)이 십이운 사절과 함께 있으면 성급 황폭하다.

○양인(陽刃)이 욕지(浴地)에 있으면 악질(惡疾)로 고생한다.

○양인(陽刃)이 명중(命中) 3개 이상 있으면 농아(聾啞) 맹자(盲者)된다.

○양인(陽刃)이 명중(命中)에 2개 있으면 권세가 있고 3개 있으면 황음(荒淫)하고 수치를 모른다.

○양인(陽刃)이 삼합(三合)이 되면 객지(客地)생활을 한다.

○양인(陽刃)이 공망되면 사위(詐僞)가 많다.

○양인(陽刃)이 명중(命中) 인수 상관과 함께 있는 여명(女命)은 자녀에게 해가 되고, 양인(陽刃)이 많은 남명(男命)은 처가 자주 바뀐다.

## 24) 괴강(魁罡)

| 일주(日主) | 庚辰 | 庚戌 | 壬辰 | 壬戌 |
|---|---|---|---|---|

일주(日柱)로 괴강(魁罡)을 본다

庚辰 庚戌 壬辰 壬戌 戊辰 戊戌을 모두 괴강(魁罡)이라 하나,

자평시결(子平詩訣)에서 괴강(魁罡) 4일 최위선(最爲先)이라고 했으므로 상기(上記) 4일만 괴강(魁罡)이라고 본다.

그러나 戊辰 戊戌도 괴강(魁罡)이 아니라고 단언할 수는 없다.

왜냐하면 辰과 戌은 천을귀인(天乙貴人)이 임하지 않는 악살(惡殺)의 땅이기 때문이다.

사주격국에 따라 괴강(魁罡)을 분별(分別)해야 할 것이다.

괴강(魁罡)은 길흉(吉凶)을 극단적으로 나타내는 살(殺)이다.

괴강(魁罡)이 명(命)에 있는 여명(女命)은 일반적으로 미인(美人)이다. 그러나 고집이 세어서 남편을 극(克)하고 이혼하거나 과부가 되거나 건강이 좋지 않다.

신봉서(神峯書) 여명부(女命賦)에 일시(日時) 辰戌 양상충(兩相沖)하니 기취(旣取) 편방(偏房) 독공(獨空)이라고 하여 홀로 빈방을 지키는 여인의 상(象)을 표현하고 있다.

괴강(魁罡)이 명(命)에 있는 남명(男命)은 토론을 좋아하고 총명하며 성품이 결벽하다.

괴강(魁罡)이 주중(柱中)에 여러개 있으면 대부귀(大富貴) 할 수 있다.

괴강(魁罡)이 형충파해(刑沖破害)를 만나고 재관(財官)이 노출되면 평생 가난하고 흉다(凶多)하다.

## 25) 십악대패일(十惡大敗日)

| 일주<br>(日主) | 甲辰 | 乙巳<br>乙丑 | 壬申 | 丙申 | 丁亥 | 庚辰 | 戊戌 | 癸亥 | 辛巳 |
|---|---|---|---|---|---|---|---|---|---|

일주(日主)를 기준한다.

연해자평(淵海自評)에 의하면 십악(十惡)은 흉(凶)이요 대패(大敗)는 적(敵)을 겁(怯)낸다는 의미이다.

십악대패일(十惡大敗日)이라 하면 록(祿)을 명중(命中)에 가지고 있으나 록(祿)이 공망(空亡)되어 지위(地位)가 없어져 흉(凶)하다는 뜻이다.

예(例)를 들면 甲辰 순(旬)에는 寅卯가 공망(空亡)으로 甲辰 乙巳 乙丑 일주(日主)가 명중(命中)에 寅卯 록(祿)은 갖고 있어도 록(祿)이 공망(空亡)되었으며,

甲子 순(旬)에는 戌亥가 공망(空亡)으로 壬申 일주(日主)가 명중(命中) 亥祿은 갖고 있어도 록(祿)이 공망(空亡) 되었으며,

甲午 순(旬)에도 辰巳가 공망(空亡)으로 丙申 戊戌 일주(日主)가 명중(命中)에 록(祿)인 巳를 갖고 있어도 록(祿)이 공망(空亡)되었으며

甲申 순(旬)에는 午未가 공망(空亡)으로 丁亥 일주(日主)가 록(祿)인 午를 갖고 있어도 록(錄)인 午가 공망(空亡)되었으며,

甲戌 순(旬)에는 辛酉가 공망(空亡)으로 庚辰 辛巳 일주(日主)가 록(祿)인 辛酉를 갖고 있어도 록(祿)이 공망(空亡)되었으며,

甲寅 순(旬)에는 子丑 공망(空亡)으로 癸亥 일주 (日主)가 록(祿)인 子를 갖고 있어도 공망(空亡)되어 흉(凶)하다

## 26) 사폐일(四廢日)

| 사시(四時) | 춘(春) | 하(夏) | 추(秋) | 동(冬) |
|---|---|---|---|---|
| 일주(日柱) | 庚申 | 壬子 | 甲寅 | 丙午 |

일주(日柱)를 기준한다.

춘절(春節) 즉 寅卯辰월에는 오행 중 木기가 성(盛)하고 金기가 절(絶)하고,

하절(夏節) 즉 巳午未월에는 오행 중 火가 성(盛)하여 水기가 절(絶)하고,

추절(秋節) 즉 申酉戌월에는 오행 중 金기가 성(盛)하고 木기가 절(絶)하며,

동절(冬節) 즉 亥子丑월에는 오행 중 水기가 성(盛)하고 火기가 절(絶)하므로

상기(上記) 사시(四時)에 태어난 일주는

매사(每事) 시작(始作)은 있으나 성공(成功)은 어렵다고 한다.

단, 명중(命中)에 생부(生扶)하는 육친(六親)이 있으면 그렇지 않다.

## 27) 천지전살(天地轉殺)

| 사시(四時) / 구분(區分) | 춘(春) | 하(夏) | 추(秋) | 동(冬) |
|---|---|---|---|---|
| 천전(天轉) | 乙卯 | 丙午 | 辛酉 | 丙子 |
| 지전(地轉) | 辛卯 | 戊午 | 癸酉 | 壬子 |

일주(日柱)를 기준한다.

寅卯辰월에 乙卯일이면 천전(天轉)이 되고

辛卯일이면 지전(地轉)이 된다.

乙卯는 간지(干支)가 다 木이고 辛卯는 지지(地支)만 木이 되지만.

납음오행(納音五行)으로 木이 되니

춘절(春節)에는 木이 왕(旺)하여 천지전살(天地轉殺)이라 한다.

여타 일주(日柱)도 같은 이치로 천지전살(天地轉殺)이 된다.

천지전살(天地轉殺)이 명중(命中)에 있는 사람은

일정(一定)한 직업(職業)에 종사(從事)하기 어려우며 직업(職業)을 자주 바꾸게 되며 자연(自然)의 방해를 많이 받는다. 제화(制化)되면 그렇지 않다.

삼명통회(三命通會)에서는 "명중(命中)에 이 살을 범한 즉 반드시 요사(夭死)한다"하였으며, 현미부(玄微賦)에서는 초한시(楚漢時) 명장(名將) 한신(韓信)이 주살(誅殺)된 것도 천지전살(天地轉殺) 때문이라 했다.

추명(推命) : 목왕절(木旺節)에 木이 강해서 강(强)함을 믿고 삼형(三刑)의 지세지형(持勢之刑)과 같이 매사에 임(臨)하지 말고 매사에 신중하라는 운명의 암시로 생각하는 것이 좋을 듯 하다.

## 28) 백호대살(白虎大殺)

| 백호<br>(白虎) | 戊辰 | 丁丑 | 丙戌 | 乙未 | 甲辰 | 癸丑 | 壬戌+ |
|---|---|---|---|---|---|---|---|

백호대살(白虎大殺)은 살(殺) 중(中)에서 가장 흉(凶)한 살(殺)이다.

백호대살(白虎大殺)이 명중(命中)에 있으면 혈광(血光)을 보고 악사(惡死) 또는 급사(急死)한다고한다.

이 백호대살(白虎大殺)은 육친법(六親法)에 따라 적용(適用)한다.

이 살(殺)이 인수(印綬)에 있으면 인수(印綬)가 비겁(比劫)에 있으면 비겁(比劫)이 관(官)에 있으면 관(官)이 재(財)에 있으면 편재(偏財) 정재(正財)가 식상(食傷)에 있으면 식상(食傷)이 일주(日柱)에 있으면 본인(本人) 및 배우자에게 적용한다.

이 살(殺)의 구성은 구궁법(九宮法)으로 중궁(中宮)에 닿는 일진(日辰)이 백호대살(白虎大殺)이고 또 한가지 구성은 상기(上記) 표(表)의 순서에 따라 戊辰에서 10번째인 丁丑에서 10번째인 丙戌에서 10번째가 壬戌로 구성되어 있어 백호살(白虎殺)이 되고 또 그 순서가 甲辰 乙未 丙戌 丁丑 戊辰 壬戌 癸丑이 되지 않는 이유이다.

## 29) 급각살(急脚殺)

| 사시(四時) | 춘(春) | 하(夏) | 추(秋) | 동(冬) |
|---|---|---|---|---|
| 급각(急脚) | 亥子 | 卯未 | 寅戌 | 丑辰 |

월지(月支)를 기준한다

寅卯辰월생은 亥子가 급각(急脚)이요

巳午未월생은 卯未가 급각(急脚)이고

申酉戌월생은 寅戌이 급각(急脚)이며

亥子丑월생은 丑辰이 급각(急脚)이다.

명중(命中)에 급각살(急脚殺)이 있는 사람은

낙상(落傷), 절골(折骨), 신경통(神經痛), 상치(傷齒),

소아마비(小兒痲痺) 등 질병이 있다.

## 30) 단교관살(斷橋關殺)

| 일지<br>(日支) | 子 | 丑 | 寅 | 卯 | 辰 | 巳 | 午 | 未 | 申 | 酉 | 戌 | 亥 |
|---|---|---|---|---|---|---|---|---|---|---|---|---|
| 단교관<br>(斷橋關) | 亥 | 子 | 寅 | 卯 | 申 | 丑 | 戌 | 酉 | 辰 | 巳 | 午 | 未 |

일지(日支)를 기준한다.

명중(命中)에 단교관살(斷橋關殺)이 있으면 넘어지거나 떨어져서
팔다리를 다치게 된다는 살(殺)임.


## 31) 귀문관살(鬼門關殺)

| 일지<br>(日支) | 子 | 丑 | 寅 | 卯 | 辰 | 巳 | 午 | 未 | 申 | 酉 | 戌 | 亥 |
|---|---|---|---|---|---|---|---|---|---|---|---|---|
| 귀문관<br>(鬼門關) | 酉 | 午 | 未 | 申 | 亥 | 戌 | 丑 | 寅 | 卯 | 子 | 巳 | 辰 |

일지(日支)로 생년(生年)을 본다.

일(日)과 시(時)로도 본다

명중(命中)에 귀문관살(鬼門關殺)이 있으면 정신이상(精神異常)이나
신경쇠약증(神經衰弱症)을 앓을 수 있다.

일(日)과 시(時)에 해당하면 배우자가 정신이상(精神異常)이나
신경쇠약(神經衰弱)에 걸릴 수 있다.

## 32) 낙정관살(落井關殺)

| 일간(日干) | 甲己 | 乙庚 | 丙辛 | 丁壬 | 戊癸 |
|---|---|---|---|---|---|
| 낙정관<br>(落井關) | 巳 | 子 | 申 | 戌 | 卯 |

일간(日干)을 기준한다.

甲일 己일생이 巳, 乙일 庚일생이 子, 丙일 辛일생이 申, 丁일 壬일생이 戌, 戊일 癸일생이 卯가 주중(柱中)에 있으면 낙정관(落井關)이 된다.

일(日)과 시(時)에 있으면 더 확실하다.

명중(命中)에 낙정관(落井關)이 있으면 수액(水厄)이 있다. 살왕(殺旺)하면 익사(溺死)한다.


## 33) 탕화살(湯火殺)

| 탕화살(湯火殺) | 丑 | 寅 | 午 |
|---|---|---|---|

일지(日支)를 기준한다.

일지(日支)가 丑 寅 午는 탕화살(湯火殺)이다.

명중(命中)에 탕화(湯火)가 있는 사람은 끓는 물이나 불에 화상(火傷)을 입을 수 있고, 형충(刑沖)되면 총상을 입을 수 있고 성격이 급하여 음독 할 수 있다.

## 34) 상부상처살(喪夫喪妻殺)

| 일주<br>(日柱) | 甲寅 | 丙午 | 戊午 | 丁未 | 庚申 | 壬子 |
|---|---|---|---|---|---|---|
| | 乙卯 | 丁巳 | 戊戌 | 己未 | 辛酉 | 癸亥 |

일주(日柱)가 상부상처살(喪夫喪妻殺)이다.

천간(天干)과 지지(地支)가 같으므로 부부(夫婦) 이별(離別) 살(殺)이라 한다.

남명(男命)이 이 살(殺)을 보면 더욱 좋지 않다.


## 35) 음양차착살(陰陽差錯殺)

| 음차<br>(陰差) | 癸巳 | 丁未 | 癸亥 | 丁丑 | 辛卯 | 辛酉 |
|---|---|---|---|---|---|---|
| 양차<br>(陽差) | 壬辰 | 丙午 | 壬戌 | 丙子 | 戊寅 | 戊申 |

일주(日柱)를 기준한다.

일간(日干)이 음(陰)에 해당하면 음차(陰差)

일간(日干)이 양(陽)에 해당하면 양차(陽差)라 한다.

이 살(殺)이 명중(命中)에 있으면

남명(男命)은 외가(外家)나 처가(妻家)가 영락(零落)하고

여명(女命)은 부가(夫家)가 영락(零落)하고 남편(男便)이 바람을 잘 피운다.

그리고 남명(男命)은 상중(喪中)의 처(妻)를 얻거나 데릴사위가 된다.

## 36) 고란살(孤鸞殺)

| 일주(日柱) | 甲寅 | 丁巳 | 戊申 | 辛亥 |
|---|---|---|---|---|

일주(日柱)를 기준한다.

일명(一名) 신음살(呻吟殺)이라고도 한다.

상기(上記) 일(日)에 태어난 여명(女命)은 고란살(孤鸞殺)로써 부성(夫星)인 관(官)이 일지(日支)에서 절(絶)이 된다.

고란살(孤鸞殺)은 남편(南便)으로 인해 항시 신음하는 일이 많고, 남편(男便)이 첩(妾)을 얻거나 아니면 이별(離別)하여 독수공방(獨守空房)으로 지내게 되어 부부생활(夫婦生活)이 원만치 못하다.

재관(財官)이 잘 구비되면 그렇지 않다.

## 37) 고신과숙살(孤辰寡宿殺)

| 일지<br>(日支) | 寅 | 卯 | 辰 | 巳 | 午 | 未 | 申 | 酉 | 戌 | 亥 | 子 | 丑 |
|---|---|---|---|---|---|---|---|---|---|---|---|---|
| 고신<br>(孤辰) | 巳 | 巳 | 巳 | 申 | 申 | 申 | 亥 | 亥 | 亥 | 寅 | 寅 | 寅 |
| 과숙<br>(寡宿) | 丑 | 丑 | 丑 | 辰 | 辰 | 辰 | 未 | 未 | 未 | 戌 | 戌 | 戌 |

일지(日支)를 기준한다.

고과(孤寡)는 외롭다는 뜻이고 진숙(辰宿)은 성(星)이니 즉

신(神)을 말한다.

寅일에 巳가 고신(孤辰)이요 丑이 과숙(寡宿)이고, 卯일에 巳가 고신(孤辰)이고 丑이 과숙(寡宿)이며, 辰일에 巳가 고신(孤辰)이고 丑이 과숙(寡宿)이다.

巳午未일, 申酉戌일, 亥子丑일도 마찬가지이다.

명중(命中)에 이 살(殺)이 있으면 상처(喪妻) 또는 과부(寡婦)가 된다는 흉살(凶殺)로서 궁합(宮合) 시(時) 많이 참작한다.

그러나 제화(制化)되면 무효(無效)하다.

## 38) 현침살(懸針殺)

| 일주(日柱) | 甲申 | 甲午 | 辛未 | 辛卯 |
|---|---|---|---|---|

일주(日柱)로 현침(懸針)을 본다.

일주(日柱)가 현침(懸針)이면 성격이 예리(銳利)하고 잔인(殘忍)함이 있고 살투(殺鬪)를 좋아하기 때문에 관재(官災)와 재액(災厄)이 있을 수 있으니 활인업(活人業)(봉사), 의약업(醫藥業), 역술업(易術業), 침술업(鍼術業), 승려(僧侶), 목회자, 음식업, 정육업 등을 하면 좋다.


## 39) 천라지망살(天羅地網殺)

| 일주(日柱) | 丙午 | 壬癸 |
|---|---|---|
| 천라지망(天羅地網) | 戌亥 | 辰巳 |

일주(日柱)를 기준한다.

丙午 일주(日柱)가 사주(四柱) 중에 戌亥를 보면 천라(天羅)가 되며

壬申 壬午 壬辰 壬寅 壬子 壬戌 癸酉 癸未 癸巳 癸卯 癸丑 癸亥 일주(日柱)가 사주(四柱) 중에 辰巳를 보면 지망(地網)이 된다.

火 일주(日主)가 戌亥를 보면 묘절(墓絶)이 되고

水 일주(日主)가 辰巳를 보면 묘절(墓絶)이 되기 때문인데

남명(男命)은 천라(天羅)를 꺼리고

여명(女命)은 지망(地網)을 꺼린다.

사주(四柱) 중에 천라지망(天羅地網)이 있으면

남명(男命)은 매사 불여의 하고 금전운이 박하며

여명(女命)은 부연(夫緣)에 이변(異變)이 있거나 자식복이 없다.

## 40) 상문조객살(喪門弔客殺)

| 일지<br>(日支) | 子 | 丑 | 寅 | 卯 | 辰 | 巳 | 午 | 未 | 申 | 酉 | 戌 | 亥 |
|---|---|---|---|---|---|---|---|---|---|---|---|---|
| 상문<br>(喪門) | 戌 | 亥 | 子 | 丑 | 寅 | 卯 | 辰 | 巳 | 午 | 未 | 申 | 酉 |
| 조객<br>(弔客) | 寅 | 卯 | 辰 | 巳 | 午 | 未 | 申 | 酉 | 戌 | 亥 | 子 | 丑 |

일지(日支)를 기준한다.

상문조객살(喪門弔客殺)의 구성(構成)을 보면

일지(日支)에서

앞으로 2번째 지지(地支)가 조객살(弔客殺)이며

뒤로 2번째 지지(地支)가 상문살(喪門殺)이다.

예(例)를 들면 子의 경우 전(前) 즉 앞으로 2번째 지지(地支)는 寅이 되고, 후(後) 즉 뒤로 2번째 지지(地支)는 戌이 된다.

여타 지지(地支)도 같은 방법으로 산출한다.

명중(命中)에 상문조객살(喪門弔客殺)이 있으면

상문(喪門)은 친상(親喪)을 당(當)함을 이야기 하고

조객(弔客)은 가내(家內)가 불녕(不寧)함을 일컫는다.

대세운(大歲運)에서 상문조객(喪門弔客)의 지지(地支)를 만나고 악살(惡殺)과 함께 하면 불행(不幸)할 위험(危險)이 있다.

**156**

# 41) 삼재팔난살(三災八難殺)

| 년지<br>(年支) | 申子辰 | 寅午戌 | 亥卯未 | 巳酉丑 |
|---|---|---|---|---|
| 삼재<br>(三災) | 寅卯辰 | 申酉戌 | 巳午未 | 亥子丑 |

출생년지(出生年支)를 기준한다.

삼재팔난(三災八難)의 구성(構成)을 보면 申子辰년에 출생한 사람은 寅卯辰년이 해당된다.

예를 들면 申子辰년생 즉 원숭이띠, 쥐띠, 용띠는 申과 상충되는 寅卯辰 즉 범해, 토끼해, 용해와 3년동안 삼재팔난(三災八難)이 된다.

寅午戌년생, 亥卯未년생, 巳酉丑년생도 같은 방법으로 삼재(三災)가 된다.


또 출생년지(出生年支) 대 나이로 삼재를 보는 방법이 있다.

| 子午卯酉 | 3 | 15 | 27 | 39 | 51 | 63 | 75 |
|---|---|---|---|---|---|---|---|
| 寅申巳亥 | 7 | 19 | 31 | 43 | 55 | 67 | 79 |
| 辰戌丑未 | 11 | 23 | 35 | 47 | 59 | 71 | 83 |

즉 子午卯酉년생은 3세, 15세, 27세, 39세, 51세, 63세, 75세에 각각 삼재팔난(三災八難)이 시작되어 들삼재라 하고, 그 이듬해는 놀삼재, 그 이듬해는 날삼재라 하여 각각 3년만에 끝나고 12년 만에 다시 시작된다.

寅申巳亥년생, 辰戌丑未년생도 같은 방법으로 삼재팔난(三災八難)이 된다.

삼재팔난(三災八難)은 3가지의 재와 8가지의 난을 발생시키는 흉신(凶神)으로 각 일주(日主)의 대운(大運)이 길운(吉運)에는 복삼재(福三災)라 하여 별 장애(障碍)가 없으나 흉(凶)운에는 환난(患難)과 재산(財産)의 손실이 있다.

삼재팔난(三災八難)이란 12년마다 찾아오는 흉신(凶神)이다.

삼재(三災)란 수재(水災), 화재(火災), 풍재(風災)이며

팔난(八難)이란 관재(官災), 손재(損財), 질병(疾病), 학업(學業), 주색(酒色), 부모(父母), 형제(兄弟), 부부(夫婦) 등에 대한 난사(難事)를 말한다.

삼재팔난(三災八難)은 대세운(大歲運)이 길(吉)할 때는 무사(無事)하지만 흉운(凶運)일 때는 악삼재(惡三災)가 되어 좋지 않다.

삼재팔난(三災八難)은 寅午戌년 출생이라면 즉 범띠, 말띠, 개띠라면 申년이 들삼재 酉년이 놀삼재 戌년이 날삼재가 된다.

巳酉丑생은 亥子丑, 申子辰생은 寅卯辰, 亥卯未생은 巳午未로 삼재(三災)가 들고 나간다.

## 42) 부벽살(斧劈殺)

| 월지<br>(月支) | 子午卯酉 | 寅申巳亥 | 辰戌丑未 |
|---|---|---|---|
| 부벽<br>(斧劈) | 巳日 또는 巳時 | 酉日 또는 酉時 | 丑日 또는 丑時 |

월지(月支)를 기준한다

子월 午월 卯월 酉월생이 巳일 또는 巳시 면 부벽살(斧劈殺)이요,

寅월 申월 巳월 亥월생이 酉일 또는 酉시면 부벽살(斧劈殺)이며,

辰월 戌월 丑월 未월생이 丑일 또는 丑시면 부벽살(斧劈殺)이 되며,

재물(財物)이 도끼로 쪼개듯이 분산(分散)되어 재물(財物) 손해가 많다는 살(殺)이다.


## 43) 홍염살(紅艶殺)

| 일간<br>(日干) | 甲 | 乙 | 丙 | 丁 | 戊 | 己 | 庚 | 辛 | 壬 | 癸 |
|---|---|---|---|---|---|---|---|---|---|---|
| 홍 염<br>(紅艶) | 午 | 申 | 寅 | 未 | 辰 | 辰 | 戌 | 酉 | 子 | 申 |

일간(日干)을 기준한다.

명중(命中)에 홍염살(紅艶殺)이 있으면 허영심과 사치심이 있으며, 남녀(男女)간에 색정(色情)에 빠질 수 있다.

## 44) 자액살(自縊殺)

| 일지(日支) | 子 | 丑 | 寅 | 卯 | 辰 | 巳 |
|---|---|---|---|---|---|---|
| 자액(自縊) | 酉 | 午 | 未 | 申 | 戌 | 亥 |

일지(日支)를 기준한다.

자액살(自縊殺)을 일명 현량살(縣樑殺)이라고도 한다.

원진살(元辰殺, 일명 대모살大耗殺), 공망살(空亡殺), 관부살(官符殺)과 함께 있으면 스스로 목매어 자살한다.


## 45) 암금살(暗金殺)

| 일지<br>(日支) | 子 午卯 酉 | 寅申巳亥 | 辰戌丑未 |
|---|---|---|---|
| 암금<br>(暗金) | 巳 | 酉 | 丑 |

일지(日支)를 기준한다.

명중(命中)에 암금살(暗金殺)이 있고

망신(亡神)과 함께 있으면 관재구설(官災口舌)이 있고,

겁살(劫殺)과 함께 있으면 비명횡사(非命橫死) 할 수 있고,

백호(白虎) 또는 양인(陽刃)과 함께 있으면 칼에 찔리거나 낙상(落傷) 또는 잔질(殘疾)이 있으며,

세운(歲運)에서 만나면 상고(喪故)나 도둑을 맞을 수 있다.

## 46) 격각살(隔角殺)

| 일지<br>(日支) | 子 | 丑 | 寅 | 卯 | 辰 | 巳 | 午 | 未 | 申 | 酉 | 戌 | 亥 |
|---|---|---|---|---|---|---|---|---|---|---|---|---|
| 격각<br>(隔角) | 寅 | 卯 | 辰 | 巳 | 午 | 未 | 申 | 酉 | 戌 | 亥 | 子 | 丑 |

일지(日支)를 기준하되 시지(時支)만 해당된다.

즉 子에 寅, 丑에 卯, 寅에 辰으로 순행(順行)하여 나가되 1자(字)를 띄운(간격(間隔)) 지지(地支)가 격각살(隔角殺)이다.

명중(命中)에 격각살(隔角殺)이 있으면 팔과 다리에 이상이있을수있다.


## 47) 수익살(水溺殺)

| 일주(日柱 | 丙子 | 癸未 | 癸丑 |
|---|---|---|---|

일주(日柱)를 기준한다.

명중(命中)에 수익살(水溺殺)이 있으면

물에 빠지는 일이 있다고 한다.

수익살(水溺殺)의 구성을 보면

丙子의 경우 丙은 辛과 합하여 水로 변하고

子는 水의 왕지(旺地)가 되며

癸未의 경우 간(干)은 水이고 未는 이십팔숙분(二十八宿分)으로 우물 정(井)이며

癸丑의 경우 간(干)은 水이고 丑은 삼하(三河)의 분금(分金)에 해당되기 때문이라고 한다.

## 48) 병부살(病符殺)

| 년지<br>(年支) | 子 | 丑 | 寅 | 卯 | 辰 | 巳 | 午 | 未 | 申 | 酉 | 戌 | 亥 |
|---|---|---|---|---|---|---|---|---|---|---|---|---|
| 병부<br>(病符) | 亥 | 子 | 丑 | 寅 | 卯 | 辰 | 巳 | 午 | 未 | 申 | 酉 | 戌 |

년지(年支)를 기준한다.

년지(年支)의 바로 뒤 지지(地支)가 병부살(病符殺)이다.

명중(命中)에 이 살(殺)이 있으면 질병(疾病)이 많다고 한다.

세운(歲運)에서 이 살(殺)을 만나도 질병(疾病)이 있다고 한다.


## 49) 음양살(陰陽殺)

| 일주(日柱 | 戊午 | 丙子 |
|---|---|---|

일주(日柱)를 기준한다.

여명(女命)이 戊午일이면 미남(美男)을 많이 만나고

여명(女命)이 丙子일이면 미남(美男)의 유혹을 많이 받으며,

남명(男命)이 戊午일이면 미녀(美女)의 유혹을 많이 받고,

남명(男命)이 丙子일이면 미녀(美女)를 많이 만난다.

## 50) 음욕방해살(淫慾妨害殺)

| 음욕살<br>(淫慾殺) | 甲寅 | 乙卯 | 己未 | 丁未 | 庚申 | 辛卯 | 戊戌 | 癸丑 | 癸丑 | 癸丑 |
|---|---|---|---|---|---|---|---|---|---|---|
| 방해살<br>(妨害殺) | 壬子 | 壬午 | 戊子 | 戊午 | 己酉 | 己卯 | 乙酉 | 乙卯 | 辛酉 | 辛卯 |

일주(日柱)를 기준한다.

음욕살(淫慾殺)은 팔전(八專)이라 하고 방해살(妨害殺)은 구유귀(九酉鬼)이라 한다.

일(日)에 있으면 배우자가 부정(不正)하고, 시(時)에 있으면 자식이 부정(不正)하다.

여명(女命)이 이 살(殺)을 범하면 멀고 친함을 가리지 않고 음욕(淫慾)을 범한다고 하며

방해살(妨害殺)은 구유귀(九酉鬼)라고 하며

여명(女命)이 이 살(殺)을 범하면 산액(産厄)이 있고

남명(男命)이 이 살(殺)을 범하면 종명(終命)하기가 어렵다고 한다.

## 2. 십이신살(十二神殺) 재론(再論)

이 책 십이운성 다음에 십이신살(十二神殺)을 설명 했으나 사주구성을 위해 형식적(形式的)으로 간단하게 기술하여 십이신살(十二神殺)을 다시 설명한다.

### 1) 겁살(劫殺)

| 년지<br>(年支) | 寅午戌 | 巳酉丑 | 申子辰 | 亥卯未 |
|:---:|:---:|:---:|:---:|:---:|
| 겁살<br>(劫殺) | 亥 | 寅 | 巳 | 申 |

년지(年支)로 기준한다.

겁살(劫殺)은 일명 대살(大殺)이라고도 한다.

겁(劫)이란 빼앗긴다는 의미이니 외부로 부터 겁탈(劫奪) 당하는 것을 말하며 십이신살(十二神殺) 중 제일 흉(凶)하다.

○겁살(劫殺)이 귀인(貴人)과 함께 있으면 위엄이 있고 총명하다.

○겁살(劫殺)이 칠살(七殺)과 동주하면 불시(不時)에 재화(災禍)를 당한다.

○겁살(劫殺)이 녹지(綠地)에 있으면 술을 좋아한다.

○겁살(劫殺)이 쌍으로 있고 칠살(七殺)이 있으면 성질이 사나우며 형액(刑厄)을 받지 아니하면 요사(夭死)할 가능성이 있다. 삼겁살(三劫殺)도 마찬가지이다.

○겁살(劫殺)이 금신(金神)과 함께 있으면 무관(武官)이나 주물(鑄物) 또는 조각(彫刻)업에 종사하며, 공망(空亡)되거나 화신(火神)과 함께 있으면 대장간업 또는 도살(盜殺)업을 하는 사람이다.

## 2) 재살(災殺)

| 년지(年支) | 寅午戌 | 巳酉丑 | 申子辰 | 亥卯未 |
|---|---|---|---|---|
| 재살(災殺) | 子 | 卯 | 午 | 酉 |

년지(年支)를 기준한다.

재살(災殺)은 일명 수옥살(囚獄殺)이라고 한다.

혈광(血光) 횡사(橫死) 관액(官厄)이 따르는 흉살(凶殺)이다.

재살(災殺)이 水火에 해당하면 물과 불의 액(厄)을 당하고,

재살(災殺)이 木金에 해당하면 총, 칼, 몽둥이 액(厄)을 당하고,

재살(災殺)이 土에 해당하면 추락상(墜落傷)이나 전염병(傳染病)의 액(厄)을 당한다.

여명(女命)이 일지(日支)에 재살(災殺)이 있으면 부운(夫運)이 불길(不吉)하고 재물(財物)에 실패한다.

재살(災殺)은 장성살(將星殺)과 상충방(相沖方)이라 장성(將星)은 철갑(鐵甲)이라 충돌(沖突)하면 재앙(災殃)이 따른다.

## 3) 천살(天殺)

| 년지(年支) | 寅午戌 | 巳酉丑 | 申子辰 | 亥卯未 |
|---|---|---|---|---|
| 천살(天殺) | 丑 | 辰 | 未 | 戌 |

년지(年支)를 기준한다.

천살(天殺)은 일명 세살(歲殺)이라고 한다.

자연적(自然的)으로 발생하는 천재지변(天災地變)으로서 명중(命中)에 천살(天殺)이 있으면 천재지변(天災地變)으로 액(厄)을 당할 수 있다.

## 4) 지살(地殺)

| 년지(年支) | 寅午戌 | 巳酉丑 | 申子辰 | 亥卯未 |
|---|---|---|---|---|
| 지살(地殺) | 寅 | 巳 | 申 | 亥 |

년지(年支)를 기준한다.

지살(地殺)을 작은 역마(驛馬)라고도 한다.

이동(移動)과 변화(變化)를 뜻함이니 명중(命中)에 지살(地殺)이 있으면 고향(故鄉)을 떠나 외지(外地)에 생활(生活)하게 되는 수가 있으며 직업도 활동이 많고 이동과 변화가 많다.

역마(驛馬)가 능동적이라면 지살(地殺)은 수동적이다.


## 5) 년살(年殺)

| 년지(年支) | 寅午戌 | 巳酉丑 | 申子辰 | 亥卯未 |
|---|---|---|---|---|
| 년살(年殺) | 卯 | 午 | 酉 | 子 |

년지(年支)를 기준한다. 또는 일지(日支)를 기준하기도 한다.

년살(年殺)을 도화살(桃花殺), 함지살(咸池殺) 또는 욕살(浴殺)이라고도 한다.

오행(五行)의 욕지(浴地)이기 때문에 발가벗은 것을 상징하며 음란(淫亂)과 색정(色情)을 나타낸다.

도화살(桃花殺)은 음욕(淫慾)과 색정(色情)의 살(殺)이라고 하나 일개 신살(神殺)로 인생과 사주격국(四柱格局)의 길흉(吉凶)을 논(論)할 수 없고 다만 그 사람의 인격(人格)과 적선(積善) 여부를 살핀 뒤 종속적 부차적으로 참고한다는 것은 신살론(神殺論) 처음에서 설명한 바와 같이 그 점 명심해야 할 것이다.

## 6) 월살(月殺)

| 년지(年支) | 寅午戌 | 巳酉丑 | 申子辰 | 亥卯未 |
|---|---|---|---|---|
| 월살(月殺) | 辰 | 未 | 戌 | 丑 |

년지(年支)를 기준한다.

동서남북 네 방합(方合)의 끝자리의 土가 월살(月殺)이다.

월살(月殺)은 일명 고초살(枯草殺)이라고도 한다.

식물(植物)이 영양이 결핍되어 잘 자라지 못하고 메마르고 약한 상태를 뜻한다.

사람에게도 월살(月殺)이 있으면 매사가 순조롭지 못하고 위축(萎縮)되고 고갈(枯渴)되며 발육부진(發育不振) 등이 있게 된다는 것이다.

택일(擇日) 시 고초일(枯草日)을 피(避)한다.


## 7) 망신살(亡神殺)

| 년지<br>(年支) | 寅午戌 | 巳酉丑 | 申子辰 | 亥卯未 |
|---|---|---|---|---|
| 망신살<br>(亡神殺) | 巳 | 申 | 亥 | 寅 |

년지(年支)를 기준한다.

망신살(亡神殺)은 일명 관부살(官符殺)이라고 한다.

망신살(亡神殺)은 겁살(劫殺)과 충(沖)하는 자리에 있어 겁살(劫殺)과 작용이 비슷하고 사업실패 형옥(刑獄), 질병(疾病) 등 좋지않음이 많다.

망신(亡神)은 주로 내부의 흉(凶)이 많다.

## 8) 장성살(將星殺)

| 년지(年支) | 寅午戌 | 巳酉丑 | 申子辰 | 亥卯未 |
|---|---|---|---|---|
| 장성살<br>(將星殺) | 午 | 酉 | 子 | 卯 |

년지(年支) 또는 일지(日支)를 기준한다.

장성살(將星殺)은 삼합(三合)되는 년지(年支)나 일지(日支) 중에 삼합(三合)의 가운데 있는 지지(地支)가 장성살(將星殺)이다.

명중(命中)에 장성살(將星殺)이 있으면 문무(文武)를 겸하고 자손심이 강하며 직장또는사회생활(社會生活)에서 상위(上位)의위치를차지한다.

장성살(將星殺)이 공망(空亡)되면 입산수도(入山修道)에 뜻이 많다.

## 9) 반안살(攀鞍殺)

| 년지<br>(年支) | 寅午戌 | 巳酉丑 | 申子辰 | 亥卯未 |
|---|---|---|---|---|
| 반안살<br>(攀鞍殺) | 未 | 戌 | 丑 | 辰 |

반안살(攀鞍殺)은 삼합(三合)되는 지지(地支) 중 가운데 자리에 있는 장성살(將星殺)과 육합(六合)되거나 반방합(半方合)되는 자리인 未戌丑辰이 반안살(攀鞍殺)이다.

사주(四柱) 중에 반안살(攀鞍殺)이 있으면 윗사람의 신임을 받고 도움을 받으며 허풍을 떠는 기질이 있다.

## 10) 역마살(驛馬殺)

| 년지(年支) | 寅午戌 | 巳酉丑 | 申子辰 | 亥卯未 |
|---|---|---|---|---|
| 역마(驛馬) | 申 | 亥 | 寅 | 巳 |

년지(年支) 또는 일지(日誌)를 기준한다.

삼합(三合)의 첫 자와 충(沖)하는 지지(地支)가 역마살(驛馬殺)이다.

변화와 이동을 뜻하며 지살(地殺)이 수동적이고 국내적(國內的)이라면 역마살(驛馬殺)은 능동적이고 국외적(國外的)이다.

사주(四柱) 중에 역마살(驛馬殺)이 있으면 희신(喜神)과 기신(忌神)에 따라 길흉이 달라진다.

○역마(驛馬)가 정관(正官)이나 정재(正財)와 같이 있으면 상업(商業)을 하거나, 상업(商業) 또는 이동(移動)에 관한 업무를 관장하는 관리가 되며 현처(賢妻)를 만난다.

○역마(驛馬)가 도화살(桃花殺)과 함께 있으면 이성(理性)간의 문제가 자주 발생한다.

○역마(驛馬)가 공망(空亡)되면 거처가 자주 바뀌고 고진과숙살(孤辰寡 宿殺)과 함께 있으면 타향(他鄕)에서 홀로 방황한다.

○역마가 충(沖)을 당하면 여행중에 사고(事故)를 당할 수 있다.

## 11) 육해살(六害殺)

| 년지(年支) | 寅午戌 | 巳酉丑 | 申子辰 | 亥卯未 |
|---|---|---|---|---|
| 육해(六害) | 酉 | 子 | 卯 | 午 |

년지(年支)나 일지(日支)를 기준한다.

육해살(六害殺)은 일명 육액살(六厄殺)이라 한다.

육해살(六害殺)은 寅午戌 火 즉 양간(陽干) 丙火는 酉에서 사(死)하고,

巳酉丑 金 즉 양간(陽干) 庚金은 子에서 사(死)하고,

申子辰 水 즉 양간(陽干) 壬水는 卯에서 사(死)하고,

亥卯未 木 즉 양간(陽干) 甲木은 午에서 사(死)하기 때문에

오행(五行)의 사지(死地)가 육해(六害) 또는 육액(六厄)이 되는 것이다.

육(六)이란 부모(父母) 형제(兄弟) 처자(妻子)인 육친(六親)을 일컫는 바

사주(四柱) 중에 육해(六害)가 있으면 해당 육친(六親)에게 해가 있고, 또 실패와 좌절이 많으며, 직(職)에 있는 자가 세운(歲運)에게 육해(六害)를 만나면 좌천하거나 흉(凶)하다.

## 12) 화개살(華蓋殺)

| 년지(年支) | 寅午戌 | 巳酉丑 | 申子辰 | 亥卯未 |
|---|---|---|---|---|
| 화개(華蓋) | 戌 | 丑 | 辰 | 未 |

년지(年支) 또는 일지(日支)를 기준한다.

화개살(華蓋殺)은 삼합(三合)의 끝자리 지지(地支)이다.

화개살(華蓋殺)은 하늘에 있는 별의 형상을 지칭한 것으로 명중(命中)에 화개살(華蓋殺)이 있으면 종교(宗敎)와 예술(藝術)에 소질(素質)이 있는 것으로 본다.

화개(華蓋)가 공망(空亡)되면 승도(僧道)의 명(命)이 되기 쉽고,

화개(華蓋)가 인수에 해당되면 학자(學者)가 되고,

여명(女命)이 화개(華蓋)가 있으면 고독하며 화개가 거듭 있으면 자식을 두기 어렵고,

壬癸일생이 시(時)에 화개(華蓋)가 있으면 늙어서 자식을 잃는 수가 있다.

# 제 5 장 육 신 론(六神論)

## 1. 육신(六神)

육신(六神)이란 무엇인가

육신(六神)이란 육친(六親) 또는 십신(十神)이라고 하며 부모(父母) 형제자매(兄弟姉妹) 처자손(妻子孫)을 말한다.

### 1) 육신(六神)의 명칭

정인(正印) 편인(偏印)은 인수(印綬)요

정관(正官) 편관(偏官)은 관성(官星)이고

정재(正財) 편재(偏財)는 재성(財星)이고

식신(食神) 상관(傷官)은 식상(食傷)이며

비견(比肩) 겁재(劫財)는 비겁(比劫)이다.

### 2) 육신(六神)의 생극(生剋)

생아자(生我者)는 인수(印綬)요(나를 낳은 자는 인수(印綬)요)

아생자(我生者)는 식상(食傷)이고(내가 낳은 자는 식상(食傷)이고)

극아자(剋我者)는 관성(官星)이고(나를 극하는 것은 관성(官星)이고)

아극자(我剋者)는 재성(財星)이며(내가 극하는 것은 재성(財星)이며)

비아자(比我者)는 비겁(比劫)이다(나와 같은 것은 형제자매(兄弟姉妹)이다)

## 3) 육신 상생(相生)

인생아(印生我) [어머니가 나를 낳고]

아생식(我生食) [내가 식상을 낳고]

식생재(食生財) [식상이 재를 낳고]

재생관(財生官) [재가 관을 낳고]

관생인(官生印) [관이 인을 낳는다]


## 4) 육신 상극(相剋)

아극재(我剋財) [내가 재를 극하고]

재극인(財剋印) [재가 인을 극하고]

인극식(印剋食) [인이 식을 극하고]

식극관(食剋官) [식상이 관을 극하며]

관극아(官剋我) [관이 나를 극한다]


## 5) 육신(六神)의 음양(陰陽)과 육친표출법(六親表出法)

육신은 반드시 일간을 기준으로 음양과 오행에 따라 육친을 정한다.

①정인(正印) : 일간(日干)을 생(生)하는 것으로 일간(日干)과
오행(五行)이 다르고 음양(陰陽)이 다르다.

②편인(偏印) : 일간(日干)을 생(生)하는 것으로 일간(日干)과
오행(五行)이 다르고 음양(陰陽)이 같다.

③비견(比肩) : 일간(日干)과 오행(五行)이 같고 일간(日干)과
음양(陰陽)도 같다.

④겁재(劫財) : 일간(日干)과 오행(五行)이 같고 일간(日干)과
음양(陰陽)은 다르다.

⑤정재(正財) : 일간(日干)이 극(剋)하는 것으로 일간(日干)과
오행(五行)이 다르고 음양(陰陽)도 다르다.

⑥편재(偏財) : 일간(日干)이 극(剋)하는 것으로 일간(日干)과
오행(五行)이 다르고 음양(陰陽)은 같다.

⑦정관(正官) : 일간(日干)을 극(剋)하는 것으로 일간(日干)과
오행(五行)이 다르고 음양(陰陽)도 다르다.

⑧편관(偏官) : 일간(日干)을 극(剋)하는 것으로 일간(日干)과
오행(五行)이 다르고 음양(陰陽)은 같다.

⑨식신(食神) : 일간(日干)이 생(生)하는 것으로 일간(日干)과
오행(五行)이 다르고 음양(陰陽)은 같다.

⑩상관(傷官) : 일간(日干)이 생(生)하는 것으로 일간(日干)과
오행(五行)이 다르고 음양(陰陽)도 다르다.

## 6) 일간(日干)의 육친표출법(六親表出法)

| 일간<br>(日干) | 오행<br>(五行) | 음양<br>(陰陽) | 천간<br>(天干) | 지지<br>(地支) | 육신<br>(六神) | 육친(六親) | |
|---|---|---|---|---|---|---|---|
| | | | | | | 남(男) | 여(女) |
| 甲 | 木 | 양(陽) | 甲 | 寅 | 비견<br>(比肩) | 형제 | 자매 |
| | | 음(陰) | 乙 | 卯 | 겁재<br>(劫財) | 자매 | 남형제 |
| | 火 | 양(陽) | 丙 | 巳 | 식신<br>(食神) | 장모 사위 | 딸 |
| | | 음(陰) | 丁 | 午 | 상관<br>(傷官) | 손자 | 아들 |
| | 土 | 양(陽) | 戊 | 辰戌 | 편재<br>(偏財) | 아버지<br>편처 | 아버지 |
| | | 음(陰) | 己 | 丑未 | 정재<br>(正財) | 처 | 시어머니 |
| | 金 | 양(陽) | 庚 | 申 | 편관<br>(偏官) | 아들 | 편남편 |
| | | 음(陰) | 辛 | 酉 | 정관<br>(正官) | 딸 | 남편 |
| | 水 | 양(陽) | 壬 | 亥 | 편인<br>(偏印) | 편어머니 | 편어머니 |
| | | 음(陰) | 癸 | 子 | 정인<br>(正印) | 어머니 | 어머니 |

주(註) : 乙 丙 丁 戊 己 庚 辛 壬 癸의 일간(日干)도 위와 같은 방법으로 육친(六親)을 정한다.

## 7) 일간(日干)의 육신표출(六神表出圖) 1

①乾命(男命)

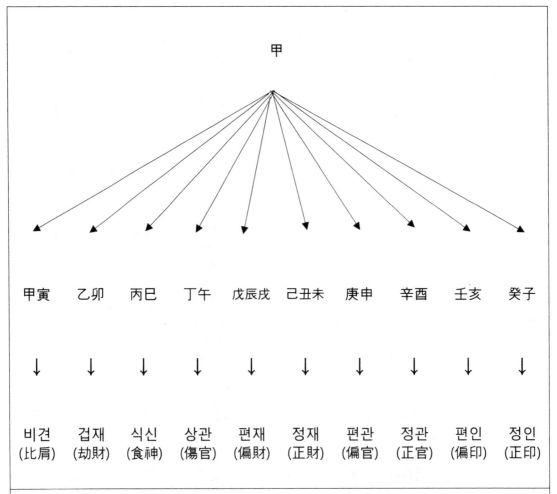

주(註):①乙 丙 丁 戊 己 庚 辛 壬 癸의 9干도 위와 같은 방법임

②식신(食神)<장모 사위> 상관(傷官)<손자> 편관(偏官)아들> 정곤(正官)<딸>

그 외는 곤명坤命(여명)과 육친(六親)이 동일함.

②坤命(女命)

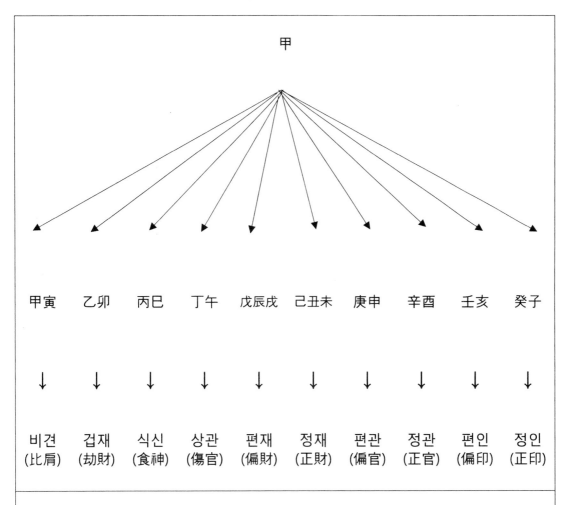

주(註):①乙 丙 丁 戊 己 庚 辛 壬 癸의 9干도 위와 같은 방법임

② 식신(食神)<딸> 상관(傷官)<아들]> 정재(正財)<시어머니> 편관(偏官)<편남편>

정관( 正官)<남편> 그 외는 건명(乾命)<남명>과 육친(六親)이 동일함.

## 8) 일간(日干)의 육신표출도(六神表出圖)

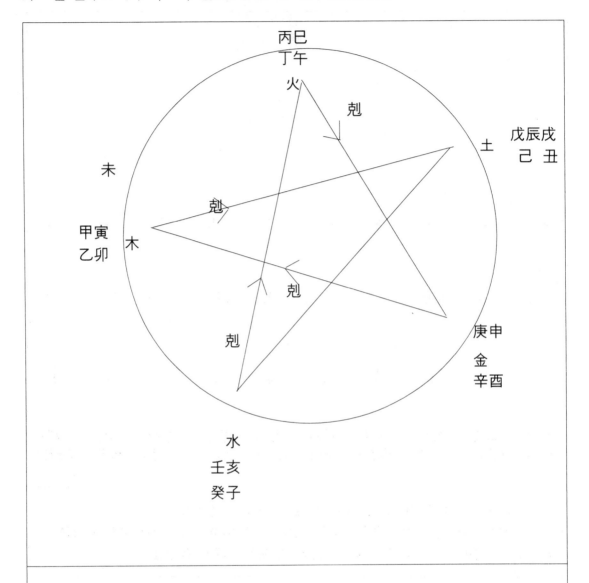

甲일간 : 甲寅(비견)　　丙巳(식신)　　戊辰戌(편재)

　　　　　乙卯(겁재)　　丁午(상관)　　己丑未(정재)

　　　　　庚申(편관)　　壬亥(편인)

　　　　　辛酉(정관)　　癸子(정인)

주(註) : 乙 丙 丁 戊 己 庚 辛 壬 癸의9干도위와같은방법(方法)으로 육신
(六神)을　표출한다.

## 9) 육신 표(六神表)

| 日干\六神 | 甲 | 乙 | 丙 | 丁 | 戊 | 己 | 庚 | 辛 | 壬 | 癸 | 六神 |
|---|---|---|---|---|---|---|---|---|---|---|---|
| 비견(比肩) | 甲寅 | 乙卯 | 丙巳 | 丁午 | 戊辰戌 | 己丑未 | 庚申 | 辛酉 | 壬亥 | 癸子 | 男:형제, 자매, 처남의 아들,여형제의 시부 / 女:형제, 자매, 시부, 시숙,시고모,시백부, 동서간 |
| 겁재(劫財) | 乙卯 | 甲寅 | 丁午 | 丙巳 | 己丑未 | 戊辰戌 | 辛酉 | 庚申 | 癸子 | 壬亥 | 男:형제,자매,자부,딸의사위,여형제의시부,처남의딸 / 女:형제,자매,시부,시숙,시고모,시백부,아들의 장인 |
| 식신(食神) | 丙巳 | 丁午 | 戊辰戌 | 己丑未 | 庚申 | 辛酉 | 壬亥 | 癸子 | 甲寅 | 乙卯 | 男:증조부,장모사위,처남,조모, 생질 / 女:아들,딸, 증조부,조모,, 사위형, 시누남편 |
| 상관(傷官) | 丁午 | 丙巳 | 己丑未 | 戊辰戌 | 辛酉 | 庚申 | 癸子 | 壬亥 | 乙卯 | 甲寅 | 男:조모,손녀,생질 외조부,외숙모 / 女:아들,딸,외손부, 조모, 시누남편 |
| 정재(正財) | 己丑未 | 戊辰戌 | 辛酉 | 庚申 | 癸子 | 壬亥 | 乙卯 | 甲寅 | 丁午 | 丙巳 | 男:처,고모,숙부,형수,제수,처형,처제 / 女:시모,백부,시이모,외숙,고모,시조부,오빠의처 |
| 편재(偏財) | 戊辰戌 | 己丑未 | 庚申 | 辛酉 | 壬亥 | 癸子 | 甲寅 | 乙卯 | 丙巳 | 丁午 | 男:부,처,첩,처남 형수,제수,외사촌, 여형제이시모,애인 / 女:시모,시외숙,부,백부, 오빠의 첩 |
| 정관(正官) | 辛酉 | 庚申 | 癸子 | 壬亥 | 乙卯 | 甲寅 | 丁午 | 丙巳 | 己丑未 | 戊辰戌 | 男:조모, 질,질녀 / 女:남편,시동생,시누이,자부,자부의여형제,사위이모 |
| 편관(偏官) | 庚申 | 辛酉 | 壬亥 | 癸子 | 甲寅 | 乙卯 | 丙巳 | 丁午 | 戊辰戌 | 己丑未 | 男:아들,외조모,딸의사위, 질녀 / 女:남편,외조부,시형제,중조모,애인 |
| 정인(正印) | 癸子 | 壬亥 | 乙卯 | 甲寅 | 丁午 | 丙巳 | 己丑未 | 戊辰戌 | 辛酉 | 庚申 | 男:어머니,이모,외손녀,증손녀,처남의처 / 女:어머니,손녀,고모,중조부,사위의 여동생 |
| 편인(偏印) | 壬亥 | 癸子 | 甲寅 | 乙卯 | 丙巳 | 丁午 | 戊辰戌 | 己丑未 | 庚申 | 辛酉 | 男:어머니,조부,외숙,외숙모,외손자,자부의모 / 女:어머니,손자,주부,사위의 형제 |

※ 참고

육친어구(六親語句) 적천수(適天髓)에서

①父母或隆與或替 歲月所關果非細

　　부모혹융여혹채 세월소관과비세

　　부모가 융성하고 침체되는 것은 운에 관계 있지만 늘 그런 것은 아
　　니다.

②弟兄誰廢與誰興 提用財神看重輕

　　제형수폐여수흥 제용재신간중경

　　형제중에 누가 잘되고 못되는지는 용신의 경중을 보고 판단한다.

③夫妻姻緣宿世來 喜神有意傚千財

　　부처인연숙세래 희신유의방천재

　　부부의 인연은 전생에서 왔는데 재가희신이면 처덕이 있다.

④子女根枝一世傳 喜神看與殺相連

　　자녀근지일세전 희신간여살상연

　　자녀는 뿌리와 가지로서 한 대를 전한다. 희신과 관살이 연결됨을
　　살펴 볼 것이니라

## 10) 육신(六神) 해설

### ① 비견(比肩)

일간(日干)과 오행(五行)이 같고 음양(陰陽)도 같은 것을 비견(比肩)이라고 하며 남명(男命)에게는 형제(兄弟) 여명(女命)에게는 자매(姉妹)가 되며 한자의 글 뜻은 어깨를 나란히 겨룬다이다.

비견(比肩)은 형제(兄弟) 동기(同期) 평등(平等) 협조(協助) 경쟁(競爭) 분리(分離) 독립(獨立) 불화(不和) 고립성(孤立性) 등을 의미한다.

사주(四柱)에 비견(比肩)이 많으면

자존심이 강하고 과단성은 있으나 자기주장이 너무 강해 손해를 보는 수가 있으며 탈재(奪財)로 인해 빈곤(貧困)하여 부부궁(夫婦宮)이 불화(不和)하므로 상처(喪妻) 또는 생이별(生離別)하기 쉽다.

또 조실부모(早失父母)하거나 어릴 때 질병(疾病)으로 고생하며 성질(性質)이 급(急)하다.

비견(比肩)이 많고 신왕자(身旺者)는 기술(技術) 예술(藝術) 체육(體育) 등에 소질(素質)이 있고 도량(度量)이 넓다.

남명(男命)의 경우 일주(日柱)에 비견(比肩)이 동주하면 부부간에 대립과 충돌이 많으나, 일주(日主)가 곤경에 처할 경우 남편을 대신해 남편 못지 않게 매사를 잘 처리한다.

여명(女命)에세 비견(比肩)이 많으면 남편(男便)의 처가 많은 형상(形象)으로 남편의 여자관계 때문에 고민이 많으며 또 남의 작은 부인이 되거나 편처(偏妻)가 되는 수가 있다.

## ② 겁재(劫財)

일간(日干)과 오행(五行)이 같고 음양(陰陽)이 다른 것을 겁재(劫財)라고 하며 남녀명(男女命) 모두에게 형제자매(兄弟姉妹) 또는 이복형제(異腹兄弟)가 되며 또 겁재(劫財)는 자부(子婦)가 되고 딸의 시모(媤母)가 되고 시부(媤父)가 되기도 한다.

그 이유는 관(아들)의 처가 자부(子婦)이고 식신(사위)의 생모(生母)가 시모(媤母)이며 관(아들)의 아버지가 되기 때문이다.

성질은 비견(比肩)과 비슷하나 흉(凶)의 작용(作用)이 더 많다.

한자의 글 뜻은 재(財)를 겁탈(劫奪)한다는 뜻이다.

세운(歲運)에서 양일간(陽日干)이 겁재(劫財)를 만났을 때는
탈재(奪財)가 되어 적극적(積極的) 피탈(被奪)이 있고,
음일간(陰日干)이 겁재(劫財)를 만났을 때는 패재(敗財)가 되어
소극적(消極的) 실패(失敗)가 있다.

겁재(劫財)는 후배(後排), 오만(傲慢), 분취(分取), 투쟁(鬪爭), 부하(部下), 동료(同僚), 겁탈자(劫奪者), 흉폭성(凶暴性), 채무(債務), 요행심(僥倖心), 투기(投機), 손재(損財), 이산(離散), 불손(不遜), 불화(不和), 비방(誹謗) 등을 의미한다.

사주(四柱)에 겁재(劫財)가 많으면 극처(剋妻), 극부(剋夫), 극자(剋子)하고 구설수가 많으며, 공동업은 반드시 실패(失敗)하며, 겁재(劫財) 양인(羊刃)이 있으면 재앙(災殃)이 많고 흉폭(凶暴)하다.

③정인(正印)

일간(日干)을 생(生)하고 일간(日干)과 음양(陰陽)이 다른 것을 정인(正印)이라고 하며, 일명 인수(印綬)라고 한다.

남녀명(男女命) 모두에게 나를 낳은 어머니가 되며, 또 여명(女命)에게 정인(正印)은 사위(식신의 남편)가 되고 친손자(상관의 아들)가 된다.

남명(男命)에게 정인(正印)은 장인(장모의 남편)이 되고 외숙(모의 형제)이 되기도 한다.

한자 글 뜻은 인장 또는 도장을 뜻하기도 하고, 한편으로는 시발점(始發點)을 의미하기도 한다.

정인(正印)은 교육(敎育), 문서(文書), 학자(學者), 계승(繼承), 자비(慈悲), 선량(善良), 상사(上司), 보수(保守), 인장(印章), 신심(信心), 이기주의(利己主義)를 의미(意味)한다.

정인격(正印格) 및 정인(正印)이 용신(用神)인 일주(日主)는 심성(心性)이 정직(正直)하고 온후독실(溫厚篤實)하고 부모(父母)의 유산(遺産)을 물려 받으며 일생동안 병(病)이 적다.

그러나 이기심(利己心)이 강하여 남을 배려할 줄 모르고 자신밖에 모르며 융통성이 부족한 꽁생원이 많다.

1위(位) 정인(正印), 1위(位) 정관(正官)이 사주(四柱)에 있으면 관인(官印)이 상생(相生)하며 부귀공명(富貴功名)하고 박사(博士), 의사(醫師), 문필가(文筆家), 언론인(言論人), 교수(敎授) 등이 많다.

그러나 인수(印綬)가 약(弱)할 때 재(財)가 파인(破印)하면 불측지화(不測之禍)가 있어 흉(凶)하다.

정인(正印)이 년월(年月)에 있으면 선조부모(先祖父母)의 음덕(陰德)이 있고, 직속상관(直屬上官)의 신임(信任)을 받으며,

사주(四柱)에 정인(正印)이 많고 관(官)이 없으면 예술가가 되고, 성격이 제 마음대로이며, 관(官)이 있으면 고관(高官)이 된다.

## ④편인(偏印)

일간(日干)을 생(生)하며 일간(日干)과 오행(五行)이 다르고 음양(陰陽)이 같은 것을 편인(偏印)이라고 하며, 일명 탈식(奪食), 도식(倒食), 효신(梟神), 탄함살(呑陷殺)이라고도 한다.

또 육친상으로 편인(偏印)은 조부(父의 父)가 되기도 한다.
한자 글 뜻은 빼앗을 탈, 엎어질 도, 올빼미 효, 휩쓸탄, 빠질 함이다

편인(偏印)은 권태(倦怠), 위선(僞善), 민첩(敏捷), 임기응변(臨機應變), 변태(變態), 모사(謀事), 유두무미(有頭無尾), 배신(背信), 학자(學者), 종교(宗敎), 예술(藝術), 비생산성(非生産性), 손수(損壽), 기술(技術) 등을 의미한다.

사주(四柱)에 편인(偏印)이 많으면 유두무미(有頭無尾)하며 어려서 부모와 생이사별(生離死別)하며 처자(妻子)와의 인연(因緣)이 박하고 질병(疾病)이 뒤따르고 양자(養子)가 될 수 있다.

일지(日支)에 편인(偏印)이 있으면 의사(醫師), 배우(俳優), 무복(巫卜) 등의 편업(偏業)이 좋고 여명(女命)은 성불감증(性不感症)이 있다.

명중(命中)에 편인(偏印)이 있고 상관(傷官)이 있어 합하면 도식(倒食)과 상관(傷官)이 흉의 작용을 못하여 흉변위길(凶變爲吉)된다.

식신(食神)을 용(用)하는데 편인(偏印)을 보면 질병(疾病), 실직(失職), 손재(損財) 등의 흉화(凶禍)가 많다. 그러나 편재(偏財)가 있어 제(制)하면 흉(凶)이 감(減)해진다.

대운(大運)이나 세운(歲運)에서 편인(偏印)을 보면 백사(白事)가 파패
(破敗)하고 되는 일이 없다.

명중(命中)에 편인(偏印)이 있는 무관자(無官者)는 종교가(宗敎家)가많
으며, 정인(正印)은 한국어(韓國語) 즉 본국어(本國語)요, 편인(偏印)은
외국어(外國語)를 잘하며 지지(地支)에 편인국(偏印局)을 이루면 통역
관(通譯官)이 많다.

# ⑤ 정관(正官)

일간(日干)을 극(剋)하며 일간(日干)과 오행(五行)이 다르고
음양(陰陽)도 다른 것을 정관(正官)이라고 한다.

남명(男命)에게는 아들 또는 딸이 되며,
여명(女命)에게는 남편(男便)이 된다.
그외 육친(六親) 상으로는 정관(正官), 편관(偏官)은 질(姪)과
질녀(姪女)[비견(比肩)의 정관(正官), 편관(偏官)]가 되고, 정관(正官)
편관(偏官)은 자형(姉兄)과 매부(妹夫)(여형제의 정관, 편관)가 된다.

정관(正官)이 남명(男命)에게 아들 또는 딸이 되는 이유는
연해자평(淵海子平)과 명리정종(命理正宗)의 오행원리소식부
(五行原理消息賦)에 양일간(陽日干)에게는 정관(正官)이 딸이 되고
편관(偏官)이 아들이 되며, 음일간(陰日干)에게는 정관(正官)이
아들이 되고 편관(偏官)은 딸이 된다고 하였기 때문이다.

정관(正官)은 문관(文官), 정치(政治), 군자(君子), 귀인(貴人),
공정(公正), 명분(明分), 윤리도덕(倫理道德), 기강(紀綱), 명예(名譽),
충성(忠誠), 존경(尊敬), 자비심(慈悲心)을 의미한다.

명중(命中)에 정관(正官)이 유기(有氣)하면 품행이 단정하고,
권위(權威)와 신용(信用)이 있어서 주위의 존경을 받으며 일생
부귀 번영한다.

명중(命中)에 정관(正官)이 많으면 조실부모(早失父母)하고
빈곤단명(貧困短命)한다.

일지(日支)에 정관(正官)이 있으면 남명(男命)은 처복(妻福)이 있고,
여명(女命)은 남편복(男便福)이 있다.

정관(正官)은 상관(傷官)을 싫어하니,
대세운(大歲運)에서 상관(傷官)을 만나면 실직(失職)의 우(憂)가 있고
건강(健康)에 문제가 발생한다.

년(年)에 정관(正官)이 있으면 가업의 후계자가 되고,
월(月)에 정관(正官)이 있으면 부모봉양을 않으며,
월(月)에 정관(正官)이 있고 형충파해(刑沖破害) 당하면 차남으로
태어나도 장남노릇을 한다.

⑥편관(偏官)

일간(日干)을 극(剋)하고 일간(日干)과 오행(五行)이 다르고
음양(陰陽)이 같은 것을 편관(偏官)이라고 하며, 일명 칠살(七殺)
이라고 한다.

남명(男命)에게는 아들 또는 딸이 되고,
여명(女命)에게는 남편 또는 편부(偏夫)가 된다.
그 외 육친(六親) 상으로
편관(偏官)은 외조모(母의 母)가 되고,
편관(偏官)은 시동서간(관의 비겁)도 되며,
편관(偏官)은 자부(상관의 처)도 되며,
편관(偏官)이 많으면 딸이 많다.

편관(偏官)은 무관(武官), 영웅(英雄), 명령(命令), 권위(權威),
강제(强制), 용감(勇敢), 투쟁(鬪爭), 살상(殺傷), 형액(刑厄),
고집(固執), 고통(苦痛), 의협심(義俠心), 협객(俠客), 강직(剛直),
질병(疾病), 무법자(無法者), 소인(小人) 등의 의미가 있다.

편관(偏官)은 주색(酒色)을 좋아하고, 논쟁(論爭)을 즐기며,
강(强)한 자에게 강(强)하면서도 약자(弱者)를 도우는
의협심(義俠心)도 있으나, 옹고집이며 성질이 사납고 독하고
조급하여 악행도 저지른다.

명중(命中)에 편관(偏官)이 있으면 질병(疾病)으로 고생하고
단명(短命)한다.

일지(日支) 편관(偏官)에 사주에 편관이 있으면 천원좌살(天元坐殺)
이라 성질이 사납고 독하며 질병(疾病)으로 고생하고 단명(短命)한다.

년(年)과 월(月)의 편관(偏官)은 초년(初年)에 빈곤(貧困)하다.
1위(位) 편관(偏官)이 있어 중화(中和)되면 부귀(富貴)한다.

여명(女命)이 정편관(正編官)이 혼합되면 이혼(離婚)하거나
재혼(再婚)한다. 그렇지 않으면 간부(姦夫)를 둔다.

편관(偏官)은 식신(食神)이 제(制)하며 무제자(無制者)는 칠살(七殺)
이 되고 유제자(有制者)에게는 편관(偏官)이 된다.

# ⑦ 정재(正財)

일간(日干)이 극(剋)하며 일간(日干)과 오행(五行)이 다르고
음양(陰陽)이 다른 것을 정재(正財)라 한다.

남명(男命)에게는 정처(正妻)가 되고 여명(女命)에게는 시모(媤母)
가 된다.
그 외 육친(六親) 상으로 정재(正財) 편재(偏財)는 고모.숙부
(父의 형 제자매)가 되고, 정재(正財) 편재(偏財)는
처남.처제(처의 형제)가, 정재(正財)는 외손자(식신의 아들)가
되기도 한다.

정재(正財)는 월급(月給), 정확(正確), 성실(誠實), 저축(貯蓄),
자산(資産), 노력(努力), 검소(儉素), 이기심(利己心), 신용(信用),
인색(吝嗇)을 의미(意味)한다.

사주(四柱) 중에 정재(正財)가 유기(有氣)하면 사람의 천성(天性)이
정의감(正義感)이 있고 성격이 단정하고 독실(篤實)하며
월급(月給)을 착실히 저축하며, 공론(公論)을 존중(尊重)하고
거취(去就)가 분명(分明)하나 이기심(利己心)이 강하여 자신 밖에
모른다.

월상(月上)에 재(財)가 있으면 부가출신(富家出身)이며,
일지(日支)에 재(財)가 있으면 처복(妻福)이 많고
시상(時上)에 재(財)가 있으면 만년(晚年)에 재복(財福)이 좋고
자녀덕(子女德)이 있다.

사주(四柱)에 정재(正財)가 많으면 조실부모(早失父母)하기 쉬우며
정재(正財)가 묘고(墓庫)에 동주(同柱)하면 재혼(再婚)하기 쉽다.

⑧편재(偏財)

일간(日干)이 극(剋)하고 일간(日干)과 오행(五行)이 다르며
음양(陰陽)이 같은 것을 편재(偏財)라고 한다.

남명(男命)에게는 아버지와 처 또는 애인이며,
여명(女命)에게는 아버지와 시모가 된다.

편재(偏財)는 사업(事業), 투기(投機), 도박성(賭博性),
이면거래(裏面去來), 고리대금(高利貸金), 소실(小室),
사통부인(私通夫人), 낭비(浪費), 횡재(橫財), 풍류(風流), 활동(活動),
수단(手段), 호방(豪放), 의협심(義俠心) 등을 의미(意味)한다.

사주(四柱)에 편재(偏財)가 유기(有氣)하면 일생(一生)에
횡재수(橫財數)가 많고 사업(事業)으로 부자(富者)가 되며,
의협심(義俠心) 풍류심(風流心)이 있어 재물(財物)의 씀씀이가
크며, 주색(酒色)에 빠져 가정풍파를 일으킬 수 있다.

편재(偏財)가 많고 신약(身弱)하면 빈천(貧賤)한 명(命)이 된다.
편재(偏財)는 비견겁(比肩劫)에 극제(剋制) 당한다.

⑨식신(食神)

일간(日干)이 생(生)하는 것으로 일간(日干)과 오행(五行)이 다르고
음양(陰陽)이 다른 것을 식신(食神)이라고 하며, 일명 수성(壽星),
천주(天廚) 또는 식록(食祿)이라고도 한다.

남명(男命)에게는 장모, 사위, 손자가 되고,
여명(女命)에게는 아들과 딸이 된다.

여명(女命)에게는 아들과 딸이 되는 이유는
연해자평(淵海子平)의 논자식(論子息)에서는 상관(傷官)은 아들,
식신(食神)은 딸이라고 하였으나, 연해자평(淵海子平)과 명리정종
(命理正宗) 오행원리소식부(五行原理消息賦)에 여명(女命)의
식신(食神) 상관(傷官)에 대해 다음과 같이 기술(記述)해 놓았다.

양일간(陽日干)에게는 식신(食神)이 아들이고 상관(傷官)이 딸이며,
음일간(陰日干)에게는 상관(傷官)이 아들이고 식신(食神)이 딸이
된다고 했으므로 사주감정(四柱鑑定)시 세밀(細密)히
관찰해야 할 것이다.

식신(食神)은 총명(聰明), 건강(健康), 덕망(德望), 식복(食福),
구변(口辯), 풍요(豊饒), 향락(享樂), 도량(度量), 관대(寬大) 등을
의미(意味)한다.

명중(命中)에 식신(食神)이 있고 유기(有氣)하면 신체(身体)가
건강하고 식성(食性)이 좋으며 성질(性質)이 명랑(明朗)하고
화창하여 오락(娛樂)을 즐기고 색정(色情)을 좋아한다.

명리정종(命理正宗)에 의하면 식신(食神)이 유기(有氣)하면 승재관(勝財官)이라 하였으니, 식신(食神)이 유기(有氣)하고 중화(中和)되면 재관(財官)이 있는 것보다 낫다고 하였다.

명중(命中)에 식신(食神)이 많으면 병약(病弱)하고 자녀(子女)가 없으며 여명(女命)은 부운(夫運)이 불길(不吉)하다.

식신(食神)이 유기(有氣)된 명(命)이 인수(印綬)가 파양(破壤)하면 신체불구(身体不具)가 되며 여명(女命)은 산액(産額)이 있다.

식신(食神)은 칠살(七殺)의 칠살(七殺)이 되어 칠살(七殺)을 제(制)하며 식신(食神)이 유기(有氣)하면 이성(異性)관계가 많고 출산을 잘하며, 식신(食神)의 봉형(逢刑)하면 자궁외(子宮外) 임신(姙娠)하고,
일주(日主)와 관(官)과 식신(食神)이 합(合)하면 처녀나 과부로 임신한다.

## ⑩상관(傷官)

일간(日干)이 생(生)하는 오행(五行)으로서 일간(日干)과 오행(五行)이 다르고 일간(日干)과 음양(陰陽)이 다른 것을 상관(傷官)이라고 하며, 일명 배록(背祿) 또는 박관성(剝官性)이라고 한다.

상관(傷官)은 남명(男命)에게는 조모, 손녀, 생질이 되고, 여명(女命)에게는 아들, 딸, 조모가 된다.

상관(傷官)은 총명(聰明), 화려(華麗), 능변(能辯), 혁신(革新), 공격(攻擊), 무법자(無法者), 반항(反抗), 방종(放縱), 영웅심(英雄心), 봉사(奉仕), 희생(犠牲), 홍보(弘報), 예술성(藝術性), 기술성(技術成) 등을 의미한다.

식신(食神)이 물질유형적(物質有形的)이라면, 상관(傷官)은 정신무형적(情神無形的)이다.

명중(命中) 상관(傷官)이 강하면 기예(技藝)는 뛰어나나 성격이 오만하고 자손심이 강하여 타인을 없이 여기는 경향이 있어 오해와 구설수가 많으며 남을 위한 봉사(奉仕)와 희생정신(犠牲精神)이 강하다.

여명(女命)이 상관(傷官)이 많으면 부부연이 좋지못해 생이사별(生離死別)하거나 자식을 두기 어려우며 있어도 그 수가 적거나 다병(多病)한다.

대세운(大歲運)에서 상관(傷官)을 만나면 실권(失權), 파재(破財), 송사(訟事) 등 재앙(災殃), 공포(恐怖), 불안(不安) 등 심리적(心理的)인 갈등을 겪게 되며, 명중(命中)에 상관(傷官)이 왕(旺)하면 교직자, 종교가, 예술가, 사회사업가 등이 많다.

## 2. 신강신약(身强身弱)

신강신약(身强身弱)이란 무엇인가

신강신약(身强身弱)이란 사람의 육체가 건강(健康)하고 건강(健康)하지 않음을 말하는 것이 아니다.

일간(日干) 즉 일원(日元), 일주(日主), 신주(身主), 명주(命主)의 강(强)하고 약(弱)함을 일컫는 말이다.

사주(四柱)에서는 일간(日干)의 강(强)함이 좋을 수도 있고 나쁠 수도 있어 일간(日干)의 신강신약(身强身弱) 중 어느 것이 좋고 어느 것이 나쁘다고 단정 지어 말할 수 없다.

사주(四柱)에서는 강(强)도 아니고 약(弱)도 아닌 중화(中和)된 사주(四柱), 호수의 물같이 잔잔하고 평화로움 속의 자평(子平)을 흔들림 없는 수평상태(水平狀態)로 중화(中和)된 사주라고 하며 사주명리의 이상(理想)이라고 한다.

그러나 명리(命理)의 이상(理想)인 중화(中和)된 사주(四柱)는 발견하기가 어렵고 분별(分別)하기도 힘들다.

대개 사주(四柱)는 신강(身强)이나 신약(身弱) 중 어느 한쪽으로 기울기 마련이다.

재관인식(財官印食)을 고루 갖추고 재관인식(財官印食)이 강(强)할 때는 약간 신강(身强)한 사주가 좋다.

신약(身弱)한 사주는 강한 재관인식(財官印食)을 감당할 수가 없기 때문에 좋지 않다.

재관인식(財官印食)이 강(强)하고 신강(身强)할 때는 부귀격(富貴格) 사주가 되고,

재관인식(財官印食)이 강하나 신약(身弱)할 때는 빈천격(貧賤格) 사주가 되기 때문에 신강(身强)하도록 만들어야 좋다.

결론적으로 중화(中和)된 사주(四柱)가 최상이지만 중화(中和)된 사주(四柱)를 자로 잰 듯이 계량하기가 어렵고 분별(分別)하기가 거의 불가능하기 때문에 약간 신강(身强)한 사주(四柱)가 좋다, 그러나 여명(女命)은 약간 신약(身弱)한 사주(四柱)가 좋다고 하니 상세하게 살펴야 할 것이다.

1)신강(身强) 신약(身弱)의 구분

　신강(身强) 신약(身弱)을 편의상(便宜上) 다음과 같이
태(太).중(中).소(小) 3등급으로 각각 구분한다.


　①신강(身强)

　　태강(太强)

　　중강(中强)

　　소강(小强)

　②신약(身弱)

　　태약(太弱)

　　중약(中弱)

　　소약(小弱)


2)신강(身强)의 조건(條件)

　　①득령(得令)

　　②득지(得地)

　　③득세(得勢)


3)신약(身弱)의 조건(條件)

　　①실령(失令)

　　②실지(失地)

　　③실세(失勢)

## 4) 득령(得令) 해설(解說)

甲乙(木) 일간(日干)이 寅卯辰월에 출생하고

丙丁(火) 일간(日干)이 巳午未월에 출생하고

戊己(土) 일간(日干)이 辰戌丑未월에 출생하고

庚辛(金) 일간(日干)이 辛酉戌월에 출생하고

壬癸(水) 일간(日干)이 亥子丑월에 출생한 것을 득령(得令)

했다고 한다.


## 5) 득지(得地) 해설(解說)

일간(日干)이 일지(日支)에 녹근(祿根) 착근(着根) 통근(通根)한 것을

말한다.

①녹근(祿根) : 일간(日干)이 일지(日支)에 건록(建祿)을 만난 것을

말한다.

예(例) : 甲寅, 乙卯, 庚申, 辛酉

②착근(着根) : 일간(日干)이 일지(日支)에 동일 오행을 만난 것을

말한다.

예(例) : 甲寅 乙卯 庚申 辛酉 壬子 癸亥 丙午 丁巳 戊辰 戊戌

己未 己丑

③통근(通根) : 일간(日干)이 일지(日支)에 암장(暗藏)된

지장간(地藏干)과 동일(同一)오행을 만난 것을 말한다.

예(例):丙寅 壬申 신辛丑 丁未

## 6) 득세(得勢) 해설(解說)

일간(日干)이 사주(四柱) 중에 인수(印綬) 비겁(比劫)이 많거나
삼합(三合) 방합(方合) 육합(六合)된 오행(五行)이 일간(日干)을
도울 때는 득세(得勢)했다고 한다.

## 7) 용어 해설(解說) 및 강약(强弱)

① 녹근(祿根) 착근(着根) 통근(通根) 중 녹근(祿根)이 제일 강(强)하고
착근(着根)이 그 다음이며 통근(通根)이 제일 약(弱)하다.

② 투출(透出) : 지지(地支)와 같은 오행이 천간(天干)에 있는 것을
투출(透出)이라고 한다.

③ 득기(得氣) :12운(運)의 왕쇠(旺衰)를 말한다

생대관왕(生帶冠旺) : 기(氣)를 얻었다(4生)

욕묘태양(浴墓胎養) : 기(氣)가 평상(平常)이다(4平)

쇠병사절(衰病死絶) : 기(氣)를 잃었다(4衰)

## 8) 신약(身弱)

가. 신약(身弱)의 조건(條件)

① 실령(失令):일간(日干)이 출생월(出生月)에 득령(得令)하지 못한 때
② 실지(失地):일간(日干)이 일지(日支)에 관성(官星) 재성(財星)
　　　　　　　식상(食傷)을 만났을 때
③ 실세(失勢):일간(日干)을 돕는 인수(印綬) 비겁(比劫)이 없고
　　　　　　　재성(財星) 관성(官星) 식상(食傷)이 많아 극설(剋泄)
　　　　　　　당할 때

## 9)신강(身强) 신약(身弱) 참고사항

신강(身强) 신약(身弱) 판정(判定)시 12운(運)의 왕쇠(旺衰)를 반드시 참작하여 일간(日干)의 강약(强弱)을 논(論)해야 한다.

## 10)신강(身强) 예(例)

①태강(太强)

| 乙 | 甲 | 己 | 乙 |
|---|---|---|---|
| 亥 | 子 | 卯 | 亥 |

일간(日干) 甲木이 卯월에 출생하여 득령(得令)하고 연주와 시주에 乙木 겁재(劫財) 亥水 인수(印綬)와 일지(日支) 子水 인수(印綬)가 있어 득세(得勢)하였으며, 양해수(兩亥水)가 12운 생지(生地)에 있는데다가 亥중甲木에 통근(通根)하여 득지(得地)하였으므로 신강(身强)의 조건(條件)인 득령(得令) 득세(得勢) 득지(得地)하여 태강(太强)한 사주가 되었다.

| 甲 | 甲 | 丁 | 甲 |
|---|---|---|---|
| 子 | 子 | 卯 | 寅 |

일간(日干) 甲木이 卯월에 출생하여 득령(得令)하고 년주 甲寅木 비견(比肩)과 일지(日支) 子水 인수(印綬)와 시주의 甲木비견(比肩)과 子水 인수(印綬) 등이 있어 득세(得勢)하고 년지 寅木 건록(建祿)에 착근(着根)하고 寅중甲木에 통근(通根)하여 득지(得地)하여 신강(身强)의 조건(條件)인 득령(得令) 득세(得勢) 득지(得地) 하였으므로 태강(太强)한 사주가 되었다.

| 甲 | 辛 | 辛 | 戊 |
|---|---|---|---|
| 午 | 巳 | 酉 | 戌 |

일간(日干) 辛金이 酉월에 출생(出生)하여 득령(得令)하고 년주 戊戌土 인수(印綬)와 일지(日支) 巳火 정관(正官)이 월지(月支) 酉金 비견(比肩)과 반합(半合(金)하여 득세(得勢)하였으므로 중강(中强)한 사주(四柱)가 되었다.

| 丙 | 乙 | 癸 | 甲 |
|---|---|---|---|
| 子 | 亥 | 酉 | 寅 |

일간(日干) 乙木이 酉월에 출생(出生)하여 실령(失令)하였으나 酉金 상관(傷官)이 亥水 정인(正印)을 도우고 년주(年柱) 甲寅木 겁재(劫財)와 일지(日支) 亥水 정인(正印) 시지(時支) 子水 편인(偏印) 그리고 亥子가 합수(合水)하여 강(强)해지므로 득세(得勢)하여 중강(中强)한 사주(四柱)가 되었다.

③소강(小强)

| 丁 | 癸 | 壬 | 丁 |
|---|---|---|---|
| 巳 | 巳 | 子 | 巳 |

일간(日干) 癸水가 子월에 출생하여 득령(得令)하고 월간 壬水가 투출(透出)하여 소강(小强)한 사주가 되었다.

| 戊 | 癸 | 壬 | 丁 |
|---|---|---|---|
| 申 | 巳 | 子 | 巳 |

일간(日干) 癸水가 子월에 출생하여 득령(得令)하고 시지 辛金과 申중 壬水에 통근(通根)하여 소강(小强)한 사주가 되었다.

## 11)신약(身弱) 예(例)

①태약(太弱)

| 己 | 甲 | 乙 | 庚 |
|---|---|---|---|
| 巳 | 午 | 酉 | 申 |

　일간(日干) 甲木이 酉월에 출생하여 실령(失令)하고 년주(年柱) 庚申金 편관(偏官)의 극(剋)을 받고 일시지(日時支) 巳午火 식상(食傷)의 설기(泄氣)와 시간(時干) 己土 정재(正財)를 극(剋)하여 일간(日干)의 기(氣)가 빠지므로 실세(失勢) 실지(失地)하여 태약(太弱)한 사주가 되었다.

| 庚 | 甲 | 戊 | 戊 |
|---|---|---|---|
| 午 | 午 | 申 | 申 |

　일간(日干) 甲木이 申월에 출생하여 실령(失令)하고 년간(年干) 무토 편재(戊土偏財)는 살(殺)을 생조(生助)하여 칠살(七殺)인 庚申金이 년지(年支)와 월주(月柱) 그리고 시간에 막강(莫强)하고, 게다가 일시지(日時支) 午火 상관(傷官)에 설기(泄氣)당하므로 실령(失令) 실세(失勢) 실지(失地)하여 태약(太弱)한 사주가 되었다.

②중약(中弱)

| 癸<br>卯 | 丁<br>亥 | 丙<br>子 | 甲<br>子 |
|---|---|---|---|

　일간(日干) 丁火가 子월에 출생하여 실령(失令)하고 년간(年干) 甲木 정인正印)과 월간(月干) 丙火겁재(劫財)와 시지(時支) 卯木편인(偏印)의 생조(生助)에도 일지(日支) 亥水정관(正官)과 년월지(年月支) 子水편관(偏官) 시간(時干) 癸水편관(偏官)이 막강하여 실세(失勢)하고 실령(失令)하여 중약(中弱)한 사주가 되었다.

| 壬<br>辰 | 丙<br>寅 | 丙<br>子 | 甲<br>子 |
|---|---|---|---|

　일간(日干) 丙火가 子월에 출생하여 실령(失令)하고 년간(年干) 甲木 편인(偏印) 월간(月干) 丙火비견(比肩) 일지(日支) 寅木편인(偏印)의 생조(生助)에도 년월지(年月支) 子水정관(正官) 시간(時干) 壬水편관(偏官) 水의 고(庫)인 시지(時支) 辰土식신(食神)이 관(官)을 도우고 있어 실세(失勢)가 되므로 중약(中弱)한 사주가 되었다.

③소약(小弱)

| 壬<br>午 | 乙<br>亥 | 乙<br>酉 | 乙<br>卯 |
|---|---|---|---|

일간(日干) 乙木이 酉월에 출생(出生)하여 실령(失令)한데다가 시지(時支) 午火 식신(食神)에 설기(泄氣)당해 약(弱)하다

그런 중 년주(年柱) 乙卯木 월간(月干) 乙木 비견(比肩)과 일지(日支) 亥水 시간(時干) 壬水 정인(正印)과 생조(生助)를 받았으나 소약(小弱)이라고 이석영(李錫暎) 선생님의 사주첩경(四柱捷勁) 제4권 소약지명예(小弱之命例)에서 설명하고 있으나 필자는 위의 명조(明造)를 소약(小弱)이 아니고 소강(小强)이라고 생각한다.

월지(月支) 酉金에 실령(失令)했다고 하나 酉金이 亥水에 설기(泄氣)당하고 있고 시지(時支) 午火는 양(兩) 壬水에 극제(剋制)당해 전체적으로 水木의 기운이 득세(得勢)하고 있어 소약(小弱)이 소강(小强)으로 변(變)했다고 생각한다.

| 癸<br>卯 | 壬<br>申 | 辛<br>丑 | 辛<br>巳 |
|---|---|---|---|

壬일주(日主)가 丑월에 출생(出生)하여 년월시간(干)의 辛金癸水 즉 인수(印綬) 비겁(比劫)의 도움을 받았으나 실지(失地) 실세(失勢)하여 소약(小弱)이 되었다고 태산(泰山) 아부희(阿部喜)의 사주추명학(四柱推命學) 오비전(奧秘傳)(上)[아부태산(阿部泰山) 전집(全集) 제3권 정민현(鄭民鉉) 역(譯)]에서 설명하고 있으나 필자는 이 명조(明造)는 소강(小强)이라고 본다.

그 이유는 년지(年支) 巳火가 월지(月支) 丑土와 합(合)하여 金인수(印水)가 되어 일주(日主)를 도우고 있기 때문이다.

## 12)신강(身强) 신약(身弱) 배점표(配點表)에 대하여

①다음의 신강(身强) 신약(身弱) 배점표(配點表)는 한중수(韓重洙) 님의 운명학(運命學) 사전(辭典)에서 발췌한 것이다.

필자가 나름대로 여러 명리서(命理書)의 신강(身强) 신약(身弱)에 대해 찾아 보았으나 구체적(具體的)으로 점수(點數)를 매겨 점수화(點數化) 한 것을 발견하지 못했기 때문에 여기 그 배점표(配點表)를 소개한다.

②명리비전(命理秘典)에서의 %배점표도 아울러 소개한다.

## 13)신강 신약 배점 기준

①연월일시의 간지별로 배점하되

년주 월주 일주 시주마다 배점기준이 다르기 때문에

각각 년, 월. 일. 시주에 배점한 뒤 취합하여 신강 신약을 판정한다.

②판정기준은 다음과 같다.

| | |
|---|---|
| 신강(身强) | **+가 -보다 많을 때는 신강(身强)이 된다.** |
| | +가 0~2까지면 소강(小强)이 된다. |
| | +가 3~5까지면 중강(中强)이 된다. |
| | +가 5이상이면 태강(太强)이 된다. |
| 신약(身弱) | **-가 +보다 많을 때 신약(身弱)이 된다.** |
| | -가 1~2까지는 소약(小弱)이 된다. |
| | -가 3~5까지는 중약(中弱)이 된다. |
| | -가 5이상은 태약(太弱)이 된다. |

③ +. - 가 0이 될 때는 중화(中和)가 된다.

## 14) 배점표(配點表)

① 시간(時干)　　　일간(日干)　　　월간(月干)　　　년간(年干)

　시지(時支)　　　일지(日支)　　　월지(月支)　　　년지(年支)

별(別)로 배점한다.


② 시간 일간 월간 년간 의 육신별 배점표

| 시간<br>(時干) | | 일간<br>(日干) | 월간<br>(月干) | | 년간<br>(年干) | |
|---|---|---|---|---|---|---|
| 비겁<br>(比劫) | +1.5 | | 비겁<br>(比劫) | +1.5 | 비겁<br>(比劫) | +1 |
| 인성<br>(印星) | +1.5 | +1 | 인성<br>(印星) | +1.5 | 인성<br>(印星) | +1 |
| 식상<br>(食傷) | -1.5 | | 식상<br>(食傷) | -1 | 식상<br>(食傷) | -1 |
| 재성<br>(財星) | -1.0 | | 재성<br>(財星) | -1 | 재성<br>(財星) | -1 |
| 관성<br>(官星) | -1.5 | | 관성<br>(官星) | -1.5 | 관성<br>(官星) | -1 |

③ 시지 일지 월지 년지의 육신별 배점표

| 시지<br>(時支) | | 일지<br>(日支) | | 월지<br>(月支) | | 년지<br>(年支) | |
|---|---|---|---|---|---|---|---|
| 비겁<br>(比劫) | +1.5 | 비겁<br>(比劫) | +2.5 | 비겁<br>(比劫) | +4 | 비겁<br>(比劫) | +1 |
| 인성<br>(印星) | +1.5 | 인성<br>(印星) | +2 | 인성<br>(印星) | +3 | 인성<br>(印星) | +1 |
| 식상<br>(食傷) | -1.0 | 식상<br>(食傷) | -2 | 식상<br>(食傷) | -3 | 식상<br>(食傷) | -1 |
| 재성<br>(財星) | -1.0 | 재성<br>(財星) | -2 | 재성<br>(財星) | -2.5 | 재성<br>(財星) | -1 |
| 관성<br>(官星) | -1.5 | 관성<br>(官星) | -2.5 | 관성<br>(官星) | -3 | 관성<br>(官星) | -1 |

④ 삼합(三合) 방합(方合)은 + 또는 - 에 2점 가산

　반합(半合) 반방(半方) 간지동(干支同)은 + 또는 -에 1점 가산

## 15)명리비전(命理秘典)의 %배점표

가. 년월일시 간지별 배점%

① 시간 9%   시지 15%

② 일간 0%   일지 20%

③ 월간 9%

④ 월지 30%

⑤ 년간 4%

⑥ 년지 13%

나. 배점% 예시

| 時干9% | 日干0% | 月干9% | 年干4% |
|---|---|---|---|
| 時支15% | 日支20% | 月支30% | 年支13% |

| 9% | 0% | 9% | 4% |
|---|---|---|---|
| 丁 | 丙 | 乙 | 甲 |
| 卯 | 寅 | 丑 | 子 |
| 15% | 20% | 30% | 13% |

다. 판정기준

　　일간(日干)을 생조(生助)하는 육친(六親)의 %가

　　40% 이상일 때를 신강(身强)이라 하고

　　40% 이하일 때를 신약(身弱)이라 한다.

라. 삼합(三合) 방합(方合) 육합(六合) 착근(着根) 통근(通根)과

　　12운(運)의 왕쇠(旺衰)를 참고한다.

# 제 6 장  통 변 론(通辯論)

## 1. 신취팔법(神聚八法)

신취팔법(神聚八法)이란 무엇인가

명리학(命理學)에서는 신(神)을 정(正)이라 하고 살(殺)을 편(偏)
이라 한다.

즉 신(神)은 길(吉)을, 살(殺)은 흉(凶)을 의미하기 때문에
"길신(吉神) 해설 여덟가지 방법"이라고 할 수 있다.


사주(四柱)를 감정(鑑定)할 때는 신취팔법(神聚八法)을 알아야 한다.
신취팔법(神聚八法)을 모르고서는 진정한 통변(通變)을 할 수 없다.


통변(通變)을 하되 어딘가에 무엇이 빠진듯해서 완전한 감정(鑑定)
이 될 수 없고 절름발이 해설이 되기 때문에 신취팔법(神聚八法)은
매우 중요하다.

신취팔법(神聚八法)을 다음과 같이 설명한다.

## 1) 류상(類象)

류상(類象)이란 방합오행(方合五行)의 형상(形象)을 의미(意味)하며 파격(破格)이 되지 않을 경우 부귀격(富貴格)이 된다.

① 甲乙일이 寅卯辰월에 출생(出生)하고 지지(地支)에 寅卯辰 방합(方合)을 놓고 甲乙木이 투출(透出)하고 관살(官殺)이 없을 때

② 丙丁 일간(日干)이 巳午未월에 출생(出生)하고 지지(地支)에 巳午未 방합(方合)을 놓고 丙丁火가 투출(透出)하고 관살(官殺)이 없을 때

③ 戊己 일간(日干)이 辰戌丑未월에 출생(出生)하고 지지(地支)에 辰戌丑未 중 삼지(三支)를 놓고 戊己土가 투출(透出)하고 관살(官殺)이 없을 때

④ 庚辛 일간(日干)이 申酉戌월에 출생(出生)하고 지지(地支)에 申酉戌 방합(方合)을 놓고 庚辛金이 투출(透出)하고 관살(官殺)이 없을 때

⑤ 壬癸 일간(日干)이 亥子丑월에 출생(出生)하고 지지(地支)에 亥子丑 방합(方合)을 놓고 壬癸水가 투출(透出)하고 관살(官殺)이 없을 때

⑥ 류상(類象) 예시(例示)

> **戊 乙 丁 甲**
>
> **寅 卯 卯 寅**
>
> 乙 일간(日干)이 卯월에 출생(出生)하고 지지(地支)에 寅卯 방합(方合)을 놓고 천간(天干)에 甲木이 투출(透出)하고 金관살(官殺)이 없어 목화통명(木火通明)한 부귀격(富貴格) 사주가 되었다.

## 2) 속상(屬象)

속상(屬象)이란 삼합(三合) 오행(五行)의 형상(形象)을 의미(意味)하며 파격(破格)이 되지 않을 경우 부귀(富貴)한 사주가 된다.

① 甲乙 일간(日干)이 亥卯未월에 출생(出生)하고
지지(地支)에 亥卯未 삼합(三合)을 놓고 甲乙木이
투출(透出)하고 관살(官殺)이 없는 사주

② 丙丁 일간(日干)이 寅午戌월에 출생(出生)하고
지지(地支)에 寅午戌 삼합(三合)을 놓고 丙丁火가
투출(透出)하고 관살(官殺)이 없는 사주

③ 戊己 일간(日干)이 辰戌丑未월에 출생(出生)하고
지지(地支)에 辰戌丑未 중 삼지(三支)를 놓고
戊己土가 투출(透出)하고 관살(官殺)이 없는 사주

④ 庚辛 일간(日干)이 巳酉丑월에 출생(出生)하고
지지(地支)에 巳酉丑 삼합(三合)을 놓고 庚辛金이
투출(透出)하고 관살(官殺)이 없는 사주

⑤ 壬癸 일간(日干)이 申子辰월에 출생(出生)하고
지지(地支)에 申子辰 삼합(三合)을 놓고 壬癸水가
투출(透出)하고 관살(官殺)이 없는 사주

⑥ 속상(屬象) 예시(例示)

---

**癸 乙 乙 甲**

**未 卯 亥 子**

乙일간(日干)이 亥卯未월에 출생(出生)하고 지지(地支)에 亥卯未 삼합(三合)을 놓고 천간(天干)에 甲乙木이 투출(透出)하고 金관살(官殺)이 없는 속상(屬象)이 되어 부귀(富貴)한 사주가 되었다.

---

## 3) 종상(從象)

일간(日干)이 약(弱)하여 세(勢)에 종(從)하는 종격(從格)을 말한다.

종재(從財) 종관(從官)[종살(從殺)] 종아(從兒)와

甲乙일의 곡직(曲直)

丙丁일의 염상(炎上)

戊己일의 가색(稼穡)

庚辛일의 종혁(從革)

壬癸일의 윤하(潤下) 등이 종상(從象)이다.

○ 종상(從象) 예시(例示)

---

癸 己 癸 癸
酉 亥 亥 丑

　　己일생이 재(財)월 출생(出生)하고 지지(地支)에 丑亥亥酉를 놓아 水국(局) 즉 재국(財局)을 이루웠다. 그 이유는 년지(年支) 丑土는 월지(月支) 亥水와 亥丑합水하였고 시지(時支) 酉金은 상수(上水) 우수(右水)를 생(生)하여 水화(化)하여 己일주(日主)는 水 즉 재(財)에 종(從)하는 종재격(從財格)이 되어 종상(從象)을 이루었다.

---

## 4) 화상(化象)

화상(化象)이란 화격(化格)으로서 일간(日干)과 간합(干合)되어 생성(生成)된 오행(五行)월에 출생(出生)하고 간합(干合)이 파격(破格)되지 아니하면 화상(化象)이 되어 부귀격(富貴格)이 되지만 월지(月支)를 생하는운(運)은길(吉)하고 극(剋)하는 운(運)은 흉(凶)하다.

① 甲乙일생이 천간(天干)에 甲己합(合)이 있고

　辰戌丑未월에 출생하고 甲己합(合)이

　쟁투합(爭妬合) 되지 아니할 때

② 乙庚일생이 천간(天干)에 乙庚합(合)이 있고 申酉월에 출생하고 乙庚합(合)이 쟁투합(爭妬合) 되지 아니할 때

③ 丙辛일생이 천간(天干)에 丙辛합(合)이 있고 亥子월에 출생하고 丙辛합(合)이 쟁투합(爭妬合) 되지 아니할 때

④ 丁壬일생이 천간(天干)에 丁壬합(合)이 있고 寅卯월에 출생하고 丁壬합(合)이 쟁투합(爭妬合)되지 아니할 때

⑤ 戊癸일생이 천간(天干)에 戊癸합(合)이 있고 巳午월에 출생하고 戊癸합(合)이 쟁투합(爭妬合) 되지 아니할 때

⑥ 화상(化象) 예시(例示)

```
己 甲 壬 戊
巳 辰 戌 午
```

　일간(日干) 甲木이 시간(時干) 己土와 甲己합(合)하고 戌월에 출생(出生)하고 甲己合(합)이 쟁합(爭合)되거나 투합(妬合)되지 아니하여 진화상(眞化象)이 되었다.

214

## 5) 조상(照象)

일간(日干)이 득령(得令)하고 時(또는 年)에 인수(印綬)를 만나면
조상(照象)이 되는데 파격(破格)이 되지 아니하면 부귀(富貴)한다.


① 甲乙일생이 寅卯월에 출생(出生)하고 時(또는 年)에
    水 인수(印綬)가 있으면 水木 상조(相照)가 된다.

② 丙丁일생이 巳午월에 출생(出生)하고 時(또는 年)에
    木 인수(印綬)를 만나면 木火 상조(相照)가 된다.

③ 戊己일생이 辰戌丑未월에 출생(出生)하고 時(또는 年)에
    火 인수(印綬)를 만나면 火土 상조(相照)가 된다.

④ 庚辛일생이 申酉월에 출생(出生)하고 時(또는 年)에
    土 인수(印綬)를 만나면 土金 상조(相照)가 된다.

⑤ 壬癸일생이 亥子월에 출생(出生)하고 時(또는 年)에
    金 인수(印綬)를 만나면 金水 상조(相照)가 된다.

⑥ 조상(照象) 예시(例示)

己 壬 庚 丙
酉 辰 子 辰

일간(日干) 壬水가 子월에 출생(出生)하고 시지(時支)에 酉金 인수(印綬)를 만나 金水 상조(相照)가 되었다.
대세운(大歲運)에서 쇠향(衰鄕)에 들지 아니하면 조정(朝廷)에 나가 대열(隊列)에 서고 빈(貧)하지 않는다고 했다.

## 6) 반상(返象)

반상(返象)이란 월령(月令)에 용신(用神)이 있을 때 시주(時柱)에 용신(用神)의 절지(絶地)가 있을 때를 반상(返象)이라고 하며 불길(不吉)하다. 대세운(大歲運)에서도 용신(用神)이 반상(返象) 되었을 때도 불길(不吉)하다.

① 월령(月令)에 木 용신(用神)이 있을 때 시주(時柱)에 木용신(用神)의 12운상(運上) 절지(絶地)인 申金이 있을 때

② 월령(月令)에 火 용신(用神)이 있을 때 시주(時柱)에 火용신(用神)의 12운상(運上) 절지(絶地)인 亥水가 있을 때

③ 월령(月令)에 土 용신(用神)이 있을 때 시주(時柱)에 土용신(用神)의 12운상(運上) 절지(絶地)인 亥水가 있을 때

④ 월령(月令)에 金 용신(用神)이 있을 때 시주(時柱)에 金용신(用神)의 12운상(運上) 절지(絶地)인 寅木이 있을 때

⑤ 월령(月令)에 水 용신(用神)이 있을 때 시주(時柱)에 水용신(用神)의 12운상(運上) 절지(絶地)인 巳火가 있을 때

⑥ 반상(返象) 예시(例示)

---

丁 庚 丙 壬
亥 申 午 子

일간(日干) 庚金이 午중丙火가 투간(透干)하여 용신(用神)으로 삼았으나 시지(時支)에 亥水가 용신丙火의 절지(絶地)가 되어 반상(返象)이 되었으며 水왕절(旺節)에 흉(凶)이 극심하였다.

---

## 7) 귀상(鬼象)

칠살(七殺)을 귀(鬼)라고 하며 종살격(從殺格)을 말한다.

귀상(鬼象)은 일간(日干)이 관살(官殺)월에 출생(出生)하고 지지(地支)에 전부 관살(官殺)이 있어야 하며, 귀상(鬼象)은 귀(鬼)가 왕(旺)하면 길(吉)하고 귀(鬼)가 쇠(衰)하면 흉(凶)하다.

① 甲乙 일간(日干)이 申酉월에 출생(出生)하고 간지(干支) 대부분이 庚辛申酉일 때

② 丙丁 일간(日干)이 亥子월에 출생(出生)하고 간지(干支) 대부분이 壬癸亥子일 때

③ 戊己 일간(日干)이 寅卯월에 출생(出生)하고 간지(干支) 대부분이 甲乙寅卯일 때

④ 庚辛 일간(日干)이 巳午월에 출생(出生)하고 간지(干支) 대부분이 丙丁巳午일 때

⑤ 壬癸 일간(日干)이 辰戌丑未월에 출생(出生)하고 간지(干支) 대부분이 辰戌丑未일 때

⑥ 귀상(鬼象) 예시(例示)

```
丁 己 甲 癸
卯 卯 寅 卯
```

己 일간(日干)이 寅월 즉 관살(官殺)월에 출생(出生)하고 간지(干支)에 甲寅卯와 木을 생(生)하는 癸水를 놓아 귀상(鬼象)이 되었다.
시간(時干) 丁火는 기신(忌神)이 된다.

## 8) 복상(伏象)

복상(伏象)이란 엎드려 숨어있다는 뜻이니,
양일간(陽日干)이 삼합(三合) 재국(財局)의 제왕성(帝王星)월에
출생(出生)하고 정재(正財)가 투간(透干)되지 않고 양일간(陽日干)이
무근(無根)한 상태에서 재국(財局)을 이루면 양일간(陽日干)이
월지(月支) 정재(正財)와 암합(暗合)하여 재(財)에 종(從)하여
복상(伏象)이 되는데 일간운(日干運)은 흉(凶)이요 재운(財運)은
길(吉)이다.

① 甲 일간(日干)이 무근(無根)한데 丑未월에 출생(出生)하여
辰戌丑未로 재국(財局)을 이루고 己土가 투간(透干)되지 않은 상태
에서 丑중 未중 己土가 甲己로 암합(暗合)하여 복상(伏象)이 됨.

② 丙 일간(日干)이 무근(無根)한데 酉월에 출생(出生)하고 지지(地支)
에 巳酉丑 삼합(三合) 재국(財局)을 이루고 酉중辛金이 丙辛으로
암합(暗合)하여 복상(伏象)이 된다.
천간(天干)에 酉중辛金 정재(正財)가 투출(透出)되면
파격(破格)이 된다.

③ 戊 일간(日干)이 무근(無根)한데 子월에 출생(出生)하고
지지(地支)에 삼합(三合) 재국(財局) 申子辰을 놓고
癸水가 투출(透出)되니 아니하면 子중癸水가
일간(日干) 戊土와 戊癸 합(合)하여 복상(伏象)이 된다.

④ 庚 일간(日干)이 무근(無根)한데 卯월에 출생(出生)하고
지지(地支)에 亥卯未 삼합(三合) 재국(財局)을 이루고
乙木이 투간(透干)되지 아니하면 卯중乙木)과
乙庚 합(合)하여 복상(伏象)이 된다.

⑤ 壬 일간(日干)이 무근(無根)하여 午월에 출생(出生)하고

　 寅午戌 삼합(三合) 재국(財局)을 이루고 丁火의

　 투출(透出)이 없으면 壬 일간(日干)이 午중丁火와

　 丁壬 합(合)하여 복상(伏象)이 된다.

⑥복상(伏象) 예시(例示)

　　　　　癸 庚 辛 辛
　　　　　未 寅 卯 亥

庚일간(日干)이 절지(絶地)에 앉아 무근(無根)한데 卯월에 출생(出生)하
고 亥卯未 삼합(三合) 재국(財局)을 이루고 乙木이 투출(透出)되지 않아
庚 일간(日干)이 卯중乙木과 암합(暗合)하여 복상(伏象)을 이루었다.

**219**

## 2. 여명팔법(女命八法)

### 1) 여명 사주감정법(女命四柱鑑定法)

여명(女命)을 간명(看命)할 때는 남명(男命)과 달라서

먼저 관살(官殺)을 보고

그 다음으로 식상(食傷)을 보고

마지막으로 일주(日主)를 보아야 한다.

관살(官殺)의 강약(強弱)을 보고 초중년의 운세를 알 수 있고

식상(食傷)의 강약(強弱)을 보고 말년의 운세를 알 수 있으며

일주(日主)의 신강(身强) 신약(身弱)함을 보고 사주 전체를

감정(鑑定)할 수 있기 때문이다.

### 2) 여명팔법(女命八法)

남명(男命)에게 신취팔법(神聚八法)이 있듯이 여명(女命)에게는 여명팔법(女命八法)이 있다.

여명팔법(女命八法)을 여명팔격(女命八格)이라고도 한다.

여명팔격(女命八格)은 다음과 같다.

①순격(純格)  ②화격(和格)  ③청격(淸格)  ④귀격(貴格)

⑤탁격(濁格)  ⑥남격(濫格)  ⑦창격(娼格)  ⑧음격(婬格)

위의 여명관법(女命觀法)과 여명팔법(女命八法)은 많은 세월이 흐르고 시대가 바뀌고 생활환경과 사고(思考)마저 변한 현대사회(現代社會)에서 과연 맞는 이론(理論)인가 그렇지 않은 이론(理論)인가를 깊이 성찰해야 한다고 본다.

그리고 많은 임상과 연구를 통해서 이 이론(理論)의 적부를 찾아야 할 것이다.

훌륭한 명리대가(命理大家)들의 깊은 연구 있기를 바램한다.

## ① 순격(純格)

순(純)이란 혼잡하지 않고 순일(純一)하고 순수(純粹)하여 깨끗하다는 것을 의미(意味)한다.

즉 사주 중에 하나의 관(官)이나 하나의 살(殺)에 재성(財星) 인성(印星) 식상(食傷)이 있으며 형충(刑沖)을 만나지 않아야 하며 관살(官殺)이 혼잡되지 않아야 한다.

※순격(純格) 예시(例示)

---

**甲 丙 甲 癸**
**午 戌 寅 亥**

丙火 일간(日干)에 인수(印綬)가 월령을 득했다.
정관(正官)인 癸水는 亥중 壬水에 착근(着根)하여 왕(旺)하고 인수(印綬)
甲木은 월령을 득하고 녹근(祿根)하였으며 자녀(子女)인 己土는
시지(時支) 午중의 녹지(綠地)에 자리하고 있어 강(强)한데다가
시간(時干) 甲木은 자녀의 관(官)이 되어 출세하는 형상(形象)으로
관왕(官旺) 자왕(子旺) 인왕(印旺)하여 순수한 사주이다.

---

## ②화격(和格)

화(和)란 편안하고 고요하여 평화롭다는 의미(意味)이다.

일주(日主)가 유약(柔弱)하여 1위(位)의 부성(夫星)

즉 관성(官星)만 있고 충파(沖破)와 극(剋)이 없고

관살(官殺)이 혼잡되지 않았을 때 화격(和格)이 된다.


※화격(和格) 예시(例示)

---

己 己 辛 壬
巳 卯 亥 辰


己土 일간(日干)의 관성(官星)은 월지(月支) 亥중의 甲木인데

甲木은 월령 亥水에 장생(長生)하여 더없이 좋으며

甲木의 관(官) 즉 己土 일간(日干)의 식신(食神)인 자녀(子女) 辛金은

시지(時支) 巳火에 장생(長生)하여 부왕자왕(夫旺子旺)한 귀격(貴格)이 되었다.

그러나 亥중 甲木과 卯중 乙木이 관살(官殺) 혼잡(混雜)되었으나

다행히도 巳중 庚金과 卯중 乙木이 합(合)하여 거살유관(去殺留官) 되었다.

---

## ③청격(淸格)

청(淸)이란 정결(淨潔) 즉 맑고 깨끗하다는 의미(意味)이다.

명중(命中)에 관(官)이 혼잡(混雜)되지 않아야 하고,

관(官)이 왕(旺)하고, 재(財)가 있어 관(官)을 생(生)하고,

인수(印綬)가 있어 일주(日主)를 생하며, 혼탁(混濁)하지 않고

형충파해(刑沖破害)가 없어야 한다.

※ 청격(淸格) 예시(例示) (가)

---

**甲 乙 壬 己**
**申 未 申 未**

이 여명(女命)은 申 중 庚金이 관성(官星)인데 庚金 관(官)은
申金의 록(祿)이 일지(日支)와 시지(時支)가 놓여 있어 왕(旺)하며,
未 중 丁火가 식신(食神) 자녀(子女)인 바,
자녀(子女)인 丁火는 대지(帶地)에 자리하고 있어 튼튼하며
인수(印綬)인 壬水는 앉은 자리가 장생지(長生地)이며
재(財)인 未土는 연주(年柱) 己未土가 있어 강(强)하다.

경(經)에서 논(論)한 삼반물(三般物) 즉 재관인(財官印)이 있고 형충파해
(刑沖破害)가 없는 귀부인(貴夫人) 사주이다.

---

戊 丙 癸 甲
子 寅 酉 寅

이 丙火 일주 여명(女命)은 월간(月干) 癸水가 남편인
관성(官星)이 되는데,
癸水는 자좌(自坐) 酉金으로부터  금생수(金生水)로
생(生)을 받아 월령에 자리한데다가 시지(時支) 子에 득록(得祿)하였고,
戊土는 丙火의 자녀(子女)로써 등룡지(登龍池)를 얻었고
일지(日支) 寅木 인수(印綬)도 왕(旺)하여 일주(日主)를
생(生)하고 있으므로 부귀자귀(夫貴子貴)한 청격(淸格) 사주가 되었다.

주(註) 해설 용지살(龍地殺) 봉각살(鳳閣殺)

삼명통회(三命通會)에 의하면 명중(命中)에 이 살(殺)이 있는 여명(女命)은 그 자녀가 귀하게 된다고 한다.

년지(年支)를 기준한다.

| 년지(年支) 살명(殺名) | 申子辰 | 寅午戌 | 巳酉丑 | 亥卯未 |
|---|---|---|---|---|
| 용지살 | 午 | 子 | 卯 | 酉 |
| 봉각살 | 酉 | 卯 | 午 | 子 |

④귀격(貴格)

귀(貴)라 함은 존영(尊榮)을 말하는 바, 높고 영화스럽다는
의미(意味)이다.

여명(女命)이 사주(四柱) 중(中)에 재(財)가 있고 관(官)이 있어
재생관(財生官)하며

귀병(鬼病)을 만나지 않으면서

재관인(財官印)을 갖추면 귀(貴)하고 현명(賢明)한 부인(婦人)이 된다.


사주첩경(四柱捷徑)에서는

『여명(女命)이 무살(無殺)하고 일귀(一貴)면 가작양인(可作良人)이요

　여명(女命)이 무살(無殺)하고 봉이덕(逢二德)이면

　가양국지봉(可兩國之封)이며

　여명(女命)이 무살(無殺)하고 삼기(三奇)면 귀(貴)하다』

　라고 하였으니, 즉 살(殺)이 없고 일관(一官)이면 어질고

　살(殺)이 없고 재관(財官)이면 두 나라의 칭찬을 받고

　살(殺)이 없고 재관인(財官印)이면 귀(貴)한 사주가 된다 라고

　하였다.

※귀격(貴格) 예시(例示)

---

癸 辛 丙 乙
巳 卯 戌 亥

일간(日干) 辛金의 부군(夫君) 丙火 관(官)은
일지(日支) 卯木의 생(生)을 받은 데다가 卯戌의 합기(合氣)와
시지(時支) 巳중의 丙火에 녹근(祿根)하였고,
재(財)인 乙木은 년지(年支) 亥水의 생(生)을 받았으며,
자녀(子女)인 癸水는 년지亥水에 근(根)하고
巳卯 천을귀인(天乙貴人)의 신조(神助)로 받고 인수(印綬) 戌土)는
월간 丙火 와 卯戌(火)의 생을받아 강하므로
삼기(三奇)를 두루갖춘 귀격(貴格)이다.

---

⑤탁격(濁格)

　탁(濁)이란 혼합(混合) 즉 섞여 있다는 뜻이며 물이 흐리다는

　의미(意味)이다.

　오행(五行)이 힘이 없고 수토(水土)가 서로 상(傷)하고,

　정관(正官)이 나타나지 않고, 편관(偏官)이 잡다(雜多)하게 많거나,

　무재(無財) 무관(無官) 무인(無印) 무식신(無食神)이면

　하천(下賤)한 탁격(濁格)이 되는데 창기(娼妓) 전첩(媵妾)

　음교(淫巧)의 여명(女命)이 된다. <媵 전일할전 아름다울전>


※탁격(濁格) 예시(例示) (가)

---

　　　　己 癸 乙 己
　　　　未 丑 亥 亥

　일간(日干) 癸水가 亥년 亥월 丑일에 태어나 물이 넘치고 정관(正官)
戊土는 나타나지 않고 시간(時干) 己土가 편부(偏夫)가 된다.

명중(命中)에 未丑土 와 己土가 있고 양 亥水 중에 戊土가 있어
관살(官殺)이 혼잡(混雜)하다.

그런 중에 사주(四柱) 중(中)에 재(財)가 없어 관(官)을 자력(自力)으로
생(生)할 수 없을 뿐 아니라 강한 乙木 식신(食神)이
년지(年支) 己土를 극(剋)하여, 그 피해가 일주(日主)에 닿으니
선청후탁(先淸後濁)되어 불능행복격(不能幸福格)이 되었다.

---

※탁격(濁格) 예시(例示) (나)

乙 辛 甲 癸
未 酉 寅 未

일간(日干) 辛金은 녹지(綠地)에 앉아 스스로 강(强)하다
남편인 丙火는 寅 중 장생지(長生地)에 자리 잡아
원래(原來) 귀명(貴命)이나,

일간(日干) 辛金이 재(財)가 탐이 나서, 시간(時干) 乙木 재(財)를 탐(貪)하
니, 목고(木庫)에 있는  未 중 乙木도 충출되며
또한 未 중 丁火 편부(偏夫)가 년(年)과 시(時)에서 모여들었으니,

이 여명(女命)은 재(財)가 탐(貪)이 나서 여럿의 남자와 정부(正夫)
남편이 있는데도 관계를 맺어 남자관계가 혼탁(混濁)하게 되어
탁격(濁格)이 되었고

재생살(財生殺)하는 여명(女命)이 되어 『내 돈주고 뺨 맞는』
불행(不幸)한 사주가 되었다.

⑥ 남격(濫格)

남(濫)이란 한자 글 뜻은 넘칠 남으로 성욕(性慾)이

넘쳐 흐른다는 의미(意味)이다.

이 격(格)은 사주 중에

관(官)이 많이 나타나고, 암(暗)으로 재(財)가 왕(旺)하며,

간지(干支)에 살이 많음을 말하는데

그렇게 될 경우

주색(酒色)으로 암득재(暗得財)[남모르게 몸을 팔아 돈을 버는 것]하며 극부(剋夫) 재혼(再婚) 가출(家出) 등의 결과(結果)를 가져온다.


※ 남격(濫格) 예시(例示) (가)

丁 庚 丙 庚
亥 申 戌 寅

일주(日主) 庚金은 일지(日支) 申에 전록(專祿)을 놓고
일지(日支) 신(申)은 월지(月支) 인수술(印綬戌)과 신술(申戌)로
반회금국(半會金局)하여 일주(日主) 신강(身强)하다.

부살성(夫殺星) 丙火가 寅戌로 반회화국(半會火局)하였고,
부관성(夫官星) 丁火가 시간(時干)에 나타나 관살(官殺)이
혼재(混在)한다.

亥 중 甲木   寅 중 甲木의 암장(暗藏)된 재(財)가
왕(旺)하고 亥 중 壬水 식신(食神)이 甲木 재(財)를 생하여
유재복(有在福)하고 미모(美貌)로 태어났으나
재살(財殺)에 눈이 어두워 남격(濫格) 사주(四柱)가 되었다.

※ 남격(濫格) 예시(例示) (나)

丁 己 甲 戊
卯 未 辰 子

己일생이 辰월에 출생(出生)하여 辰 중 乙木이
투간(透干)하고 卯未로 木국을 이루어 정편관성(正偏官星)이 많다

子水는 辰과 회국(會局)하여 재(財)가 왕(旺)하다.
己土가 甲木을 만나 청명수려(清明秀麗)하나
亥卯未일 子년의 도삽도화(倒插挑花)를 놓아
양부(良婦)가 되지 못한 사주이다.

※ 남격(濫格) 예시(例示) (다)

壬 癸 丁 己
戌 丑 丑 酉

이 사주(四柱)는 己土가 부성(夫星)으로 간두(干頭)에
나타나고 있는 바,
지지(地支)에 2丑1戌로 합삼부(合三夫)요

丑은 2양(陽)으로 火진기(進氣)하는데
월상(月上) 丁火는 시지(時支) 戌중 丁火에 근(根)을 하여
생조살(生助殺)하니

이는 분명(分明)히 부다(夫多) 재왕(財旺)되어
기생(妓生)으로 매관(賣官) 득재(得財)한 사주다.

※ 남격(濫格) 예시(例示) (라)

辛 丙 癸 甲
卯 子 酉 辰


이 사주(四柱)는 丙子일 로써 음양살(陰陽殺)을
범(犯)하여 부(夫)가 바람장이다.


丙일간은 癸水가 부관성(夫官星)이 되고
또다시 子辰으로 회국(會局)하여 부다(夫多)다.


그런 중에 丙辛으로 합(合)하고 子卯가 있어
간합지형(干合支刑)하니
황음(荒淫) 곤랑도화(滾浪挑花)되어
주색(酒色)으로 혼미(昏迷)하였고


酉 중 辛金이 왕(旺)한 곳에 癸水 관(官)이 좌(坐)하여
매관득재(賣官得財) 한 일기생(一妓生)의 팔자(八字)다

⑦창격(娼格)

창(娼)이란 창(娼)과 기(妓)를 말함인데 그 중에 창(娼)은
매음(賣淫) 즉 몸을 파는 것이며,
기(妓)란 락 즉 웃음을 파는 것을 의미(意味)하는 바,
창(娼)과 기(妓)를 합하여 창격(娼格)이라고 하며 화류계(花柳界)에
종사하는 여명(女命)을 말한다.

창격(娼格) 사주는 신(身)은 왕(旺)하나 관(官)은 절(絶)하였거나,
관(官)은 쇠(衰)하나 식상(食傷)이 왕(旺)하며,
사주(四柱) 중에 관(官)이 보이지 않으며, 관살(官殺) 혼잡(混雜)에
식상(食傷)이 왕(旺)하면 창격(娼格)이 되기 쉬우며,
그렇지 않을 경우 극부(剋夫)하며 또 비구니(比丘尼)나 비첩(婢妾)
또는 음분(淫奔)한 여명(女命)이 된다.<奔분주할분>

※창격(娼格) 예시(例示) (가)

---

**庚 戊 庚 壬**
**申 辰 戌 戌**

戊土일주는 乙木이 관성(官星)인데 戌월에
출생(出生)하여 乙木이 실시(失時) 무기(無氣)하고
시지(時支) 申에 절(絶)하고 있다.

시지(時支) 申은 일간(日干) 戊土의 식신(食神)인 庚金의 녹지(綠地)로
왕(旺)한데다가 괴강(魁罡)마저 신(申)을
돕고 있어 왕성(旺盛)하다.

그런 申 중에는 壬水 재(財)가 장생지(長生地)를 얻어
재(財) 역시 왕(旺)하다.

이 여명(女命)은 영리하고 수려하며 돈도 많았으나
창기(娼妓)의 이름은 면치 못하였다.

---

丙 甲 丙 乙
寅 子 戌 亥

일간(日干) 甲木은 관(官)이 庚金인 바

술중신금(戌中辛金)은 화고(火庫)에 있으며

시지(時支) 寅에 절(絶)하고

양丙火)에 화극(火剋) 당하므로 상부(傷夫)한다.


일간(日干) 甲木은 시지(時支) 寅에 녹근(祿根)하여

신(身)이 왕(旺)하고 식신(食神)도 왕(旺)하여 의식은 풍족하나

상부(傷夫)하고 풍상을 겪은 창격(娼格) 여명(女命)이다.


※ 창격(娼格) 예시(例示) (다)

庚 戊 庚 癸
申 辰 申 丑

일간(日干) 戊土는  乙木이 관성(官星)인 바,

월지(月支)와 시지(時支)에 있는 양申에 절(絶)하고

庚金이 식신(食神)인데 월시지(月時支)에 쌍으로 뿌리를 박고

있어 왕성(旺盛)하다.


식왕(食旺) 부절(夫絶)로 창녀(娼女)가 된 사주이다.

⑧음격(婬格)

음(淫)이란 일(泆)과 같은데 음탕함을 의미(意味)한다.

즉 음탕하고 방탕함을 뜻한다.

이 격(格)은 신주(身主)가 득지(得地)하고 관성(官星)이

명암교집(明暗交集)되어 있다. <泆넘칠일>


계선편(継善篇)에 이르기를 정우임이태과(丁遇壬而太過)

필범음화지란(必犯淫話之亂)이라 하였으며,

삼명통회(三命通會)에서는 명암교집어인무소불납(明暗交集於人無所不納)이라 했으니,


여명(女命)이 사주(四柱) 내(內)에 부성(夫星)이 명암교집(明暗交集)

되면 음격(婬格)이 되어 음탕하고 방탕하게 됨은 기정 사실이다.


※음격(婬格) 예시(例示) (가)

---

丙 癸 戊 辛

辰 亥 戌 未


일주(日主) 癸水는 일지(日支) 亥水 위에

자좌득지(自坐得地)하였고

戊土 관(官)이 투간(透干)하여 명관(明官)이 되었고,

辰戌未土는 지지(地支)에 있에 암관(暗官)이 되어


명암부집(明暗夫集)된 음일(淫泆)한 여명(女命)이다.

---

※음격(姪格) 예시(例示) (나)

甲 乙 戊 庚
申 酉 子 戌

일간(日干) 乙木은 庚金이 명부(明夫)요,
申酉金 과 戌 중 辛金은 암부(暗夫)인데

운로(運路)에 甲申  乙酉운의 申酉金까지
합세(合勢)하여 부성(夫星)이 교집(交集)되어
한층 심한 음탕(淫蕩)한 여명(女命)이 되었다


※음격(姪格) 예시(例示) (다)

壬 丁 甲 癸
寅 丑 子 亥

이 사주는 壬癸水가 관성(官星)인 바,
명암부집(明暗夫集)되어 음란무치(淫亂無恥)한 여명(女命)인 바,

계선편(継善篇)에서 말한 정우임이태과(丁遇壬而太過)
필범음화지란(必犯淫話之亂)격이다.

얼핏보면 종살격(從殺格)인 것 같지만
일간(日干) 丁火는 시지(時支) 寅木에 착근(着根)하여
종살격(從殺格)이 아니다.


234

※음격(婬格) 예시(例示) (라)

壬 丁 壬 丁
寅 亥 子 卯

丁일간이 월시간(月時干)의 양壬이 명관(明官)이며,
지지(地支)에 있는 亥子가 암관(暗官)으로
명암교집(明暗交集)되어 있어,
자녀(子女)를 많이 두고도 이혼한 후 재혼한 음탕한 여명이다.

※음격(婬格) 예시(例示) (마)

乙 己 甲 癸
亥 卯 子 亥

己土 일간(日干)이 甲木이 명관(明官)인데
甲木은 子의 욕지(浴地)인 패궁(敗宮)에 거(居)하였고,
일지(日支) 卯木 암부(暗夫)는 亥卯 합(合)하고,
시간(時干) 乙木까지 있어 명암교집(明暗交集)되었다

이 명(命)은 암부(暗夫)가 득세(得勢)하였는 바,
암부(暗夫)가 입방(入房)하면 명부(明夫)가 피방(避房)하는
음란격(淫亂格)이다.

235

⑨사주에 남편이 없거나 있어도 태왕하거나 미약 할 때의 남편구별법

| | |
|---|---|
| 1 | 若內官星太旺 無比劫 以印爲夫<br>(약내관성태왕 무비겁 이인위부)<br>만약 관성이 태왕하고 비겁이 없으면 인수가 남편이다. |
| 2 | 有比劫而無 印綬者 以傷食爲夫<br>(유비겁이무 인수자 이상식위부)<br>비겁이 있고 인성이 없으면 식상이 남편이다. |
| 3 | 官星太弱 有傷官 以財爲夫<br>(관성태약 유상관 이재위부)<br>관성이 태약하고 상관이 있으면 재성이 남편이다) |
| 4 | 無財星而比劫旺者 亦以傷食以夫<br>(무재성이비겁왕자 역이상식이부)<br>재성이 없고 비겁이 왕하면 역시 상식이 남편이다 |
| 5 | 滿盤比劫而無印 無官者 亦以傷食以夫<br>(만반비겁이무인 무관자 역이상식이부)<br>사주에 비겁이 가득하고 인수도 없고 관성도 없으면 역시 상식이 남편이다. |
| 6 | 滿局印綬而無官無傷者 以財爲夫<br>(만국인수이무관무상자 이재위부)<br>인수가 가득한데 관성도 상관도 없으면 재성이 남편이다. |
| 7 | 傷官旺 日主衰 以印爲夫<br>(상관왕 일주쇠 이인위부)<br>상관이 왕하고 일주가 쇠하면 인성이 남편이다. |
| 8 | 日主旺 食傷多 以財爲夫<br>(일주왕 식상다 이재위부)<br>일주가 왕하고 식상이 많으면 재성이 남편이다. |
| 9 | 官星輕 印綬重 亦以財爲夫<br>(관성경 인수중 역이재위부)<br>관성이 가볍고 인수가 중하면 역시 재성이 남편이다. |

# ⑩ 남편을 극하거나 남편을 속이는 경우

| | |
|---|---|
| 1 | 官星微 無財星 日主强 傷官重 必剋夫<br>(관성미 무재성 일주강 상관중 필극부)<br>관성이 미약하고 재성이 없고 일주가 강하고 상관이 중하면 반드시 남편을 극한다. |
| 2 | 官星微 無財星 比劫旺 必斯夫<br>(관성미 무재성 비겁왕 필사부)<br>관성이 미약하고 재성이 없고 비겁이 왕하면 반드시 남편을 속인다. |
| 3 | 官星微 無財星 日柱旺 印綬重 必斯夫 剋夫<br>(관성미 무재성 일주왕 인수중 필사부 극부)<br>관성이 미약하고 재성이 없고 일주가 왕하고 인수가 중하면 반드시 남편을 극하거나 속인다. |
| 4 | 官星弱 印綬多 無財星 必剋夫<br>(관성약 인수다 무재성 필극부)<br>관성이 약하고 인수가 많고 재성이 없으면 반드시 남편을 극한다. |
| 5 | 比劫旺而無官 印旺無財 必剋夫<br>(비겁왕이무관 인왕무재 필극부)<br>비겁이 왕하고 관이 없고 인수가 왕하고 재성이 없으면 반드시 남편을 극한다. |
| 6 | 官星旺 印綬輕 必剋夫<br>(관성왕 인수경 필극부)<br>관성이 왕성하고 인수가 경하면 반드시 남편을 극한다. |
| 7 | 比劫旺 無官星 有傷官 印綬重 必剋夫<br>(비겁왕 무관성 유상관 인수중 필극부)<br>비겁이왕하고 관성이 없고 상관이 있고 인수가 중하면 반드시 남편을 극한다. |
| 8 | 食神多 官星微 有印綬 遇財星 必剋夫<br>(식신다 관성미 유인수 우재성 필극부)<br>식신이 많고 관성이 미약하며 인수가 있고 재성이 있으면 반드시 남편을 극한다. |

## 3. 형상(形象) 및 성품(性品) <삼명통회 연해자평 사주감정비결집 아부태산전집참고>

木 火 土 金 水의 오행(五行)은

본래 하늘로부터 그 형상(形像)과 성품(性品)이 정해져

세상(世上)에 존재하고 있다.


일간(日干) 오행을 중심(中心)으로 년, 월, 일, 시에 있는 간지(干支)를 생극제화(生剋制化)와 왕(旺) 상(相) 휴(休) 수(囚) 사(死)를 통해 각 일간(日干)의 형상(形像)과 성품(性品)을 7가지로 나누어 설명한다.


주(註) : 간명(看命) 시(時)에는 월지(月支)를 먼저 보고

　　　　 일간(日干)도 함께 본다.

## 1) 木의 형상(形像)과 성품(性品)

木은 동방(東方)이요 형상(形像)은 곡직(曲直)이며 색(色)은
청(靑)하고 맛은 산(酸) 즉 신맛이며 키는 크다.

인(仁)을 주로 하고 타인(他人)에게 유익하고 자애가 깊고
인심(仁心)과 측은심(測隱心)을 가지는 게 특성(特性)이다.
그러나 일간(日干)을 중심으로 왕상휴수(旺相休囚)
태과불급(太過不及)에 따라 성품(性品)이 다음 7가지로 변(變)한다.

① 木이 중화(中和)되면

온후독실(溫厚篤實)하고 측은심(測隱心)이 깊고 선(善)을 좋아하고
악(惡)을 미워한다. 자세는 단정(端正)하고 수려(秀麗)하다.

② 木이 너무 많으면

성질(性質)이 집요(執拗)하고 편굴(偏屈)하며 질투심(嫉妬心)이 있고
인자(仁慈)하지 못하며 사리분별심이 약하고 좌절(挫折)할 일이 많다

③ 木이 부족하면

의지(意志)가 강(强)하지 못하고 성질이 유약(幼弱)하며 매사에
규율이 없고 마음이 바르지 못하고 인색하다.

④ 火가 많으면

신왕(身旺)하면 총명영리하며, 매사에 다른 사람보다 뛰어나고
옳고 그름을 분별하는 능력이 남다르다
신약(身弱)하면 총명한 것 같으나 능력(能力)이 적고 사치와 가식을
좋아하고 허영심(虛榮心)이 많다.

⑤土가 많으면

자부심(自負心)과 자신감(自信感)이 강하고 재(財)에 집착심이 많으며 자신(自身)에게 후(厚)하고 타인(他人)에게 인색하다.

사치가 적당하고 유순하며 독심술(讀心術)이 있다. 단 선(善)을 좋아하나 의심(疑心)이 많다.


⑥金이 많으면

은연중에 강단력(剛斷力)이 있으나 기거동작이 분명(分明)치 않으며 인심(仁心)은 있지만 실행력이 적고 매사에 좌절(挫折)하기 쉽고 매사에 초조감(焦燥感)이 있다.


⑦水가 많으면

말과 행동이 다르고 때에 따라 왜곡(歪曲)하는 결점(缺點)이 있다. 매사에 계획성(計劃性)이 적고 규율(規律)이 없으며 신심(身心)이 바르지 못하며 변심(變心)하기 쉽다.

## 2) 火의 형상(形像)과 성품(性品)

火는 남방(南方)이요 형상(形像)은 염상(炎上)이고 색(色)은
적(赤)이며 미(味)는 고(苦) 즉 쓴맛이다.

예(禮)를 주(主)로 하고 겸손(謙遜)한 마음이 있고 공경, 사랑, 예의,
위엄이 있고 성질(性質)은 순박(淳朴)하며 언어(言語)는 약간
급(急)한 편이다.
왕상(旺相) 태과(太過) 불급(不及)에 따라 성품이 다음 7가지로
변한다.

①火가 중화(中和)되면

매사에 명쾌(明快)하고 악의(惡意)가 없으며 성격은 조급(燥急)하다.
화려한 것을 좋아하고 이론(理論)보다 실행(實行)을 좋아하며
문장(文章)에 재능(才能)이 있다.

②火가 너무 많으면

성격은 폭조(爆燥)하고 매사에 지나쳐서 물건을 상하고
조령모개(朝令暮改)하며 후회(後悔)가 많다.
겉으로는 밝게 보이나 속은 어둡다. 화미(華美)한 것 같으나
검약(儉約)하고 때로는 허례(虛禮)에 흐르기 쉽다.

③火가 부족하면

성질은 기교(技巧)를 좋아하고 내심(內心)은 위사(僞詐)스럽다.
소재(小才)를 농(弄)하여 소사(小事)를 성하여도(작은 재주로
작은 일에 성공하여도) 대사(大事)는 결행(決行)하기 어렵다.
반성(反省)하는 힘은 있으나 망각(忘却)하기 쉽다.

④木이 많으면

　자신(自身)을 높게 평가하고 자아심(自我心)이 강하며

　총명(聰明)하나 뜻을 이루지 못한다.

　시비(是非)를 좋아하고 매사(每事)에 냉정(冷靜)히 일을 꾸미면

　성사(成事)할 수 있다.


⑤土가 많으면

　매사(每事)에 비밀성(秘密性)이 적고 언행일치(言行一致)한다.

　행동(行動)이 가벼운 경향(傾向)이 있으며,

　이해(利害)에 균형(均衡)을 잃기쉽다.


⑥金이 많으면

　강만(剛慢)하여 자부심(自負心)이 강하고 타인(他人)에게 무리한

　행동이 있어 비방(誹謗)을 받기 쉬운 성질이다.


⑦水가 많으면

　덕행(德行)을 하여도 균형(均衡)이 맞지 않고 기교(技巧)를

　농(弄)하나 졸열(拙劣)하고 계획이 심오해도 결과가 좋지 않다.

　신왕(身旺)하면 총명(聰明)하고 처세에 중용을 지키며,

　신약(身弱)하면 모든 일에 좌절(挫折)하여 뜻을 이루지 못한다.

## 3) 土의 형상(形像)과 성품(性品)

土는 중앙(中央)이요 형상(形像)은 가색(稼穡)이다.

색(色)은 황색(黃色)이며 미(味)는 감(甘) 즉 단맛이다.

마음은 성실돈후(誠實敦厚)하며, 언어(言語)를 조심(操心)하고

신용(信用)을 중(重)히 하고, 중용(中庸)을 존중(尊重)한다.

그러나 왕상(旺相) 태과(太過) 불급(不及)에 따라 성격(性格)이

변(變)한다

주(註) : 敦 두터울(돈)      穩 편안할(온)      厚 두터울(후)

　　　　稼 곡식심을(가)      穡 거둘(색)

### ①土가 중화(中和)되면

평소(平素)에 신용(信用)이 있고 약속(約束)을 잘 지키며 매사에

충실(忠實)하며 원만하고 신불(神佛) 즉 종교를 공경하고

믿음이 두껍다.

### ②土가 너무 많으면

모든 일에 집요(執拗)하여 반성(反省)을 못하므로 사물(事物)에

막힘이 있고 우둔(愚鈍)하다.

비밀(秘密)스러운 마음이 강하여 자기를 보호(保護)하는 것을 위주로

행동한다. 은(恩)과 해(害)를 함께 강행(强行)할 성격(性格)이다.

그러나 신(信)을 중(重)히 여긴다.

### ③土가 부족하면

모든 일에 이치(理致)가 맞지 않고 자기(自己)만 좋아하는

버릇이 있다.

내심(內心)에 소독(小毒)이 있고 사물(事物)에 인색(吝嗇)하다.

불신(不信)을 감행(敢行)하기 때문에 수치(羞恥)를 모르는 성질이다.

④木이 많으면

노력(勞力)을 많이 하나 성공(成功)이 적고 근본(根本)을 잃고
지엽(枝葉)에 흐른다. 정(情)에 약(弱)하고 남을 위하여
분노(奔勞)할 일이 많다.

주(註)  吝 아낄(인)        嗇 아낄(색)        羞 바칠(수)

        恥 부끄러울(치)    奔 분주할(분)


⑤火가 많으면

의(義)를 베푸나 친(親)함을 얻지 못하고 평생(平生) 혼미할
일이 많다.

사물(事物)을 결단(決斷)하지 못하고 사치(奢侈)와 검약(儉約) 중
중용(中庸)을 실(失)한다.

구두약속(口頭約束)은 실행(實行)이 수반(隨伴)되지 못한다.

약속을 어겨도 부끄러움을 모르고 자기를 보호(保護)하는데
급급할 뿐이다.


⑥金이 많으면

은혜(恩惠)를 베푸는 것을 좋아하고 믿음이 두터우며 의리(義理)를
중(重)하게 여긴다. 단, 교만심이 있다.

강강(剛强)하여 떠드는 편이고 자중심(自重心)이 적어 사람들의
공감(共感)을 얻기 힘든 타입이다.

주(註) : 奢 사치할(사)   侈 사치할(치)   庸 떳떳할(용)   剛 굳셀(강)

⑦水가 많으면

공명(功名)에 집착한다.

자중(自重)하여 행동하면 선행(善行)이 되나 그렇지 않으면 지혜가
결말이 없다.

악(惡)에 가담(加擔)하여 의(義)를 잃고 실패(失敗)하기 쉽다.

## 4) 金의 형상(形像)과 성품(性品)

金은 서방(西方)이요 형상(形像)은 종혁(從革)이며 색(色)은
백색(白色)이고 미(味)는 신(辛) 즉 매운 맛이, 성질(性質)은
강렬웅대(强烈雄大)하다.
의(義)를 주(主)로 하고 재(財)를 가볍게 여기며 악(惡)을
부끄러워한다
용감하고 굳세어서 중용(中庸)을 중(重)히 하고 염치(廉恥)를 안다.
질(質)은 음성(陰性)이나 내심(內心)은 명쾌(明快)하다.


① 金이 중화(中和)되면
명예를 중히하고 의리인정(義理人情)이 깊다.
인격(人格)과 권위(權威)가 있고 매사(每事)에 결단력(決斷力)이
있으며 명민(明敏)하다.


② 金이 너무 많으면
자기 용기(勇氣)를 자랑하며 매사를 무모하게 처리한다.
은(恩)과 의(義)에 대하여 지나치고 강(剛)한 것이 지나쳐 손해를
가져온다.
일에 임할 때 냉정하고 뒤끝이 깨끗하지 못하다.
음색(淫色)을 즐기고 살생(殺生)을 좋아한다.


③ 金이 부족하면
생각이 지나쳐 결단력(決斷力)이 없고 모든 계획은 좌절(挫折)한다.
의(義)를 숭상(崇尙)하나 실행(實行)하지 못한다.

④木이 많으면

항상 타산적(打算的)이고 금전(金錢)에 집착(執着)한다.

곡직(曲直)을 분별(分別)하고 이해득실(利害得失)을 분별(分別)하는

능력이 있다.

그러나 욕심(慾心)이 지나쳐 손해(損害)를 보고 덕행(德行)을 알고

있으나 실행하지 못하며 매사에 언행이 일치하지 못한다.


⑤火가 많으면

이해득실(利害得失)을 분별(分別)하는 능력이 있고 행동거지가

안정되지 못하며, 마음은 교만하고 인색하다.

매사에 인내심이 부족하고 좌절(挫折)하기 쉽다.

신왕(身旺)하면 중용을 지켜 깨끗하고 능히 대기(大器)를

이룩할 수 있다.


⑥土가 많으면

무계획하고 검약자비(儉約慈悲)를 말로만 하여 언행(言行)이

일치(一致)하지 못한다.

매사를 진행함에 남을 믿지 못하고 자기만 믿는 성질이 있다.

⑦水가 많으면

총명영리하나 스스로 총명을 믿고 자기 꾀에 넘어간다.

베푸는일을 좋아하면서도 은혜(恩惠)를입고 보은(報恩)할 줄 모른다.

일에 임(臨)하여 성패(成敗)가 많고 안정되지 못하고 불안하다.

## 5) 水의 형상(形像)과 성품(性品)

水는 북방(北方)이요 형상(形像)은 아래로 흐르는 윤하(潤下)이며 색(色)은 흑색(黑色)이고 미(味)는 짠맛이다.

지(智)를 주(主)로 하고 지혜(知慧)가 많고 모사(謀事)도 많으며 총명(聰明)하나 속임수도 있다. 그러나 왕상(旺相) 태과(太過) 불급(不及)에 따라 성격의 변화를 가져온다.

### ①水가 중화(中和)되면

생각이 고원(高遠)하고 도량(度量)이 크며 매사(每事)가 치밀(緻密)하고 견식(見識)은 뛰어나며 학문을 하면 학덕(學德)이 높다.

### ②水가 너무 많으면

시비(是非)가 있어도 망동(妄動)을 일삼고, 작은 꾀로 남을 속이고, 기분(氣分)이 불안정하여 변동이 많으며, 말이 가볍고 음탕(淫蕩)에 흐르기 쉽다.

### ③水가 부족하면

온후(溫厚)하나 반복(反覆)이 심하다.
담력(膽力)이 적고 계획이 없으며 성질이 애매하다.
고(故)로 지(智)와 식(識)이 막히어 활약하기 어려운 성격이다.

### ④木이 많으면

매사가 지나치고, 의지(意志)가 일정하지 않아 유약(柔弱)하며, 일에 임하여 느리고, 사치와 검소에 대해 균형을 잃으며, 타인(他人)에게 은혜를 베풀기도 하나 원수도 맺는다.

⑤火가 많으면

모든 것에 형식(形式)과 허례(虛禮)에 구애받기 쉽고

정신상태가 곧고 강하지 못하고 산만하다.

매사에 노력하나 노력한만큼 결실을 보지 못하며 매사를 섣불리

결정하여 후회한다.

중용(中庸)을 지키지 않으면 매사를 성취(成就)하기 어렵다.


⑥土가 많으면

속마음은 부드러우나 겉으로 둔하며 인내력은 있으나, 어리석음은

많고 신의(信義)의 마음은 있어도 지키지 못하며, 항상 매사가

느리고 막힘이 많다.

그러나 金기의 도움이 있으면 지체(止滯)가 없고 명랑한

정신의 소유자다.


⑦金이 많으면

총명하며 꿈이 크다. 그러나 음탕하다.

의(義)를 존중하고 받드나 결실을 맺지 못하며, 자기를 높이고

자아심(自我心)이 강하다.

# 4. 질병(疾病)

질병(疾病)은 모두 오행(五行)으로부터 기인(起因)한다.
오행(五行)이 하늘에 있으면 오기(五氣)가 되고,
땅에 있으면 오행(五行)이 되며,
사람의 몸에 있으면 오장(五臟)이 된다.

사람이 만물의 영장(靈長)인 것은 오행(五行)을 완비(完備)하였기
때문이며 사람의 몸을 소우주(小宇宙)라고도 한다.

오행(五行)이 화합(和合)하지 않고 불화(不和)하면 오장(五臟)도
불화(不和)한다.
오행(五行)은 곧 오장육부(五臟六腑) 구규(九竅)로 통한다.

오장(五臟)은
간장(肝臟), 심장(心臟), 비장(脾臟), 폐장(肺臟), 신장(腎臟)이요,
육부(六腑)는
소장(小腸), 위(胃), 대장(大腸), 담(膽), 방광(膀胱),
명문(明門)을 말한다.

건강(健康)은 오행(五行)의 화합(和合)에서 생기고,
질병(疾病)은 오행(五行)의 불화(不和)와 형상(刑傷)에서 생긴다.

오행(五行)이 불화(不和)하고 형상(刑傷)되면
풍(風) 열(熱) 습(濕) 조(燥) 한(寒)의 형태(形態)로
우리 몸에 나타나 질병(疾病)이 된다.

그러므로

오행(五行)의 왕상휴수(旺相休囚)와 생극제화(生剋制化)의

이치(理致)를 잘 살펴서

여러 가지 질병(疾病)의 표리(表裏)에 대해 상세하고 깊이 있게

연구해야 할 것이다.


안으로는 오장(五臟)과 육부(六腑)를 살피고,

밖으로는 사지(四肢)와 사지(四肢)에 속한 인체(人體)까지

상세하게 보아야 할 것이다.


오장(五臟)과 육부(六腑)를 줄여서 장부(臟腑) 라고 하는데

장부(臟腑)는 오행(五行)과 배합되어 음양(陰陽)에 속하게 되는데,


장(臟)은 음(陰)이 되어 乙 丁 己 辛 癸가 되고,

부(腑)는 양(陽)이 되어 甲 丙 戊 庚 壬이 된다.

## 1) 10간(干)의 장부(臟腑)

①인체(人體) 내부(內部)

甲은 담(膽)이고   乙은 간(肝)이며   丙은 소장(小腸)이고

丁은 심(心)이고   戊는 위(胃)이며   己는 비(脾)이고

庚은 대장(大腸)이고 辛은 폐(肺)이며   壬은

방광(膀胱)이고

癸는 신장(腎臟)과 삼초(三焦)이다.

壬은 중앙(中央)을 향(向)하여 포로(包路)에 기의(寄依)하면서

계향(癸鄕)으로 들어간다.

②인체(人體) 외부(外部)

甲은 두(頭)이고     乙은 정(頂)이며   丙은 견(肩)이고

丁은 심(心)이고     戊는 협(脅)이며   己는 복(腹)이고

庚은 제륜(臍輪)이고 辛은 고(股)이며     壬은 경(脛)이고

 癸는 족(足)이 되어 일신(一身)을 이룬다.

---

주(註)

三焦(삼초)통상 소화 배설기능을 말한다

| | | | |
|---|---|---|---|
| 膽(쓸개담) | 脾(지라비) | 膀(오줌통방) | 胱(오줌통광) |
| 腎(콩팥신) | 頂(이마정) | 脅(갈비협) | 臍(배꼽제) |
| 股(다리고) | 脛(정괭이경) | 焦(난장이초) | |

## 2) 십이지(十二支) 장부(臟腑)

### ①인체(人體) 내부(內部)

子는  방광(膀胱), 요도(尿道), 이(耳)이고,

丑은  위(胃)와 비(脾)가 되며,

寅은  담(膽), 발(髮), 맥(脈), 양수(兩手)이고,

卯는  십지(十指)이다.

辰은  피(皮), 견(肩), 위(胃) 류(類)가 되고

巳는  면(面), 인(咽), 항(肛), 하기이며,

午는  안목(眼目)과 정신(精神)이고,

未는  위(胃), 완(腕), 격(膈), 춘양(春梁)이다.

申은  대장(大腸)의 경락(經絡)이고,

酉는  폐(肺)의 정혈(精血)과 소장(小腸)이 가까이 있다.

戌은  명문(命門) 퇴족(腿足)이며

亥는  두(頭), 신(腎), 이다.

---

주(註)
咽(목구명인)    脈(핏줄맥)   肛(똥구멍항)   腿(정괭이퇴)
腕(팔완)       膈(명치격)   梁(들보양)

②인체(人體) 외부(外部)

子는 성기(性器)[음소(陰所)]이고,

丑은 각(脚)이며,

寅은 퇴(腿)이다.

卯는 협(脅)이고,

辰은 양박(兩膊)이며

巳는 견(肩)이다

午는 두(頭)이고

未는 견(肩)이며

申은 양박(兩膊)이다.

酉는 협(脅)이고

戌은 퇴(腿)이며

亥는 각(脚)이다.

---

주(註)
膊(어깨 박)  脚(다리 각)  양박(兩膊) 양어깨    견(肩)은 어깨

## 3) 팔괘(八卦)의 장부(臟腑)

①건(乾)<천(天)이고 戌亥>은  수(首)이며,

②태(兌)<택(澤)이고 酉>는   구(口)이고,

③이(離)<화(火)이고 午>는   목(目)이다.

④진(震)<뇌(雷)이고 卯>는   족(足)이고,

⑤손(巽)<풍(風)이고 巳>은   고(股)이며,

⑥감(坎)<수(水)이고 子>은   이(耳)이고,

⑦간(艮)<산(山)이고 丑寅>은 수(手)이고,

⑧곤(坤)<지(地)이고 未申>은 복(腹)이다.

## 4) 간지(干支)의 병소(病巢)

① 丙丁巳午의 火국(局)은 남이(南離)에 속하며 주(主)된
병(病)은 신체 상부위(上部位)에 있고

② 壬癸亥子의 水국(局)은 북감(北坎)에 속하며 주(主)된
병(病)은 신체 하부위(下部位)에 있고

③ 甲乙寅卯의 木국(局)은 동진(東震)에 속하며 주(主)된
병(病)은 신체 좌(左)에 있고

④ 庚辛申酉의 金국(局)은 서유(西酉)에 속하며 주(主)된
병(病)은 신체 우(右)에 있고

⑤ 戊己辰戌丑未는 곤간(坤艮)에 속하며 주(主)된
병(病)은 신체 중완(中脘)[위부(胃部)]에 있다.

## 5) 질병(疾病) 예시(例示)

```
乙 乙 甲 甲
未 丑 戌 辰
```

일반적으로 사주(四柱)에 진충(眞冲)을 보면 기운(氣運)이
흩어지니 그로 인(因)해 질병(疾病)이 있다.

위 명(命)은 진충(眞冲)이 있는 중(中)에   土木이
상극(相剋)하니 탄탄(癱瘓)의병이 있다

주(註) : 癱(중풍 탄)   瘓(중풍틀릴 탄)

6) 인간(人間)이 만물(萬物)의 영장(靈長)인 이유(理由)는
   오행(五行)을 두루 갖추었기 때문이다.


<다음을 참고하라>


子는 밤에 빛을 내고

丑은 어금이가 없고

寅은 목이 없고

卯는 脣(입술순)이 없고

辰은 耳(귀이)가 없으며

巳는 발이 없다

午는 서서 자고

未는 눈동자가 없고

申은 脾(지라비)가 없으며

酉는 腎(콩밭신)이 없고

戌은 胃(밥통위)가 없으며

亥는 절육(切肉)<근육>이 없다.

## 5. 부귀빈천(富貴貧賤)


사주가 맑고 깨끗하며, 격국 과 용신이 분명하고
재관인식이 강하면서 일주가 튼튼하면 선천적인 부귀격이다


그러나 선천적으로 타고난 부귀격도
후천운 에서 재관인식이 간합 지합하여 오행이 변하고
형충파해 공망 과 희기신의 영향으로
부귀격도 빈천격으로 변할 수 있고


그 반대로 빈천격도
일시적으로 부귀격으로 변할수 있으므로
후천운인 대세운을 잘살피면
부귀빈천의 변화를 알수있을것이다

1) 부명(富命)

何知其人富 財氣通門戶

하지기인부 재기통문호


적천수의 부명(富命) 해설이다


즉 그사람이 부자인지 알려면

재성이 월령을 통했는지 보라고  하였는바,

재성이 월령을 통하고 식상이 생재하며

신왕 하고 형충파해 공망이 없으면, 부자 사주라고 할수있다

## 가. 부명예시

| 丁 | 庚 | 丁 | 乙 |
|---|---|---|---|
| 丑 | 申 | 亥 | 卯 |

현대그룹 창업자인 우리나라 최고갑부 정주영씨의 사주이다

庚金일주가 일지에 전록을 놓고 시간 丁火의 생을 받은 丑土인
수가 일주를 생조하나 약간 신약하다

월지 亥水 식신은 년지 卯木 재와 亥卯로 삼합하고
乙木이 년간에 투출하여 강한 편재격이 되겠고
시지 축중 己土 가 용신이며,
월간 丁火가 조후용신이된 편재용인격 사주이다

월간 丁火 조후용신은 亥水 천을귀인 식상이 재와 합하고
재인 乙木은 丁火를 생하여 丁火의 밝음이
일주를 비추워 밝게 빛나고
또 丁火의 밝은 빛이 丑土 인수로 향하니
부(富)와 귀(貴)가 한몸에 가득했다

2) 귀명(貴命)

何知其人貴　官星有理會

하지기인귀　관성유리회


그사람의 귀함을 알려면 관성이 이치에 맞게 모여 있는지를
보아야 할것이다 라는 적천수의 설명이다


즉 관성이 이치에 맞게 모여 있는지를 알려면
신왕 관왕하고 인수가 있어, 식상이 관을 극하는것을 막으며
재성이 있고, 관인이 상생하면 귀명이된다


사주중에 재관인(財官印)이있고
형충파해 공망이 없으면
자신은 물론, 자손들도 번성하게 되는것이다
결론적으로 귀는 관에서 찾아야 한다는것이다


주(註)　: 관성(官星)을 귀라고 하는 사고(思考)가
　　　　　현대의 자유민주주의 사회에서 맞는 생각인지
　　　　　그리고 귀는 관성에만 있는것인지
　　　　　한번쯤 되새겨 보아야 할때가 되었다고 생각한다

| 己 | 辛 | 丙 | 甲 |
|---|---|---|---|
| 丑 | 酉 | 寅 | 午 |

辛金 일주가  일지에 전록(專祿)을 놓고

시주 己丑土 인수가 일주를 생하는데다가

시지 丑土도 일지 酉金 과 酉丑합金 하고


월지 寅木 재는, 년간에 甲木이 투출하여 강한데다가

년지 午火가 寅午로 합火 한중

월간에 丙火가 투출하여

신왕 관왕하고 관인이 상생하여 재생관 하였으며


재관인 삼귀를 다 갖추었고

또 재관인 삼귀 와 일주가

모두 녹지에 앉았으므로  귀명이 된 사주이다

## 3) 빈명(貧命)

빈(貧)은 가난할 빈자이고, 한사람이 가질 재물을

여럿이 나누니 가난 하다는 의미이며,

빈(貧)은 부(富)의 반대가 되는 말이기 때문에,

부자를 빼면 모두다 빈자가 되는 것이 오늘날 우리의 현실이다

그러나 요즘은 중산층이라는 용어가 생겨난걸 보면

부자, 중산층, 가난한사람으로

빈부의 개념이 3등급 되었다고 볼 수 있다

何知其人貧　財神反不眞

하지기인빈　재신반부진

어떻게 그 사람의 가난함을 알겠는가

재성의 참되지 않은 것을 보고 알수 있다고 적천수에서 말하고 있다

가  재성이 진(眞)이 아닌 9가지 유형이 있으니 다음과 같다


① 재성이 많고, 식상이 많은 경우

② 재성이 약하고, 식상이 좋은데, 인성이 강한 경우

③ 재성이 약하고, 비겁이 강한데, 재싱의 뿌리인 식상이 없는 경우

④ 재성이 많아서 비겁이 좋은데, 관성이 비겁을 극하는 경우

⑤ 인성이 좋은데, 재성이 인성을 재극인하는 경우

⑥ 인성을 싫어하는데, 재성이 관성을 재생관 하는 경우

⑦ 재성이 좋은데, 재성이 다른 육신과 합한 경우

⑧ 재성이 싫은데, 재성이 다른 육신 과 합하여 재로 화한 경우

⑨ 관살이 왕해서 인성이 좋은데, 재극인 하는 재성이 국을 이룬
   경우 등이 재성이 진(眞)이 아니 경우이다



나  가난에도 3등급의 가난이 있으니 다음 과 같다


① 재가 약하고 관도 약한데, 식상을 만나고 다시 인수를 보거나,
   인성이 좋은데 재성이 인성을 극할 때, 관성을 보는 경우에는
   가난 하지만 귀하다

② 관왕하고 신약한데, 재가 관을 생조할 때, 인성이 있는 경우에
   는 가난 하지만 깨끗하다

③ 재가 강하고 관도 강하고 신약하면, 가난하고 천하다 라고 했다

다  가난한 사주 예시

| 庚 | 丙 | 壬 | 庚 |
|---|---|---|---|
| 寅 | 寅 | 午 | 午 |

庚 己 戊 丁 丙 乙 甲 癸
寅 丑 子 亥 戌 酉 申 未

丙火일주가 午월에 출생하여
년지 午火 일시지 양 寅木의 생조를 받아 신 태강한데

재성인 년간 庚金은
월간 壬水에게 설기 당한데 다가
지지의 양 午火 에게 제극 당해 약하며
시간 庚金은 寅木 절지에 앉아 무력 하므로
군겁쟁재 된 사주이다

癸未 甲申 乙酉 운 간에는 의식이 풍족 했으나
丙戌 대운들어 가난이 심해지더니
丁亥 대운들어 寅亥 합 木하니
남아 있는 재산 마저 탕진한 경우이다

## 4) 천명(賤命)

何知其人賤　官星還不見

하지기인천　관성환불견

그 사람의 천함을 어찌 아는가 관성이 돌아가 보이지 않는다


"부귀한 가운데 에서도 천하지 않음이 없다고 못하고

빈천한 가운데 에서도 귀하지 않다고 못할 것이니

천(賤)을 가려 내기가 쉽지 않다"

라고 한 적천수징의 의 임철초 선생의 설명이다


즉 천(賤)을 관성으로 짐작 하지만 찾아 내기가 어렵다는 의미이니

사람의 귀 하고 천함을 관성 으로만 짐작한다는 것은

현대에 사는 우리들의 생각에는 무리가 있다고 본다

귀와 천은 정신적인 문제도 포함 되는데 관성에만 의존하여 찾는
다는 것은 문제가 있지 않을까


그러나 선인 들이 만든 천(賤)의 개념을 부정 하기에는

우리들 스스로가 부족하기 때문에

마땅한 대안이 없으면서 부정 하다는 것도 옳은 태도가 아니것같다

## 가. 천(賤)을 가리는 기준

① 사주내에 정관이 없거나 있어도 실령하고
   재성은 가볍고 관성이 많은 경우
② 관성은 가볍고 인성이 많은 경우
③ 재성은 많고 관성이 없는 경우
④ 관성은 많고 인성이 없는 경우 등이
적천수 에서 말한 <관성이 돌아가 보이지 않는다>에 해당된다

## 나. 천(賤)명 예시

| 壬 | 丙 | 庚 | 丙 |
|---|---|---|---|
| 辰 | 午 | 寅 | 辰 |

乙　甲　癸　壬　辛

未　午　巳　辰　卯

적천수징의 에 등재된 천명의 사주이다

丙火 일주가 寅월에 출생하여 신강 하므로

시간 壬水가 용신이다

월간 庚金 편재가 절지에 있어

어릴때 부터 가난 하게 살면서 부모를 일직 여의고

육체노동 으로 삶을 이어 가다가

두눈 마저 잃어 걸인 생활을 하였다고 한다

대운 마저 동남으로 흘러 그에게 인생의 기회는 오지 않았다

# 6. 장수(長壽)와 단명(短命)

장수 와 단명은 적천수 에서의 수(壽) 요(夭)와 같다

1) 수(壽): 수(壽)란 부부가 함께 장수 하는 것을 말하고
　　　　　혼자서 장수 한다는 것은 장수의 의미가 없다

　　何知其人壽　性定元氣厚
　　하지기인수　성정원기후

　　그 사람이 오래 사는 것을 알려면, 성품이 안정 되고 원기가
　　두터운가 를 살펴 보아야한다

　　즉 사주는 지지를 얻었고, 오행은 균형을 이루어서
　　합과 충에 의하여 기신은 물러 가고, 희신만 남으니,
　　결함이 없고, 넘치지도 않으면서, 모자라지 도 않으므로,
　　성품이 안정되고 원기가 후덕 하여 져서

　　재물을 탐 하지도 않고 명예를 추구 하지도 않으며
　　구차 스러운 일을 하지 않으니
　　사람이 너그럽고 화평 하면서도 어질어서
　　복이 많고 장수하는 명이 된다고 하였다

2) 요(夭)

　　요(夭)란　단명하는 것을 말하고 젊은 나이에

　　　　가족보다 먼저 세상을 떠나는 것을 말한다


何知其人夭　氣濁神枯了

하지기인요　기탁신고료


어떻게 그 사람의 단명을 아는가　기는 탁하고 정신은 메말랐다


가　기탁신고(氣濁神枯)에 대해서 다음 과 같이 나누워 설명한다

　　① 기탁(氣濁) : 기탁이란 기가 탁하다는 뜻인데

　　　　일주가 약하고 월령을 얻지 못했으며,

　　　　용신은 약하고, 기신은 강하며

　　　　월지 와 시지는 돌보지 않고, 연지와 일지도 불화하며

　　　　충을 바라는데 충하지 않고, 합을 꺼리는데 합을 하고

　　　　대운도 기신과 유정하고, 용희신과 무정하면 기탁이 된다

　　　　기탁은 단명하지만 자식은 있다

② 신고(神枯) : 신고란 정신이 메말랐다 는 뜻인데

신약하고, 인수가 너무 왕하거나

신왕하고, 극설이 없는 경우거나

신약하여 인성이 필요한데, 재가인을 파하는 경우 이거나

신약한데 인성은 없고, 식상만 중첩되어 있거나

金은 차갑고 물은 냉한 속에 土가 습하거나

火는 왕하여 土는 갈라 터지는데, 나무는 바짝 말라 있는 경우
에는 신고가 된다

신고가 되면 자식도 없고 단명한다


③ 기탁(氣濁)은 단명에 자식이 있고

신고(神枯)는 단명하고 자식도 없다

| 丙 | 甲 | 癸 | 辛 |
|---|---|---|---|
| 寅 | 子 | 巳 | 丑 |

일간 甲木은 시지 寅木에 녹을 두었고

시간 丙火는 월지 巳火에 녹을 두었으며

월간 癸水는 일지 子水에 녹을 두었고

년간 辛金은 앉은 자리 丑土의 생을 받고 있어

상하 유정하고 통근하고 있으며


일간은 인수의 생을 받고, 식신은 일간의 생을 받고

재성은 식신의 생을 받고, 관성은 재성의 생을 받으니

인생아, 아생식, 식생재, 재생관, 관생인으로 육신이 상생하고


또 월지 巳火에서, 火生土 土생金 金생水 水생木 木生火하니

오행의 유통도 순조롭고 막힘이 없으니

이사주의 주인공은

성정이 안정되고 원기가 두터워서

인품이 강유를 겸비하고, 인덕 과 자질을 갖추워

높은 벼슬 과 많은 재산에, 많은 자식을 두었으며

100세가 넘도록 장수하였다고 적천수징의 에서 설명하고 있다

## 나. 요명(夭命)예시

```
癸 癸 辛 辛
丑 酉 丑 丑
```

金은 차갑고 水는 냉한속에,

土는 얼고, 습하여 신고(神枯)가 되므로

자식도 없이 단명 했다고 적천수징의에 등재된 사주이다


그러나

우리는 이사주를 보고 왜 단명 사주 인가를 연구해야 할것이다

金水 쌍청하고,

3 丑土가 酉金 과 합하여 생水 할 수 있어, 귀격이 되는데

심하게 얼어 있는게 흠이지만,

요사(夭死)했다니............ 사주 외적인 요소가 아닐가

그렇지 않으면 火운이 오기전에 생을 마쳤는가 보다

아뭏튼 연구의 대상이다

# 7. 행운간명법(行運看命法)

대세운을 일명 행운 이라고도 한다

행운(行運)이란, 돌다 순환하다는 의미이며

행운(行運)은 대운(大運) 세운(歲運) 월운(月運) 일운(日運)

소운(小運) 등으로 구별할 수 있다


사람의 출생일시는 사주팔자가 되고


대운은 사주팔자의 월주(月柱)에서 시작되는 간지로써

10년마다 바뀌고, 30년마다 동남서운으로 순환하면서

사람의 운명을 변화시키며,


세운은 그해의 간지로써, 그해의 길흉을 나타내고

월운은 그달, 일운은 그날

소운은 대운이 시작되기전의 유소아기의 운을 나타낸다


즉 사주팔자는 선천적 숙명이고

대세운, 월운, 일운, 소운은 후천적인 운명을 말한다

선천적인 숙명인 사주팔자는 매우 중요 하고도 중요하다

그러나 대운의 중요성에는 못미친다고 볼수있다


자동차를 사주팔자에 비교 한다면

아무리 좋은 고급차 라도, 험하고 나쁜길은 달릴수 없는반면

좋지않은 중고차 라도, 도로만 좋으면

그런로 달릴수 있듯이

대운의 중요성은 선천적인 사주팔자 보다 더 중요 할수 있다는것을
인식해야 할것이다

사람팔자 알수 없다는 말이

대운의 중요성 때문에 생겨난 말인것 같기도하다


인간의 빈부귀천은 선천적 숙명인 사주팔자에 의해 결정된다

그러나 아무리 좋은 부귀격 사주 라도

후천적 운명인 대세운이 좋지 않으면

좋은 부귀격 사주가 나빠지며,

또 그와 반대로

좋지 않은 빈천격 이라도, 대세운이 좋으면

일시적으로 부귀격으로 변한다

사람의 운명은 복잡하다

이 복잡 다단함을 미리 우리에게 알려주는 것이 대세운이다

선천적인 숙명인 사주팔자에 대한 간명법(看命法)의 중요함은
말할 필요가 없지만
후천적인 운명인 대세운의 간운법(看運法) 과함께 감정하지 않으면
즉 숙명 과 운명을 함께 감정하지 않으면
진실 하고 참된 사주감정은 할수없다

사주팔자는 격국이 구성되면, 부귀 와 길흉이 정해지는 것이고
대세운은 이미 정해진 운명이
대운 간지 2자가 포함되여, 5주10자 가되여
변화를 통해 길흉을 나타내는것이다

대운의 1운은 10년의 길흉을 관장하고
세운은 1년의 길흉을 관장하며
사주팔자는 평생의 길흉을 관장하지만
대운 과 세운 그리고 사주팔자를 결합 대조하여야
올바른 사주 감정을 할수 있는것이다

그리고 사주팔자의 격국을 대세운 과 대조하여
용(用) 희(喜) 기(忌) 구(仇) 한(閑)의 5신을 찾아내고
대운 간지로 격국의 변화 즉
성격(成格) 과 파격(破格) 그리고 변격(變格)의 유무를 살펴야한다

1) 대운 구성 원칙 및 주의사항


① <양남음녀는 순행하고 음남양녀는 역행한다>는 대운법에 따라
사주팔자 중 월주를 기준하여


② 대운이 순행운 과 역행운이 정해지면
건명(乾命)인 남자는, 되도록이면 8대운까지
곤명(坤命)인 여자는, 되도록이면 9대운까지 표출한다


③ 표출된 대운표의 대운지지에 의거
寅卯辰 동방 木운   巳午未 남방 火운   申酉戌 서방 金운
亥子丑 북방 水운  중 어느운에 일간이 있는가를 확인한다


④ 사주팔자의 격국을 확인한 다음
격국과 대운을 대조하여 길운 흉운 평운을 찾는다


⑤ 대운은 천간보다 지지를 중요시하고
세운은 지지보다 천간을 중요시하며
천간이나 지지의 강약은 개두절각법에 의하여
그 변화를 살핀다

2) 개두절각법(蓋頭截脚法)


대운은 지지를 중요시 하는데
대운의 지지가 일간 과 용 희신을 도와 주는것은 길운이 되는데
길운 과 흉운은 간지의 작용인바
간지의 강약을 보기 위해서는 개두절각법을 확인 해야 된다


개두절각이란
개두 와 절각의 붙임 말인바


개두(蓋頭)란 천간에서 지지를 극하는 것인데
예를들면
庚寅 辛卯처럼 금극木 하는 경우이고


절각(截脚)이란 개두 와 반대로 지지에서 천간을 극하는 것인데
예를들면 庚午 辛巳처럼 火극金 하는 경우이다


주(註) : 개(蓋)덮을개 두(頭)머리두
      절(截)끊을절 각(脚)다리각

가령 木운을 좋아하는 사주에서

庚寅 辛卯의 개두운은 흉운이다

왜냐하면

천간에서 지지를 金극木 하기 때문이다


그러나 金은 木에 절(絶)이 되기 때문에, 흉이지만, 흉이 반감된다


만약 사주중에 丙丁의 火가 있을 경우에는

火가 金을 극제하여 반감된 흉이 없어지고

木의 기운이 되살아 나서

木운이 좋아 지므로 길운이 된다


그러므로

흉운 이지만 흉으로 보지 않고 길운으로 보는 것은

개두절각의 작용 때문인바

이런 것이 통변의 깊이 임을 알아야 할 것이다

또 木운을 좋아하는 사주에서

甲申 乙酉 의 절각운 은 흉운이다


木은 金에 극제 당하고 절(絶)이 되기 때문이며

세운에서 庚申의 金이오면 흉운이 심하여 져서

흉재가 발생한다


그러나 사주에 水가 있거나

세운에서 壬癸의 水가오면

金은 설기되고

水는 木을 생하여 흉운을 면할 수 있고

도리어 길운이 되는 것이다


흉운 이지만 흉운으로 보지 않고

길운으로 보는 것은

개두절각의 작용 때문이다

이런 것 역시 통변의 묘미 임을 알아야 할 것이다

3). 간합(干合) 지합(支合)운은 길운이다.


천간이 합하고 지지가 합하는 것은
천지덕합 이라고 좋아한다


예를 들면 甲辰년과 己酉일 같은 경우이다.
남녀가 합하고 천지가 합 하므로 하늘과 땅이
화합 하고 부부가 화합 하므로 천지안태 의 길상이 된다.


그러나
간합지합운 이 좋다는 것은 사주의 희신일 경우이고
기신일 경우에는 그렇지 않다.

4) 세운병림(歲運併臨)


세운병림 이란 일주 와 같은 세운을 말한다
예를 들면 일주가 甲子 일때 甲子년을 말한다


세운이 병림하면 좋지 않다고 한다
예를 들어 사주가 편재격이고 사주내에 겁재 양인이 있을 경우
세운에서 겁재 양인이 들어오면 병림운이 좋지않다
군겁쟁재가 되기 때문이다


그러나
사주가 편재격이고 사주내에 재(財)가많아
신약할 경우에는
세운에서 겁재 양인이 들어오면
병림운은 발복한다
득비이재가 되기 때문이다

5) 대운은 지지를 중요시한다


대운이 지지를 중요시 한다는것은

출생한 달이 춘(春) 하(夏) 추(秋) 동(冬) 사계절

즉 春은 東이고 寅卯辰이며 夏는 南이고 巳午未이며

秋는 西 이고 申酉戌이며 冬은 北이고 亥子丑이 되는데

그 계절 중 속하는 달에 태어났기 때문이고

대운은 출생한 달의 연장이기 때문이다


그리고

대운 지지의 12운 강약은 일간 과 인종하되

간명의 보조적인 역할 임을 알아야 할것이다


대운은 지지를 중요시 하고

세운은 천간을 중요시 한다고 해서

대운의 천간이나 세운의 지지를 소홀이 해서는

대세운의 간명과 간운에

큰 오류를 범할수 있으므로 주의해야 할 것이다

6) 대운의 지지는 지장간을 사용치 않는다

是天干支動 只能攻 得天干之動 不能攻 地支之靜也
시천간지동 지능공 득천간지동 불능공  지지지정야


 본래 천간은 움직이고 지지는 움직이지 않는다


 양은 양을 공격하고 음은 음을 공격하기 때문에
 음양 간의 싸움은 잘 일어나지 않는다


 또 땅속에 묻혀있는 지장간을 공격 하지 않는다고 한다
 땅속 어디쯤에 무엇이 묻혔는 지를 모르고
 보이지 않으며 조용하기 때문에
 땅의 특성을 보아
 대운지지 의 지장간을 통변에 사용하지 않는 것이 일반적이다

7) 합 충 형 파 해

① 합 : 합한다는 것은 좋은 것이지만

합하는 것이 희신이 되는지 기신이 되는지를 살펴야한다

희신이 되는 경우는 길운이 되고

기신이 되는 경우에는 흉운이 된다

대운 과 세운이 동일 오행에 해당하는 경우에

희신이 될 때는 길사가 겹칠 것이고

기신이 되는 경우에는 흉사가 겹칠 것이다

② 충 : 충은 파괴 와 변화의 신이다

대운과 사주를 내(內)로하고 세운을 외(外)로 한다

가령 대운 과 사주를 卯로 하고

세운을 酉로 하면  내(內)충이 되고

대운 과 사주가 酉가 되고

세운이 卯이면 외(外)충이 된다

내(內)충은 충의 원인이 내(內)에 있고

외(外)충은 충의 원인이 다른 곳에 있지만

꼭 같이 재해가 발생하므로 상충(相沖)이 된다

또 대운 과 사주가 세운 과 충을 하드래도

대운 과 사주의 충되는 오행을 상생 하는 지지가 있거나

천간이 통관이 되는 오행이 있으면 흉은 발생 하지 않으며

흉일지 라도 경미하다

그리고 천간 과 지지가 함께 충할 때

즉 천충 지충할 때는 반드시 흉이 발생하므로

그 세운에는 특히 조심하고 주의 해야 할 것이며


칠살을 충 과 같다고는 할 수 없지만 비슷 하므로

잘 살펴야 할 것이다


③ 형 파 해

　　형파해의 경우에는 ①항의 원리를 준용하며

　　희기신을 가려 길흉을 참작해야 할 것이다


④신살

　　각종 신살은 그 본래의 작용이 희기신이 되는가를 살피고

　　길흉을 생극제화 하는 오행의 유무에 따라

　　길흉의 경중을 판단한다

8) 사(死)의 응기(應期)

　　사의 응기란 죽음의 시기를 말한다. 즉 하늘의 부름에 순응하는

때를 말한다 아래의 사의응기는<아부태산전집제7권 사주추명학

행운간법>에 등재된 내용이므로 소개한다

그러나 실제 감정에는 사용해 보지 않았다

죽음의 시기를 알아 낸다는 것은  천기를 누설하는 일이고

또 마음이 고개를 흔들었기 때문이다

　　　　　子대운에는　　　辰 子 癸

　　　　　丑대운에는　　　辰 子 癸 丙 巳

　　　　　寅대운에는　　　丙 申 寅 巳

　　　　　卯대운에는　　　乙 卯　辰

　　　　　辰대운에는　　　乙 卯 戊 丙 寅

　　　　　巳대운에는　　　戊 丙 寅

　　　　　午대운에는　　　午 戊 丑 未

　　　　　未대운에는　　　午 戊 丑 未 寅 亥

　　　　　申대운에는　　　庚 亥

　　　　　酉대운에는　　　辛 丑

　　　　　戌대운에는　　　辛 丑 壬 申

　　　　　亥대운에는　　　壬 申

대운 辰戌丑未에는 전운(前運)의 응기를 취하고 나머지 대운은

후운(後運)의 응기를 취하는 것이다

응기의 활용은 가령 亥대운에 사기가 들어와 있을 때에는 壬申이 응기

다 따라서 壬년이나 申년 혹은 壬월이나 申월이 사의 응기가 된다

# 제7장 명리용어(命理用語)

명리용어는 100여개가 넘지만, 별로 중요하지 않다고 생각되는 것을 제외하고 명리서에 많이 등재되고 또 꼭 알아야만 될 것을 골라 51개 정도만 소개한다

사주명리 용어 51개 정도만 숙지해도 명리용어에 정통함은 물론 사주명리 실력이 한단계 올라가고 안목이 깊고 넓어질 것이다

## 1. 가살위권(假殺爲權)

가살위권 이란 무엇인가.

가살위권 이란 칠살이 변하여 정관이 된다는 의미이다.

살이 사주에 있으면(신약의 경우) 질병으로 고생하거나

가난하게 되는데 가살위권이 되면 살이 도리여

정관으로 변하여 귀하게 된다는 것이다.

가살위권이 되려면 다음 세가지 요건을 구비해야 된다.

① 일주신강으로 살과 일주가 힘이 같을 경우

② 살이 양인과 합살하는 경우

③ 살이 인수를 생하고 인수가 일주를 생하는 경우

④가살위권의 예

| 丙 | 壬 | 戊 | 丁 |
|---|---|---|---|
| 午 | 戌 | 申 | 丑 |

| 壬 | 癸 | 甲 | 乙 | 丙 | 丁 |
|---|---|---|---|---|---|
| 寅 | 卯 | 辰 | 巳 | 午 | 未 |

壬水 일주가 申월에 출생하여 추수통원(秋水通源)
된데다 가 년지 丑土 일지 戌土가 申金을 돕고있어 신강하다.
칠살인 戊戌土는 년지 丑土의 도움을 받아 강한 데다가
시지 丙午火와 년간 丁火가 살을 도우고 있는중
일시지 午戌도 합하여 살을 도우고 있어 막강하다.

그런중에 午戌합 火와 丙午丁火가 申金을 극하므로
火가 병이 되기도 한다.
辰土운에 이르러 칠살에 비해
약한 일주의 용신인 申金을 도우고 壬癸운에 제병(除病)하여
가살위권이 되었다.

## 2. 갑목맹아(甲木萌芽)

갑목맹아 란 무엇을 말하는가

갑목맹아 란 갑목의 싹을 말하는데 亥중에 있는 甲木의 기가

튼튼하게 자리 잡고 있다는 의미이다.

亥중에는 戊甲壬이 장간에 존재하고 있는데

戊土의 기는 약하고 壬水의 기는 본기이나 甲木의 자양분이

되기 때문에 亥중에 있는 甲木의 기가 강하므로

갑목맹아 라고 한다. 특히 월지가 亥水인 사주는

바로 갑목맹아 인바 잘 살펴야 함은 물론이다.


①갑목맹아의 예

| 庚 癸 乙 己 |
| 申 巳 亥 丑 |

戊　己　庚　辛　壬　癸　甲

辰　巳　午　未　申　酉　戌

癸水 일주가 亥월에 출생하고 乙木이 월간에 투출하여

갑목맹아 이다. 사주 전체를 볼때 신강하나

월지 사령 甲木 원신인 木이 투출하여 木의 힘이 강하여

일주를 설기 하므로 신강이 변하여 신약이 되었다.

시주 庚申金이 용신인바 金운에 발복한 사주이다.


주(註) : 萌 풀싹맹　芽 싹아

# 3. 개두절각(蓋頭截脚)

개두절각 이란 개두 와 절각의 붙임 말로써

개두는 천간이 지지를 극하고

절각은 지지가 천간을 극하는 것을 말한다


　가　개두(蓋頭) : 천간에서 지지를 극하는것

　　　예 ;　庚寅 辛卯 壬午 癸巳


　나　절각(截脚) : 지지에서 천간을 극하는것

　　　예 :　甲申 丙子 庚午 壬戌


　다　대세운에서 개두절각 되면 용(用) 희(喜) 기(忌)에 따라
　　　길흉이 다르게 나타난다.


　주(註): 蓋덮을개　頭머리두

　　　　　截끊을절　脚다리각

# 4. 거관유살(去官留殺)

거관유살 이란 어떤것을 말하는가
즉 정관은 물러 가고 편관 칠살만 남아 있다는 말이다.


사주에 관살이 혼잡 되면 좋지 않은데
신강 하면 관살이 혼잡 되어도 흉이 적지만
신약 하면 관살이 혼잡 되면 흉이 많고 좋지않다.


그리고 거살유관(去殺留官)이란,
편관 칠살은 물러가고
사주중에 정관이 남아 있다는 뜻이다


사주중에 정관이 남아 있거나 편관 칠살이 남아 있거나
어느것이 좋고 어느것이 나쁘다고 단정 지어 말할수 없다.
그것은 사주상황에 따라 종합적으로 판단 해야하기 때문이다.

①거관유살(去官留殺)예시

```
壬 丙 戊 癸
辰 午 午 丑
```

```
辛 壬 癸 甲 乙 丙 丁
亥 子 丑 寅 卯 辰 巳
```

위 丙午 일주는 癸水가 정관이고, 壬水가 편관 칠살 인바
년간 癸水는 월간 戊土와 戊癸합 火하여 정관이 물러가고
시간 壬水가 辰중 癸水에 통근하여 강하다.


일주의기가
戊土기에 설기 되어 있는중
寅卯辰 木운에 土를 제하고
亥子丑 水운에 용신인 壬水를 도우므로 귀하게 되었다.


위와 같이 살도 귀하게 되는 것이 거관유살이다.

## 5. 거류서배(去留舒配)

거류서배 란 어떤것인가

거류서배 란 갈것은 가고 남을 것은 남고

짝 지울것은 짝을 지어 관살 혼잡이 잘 정리된 사주를 말한다.


거류서배는 관살 혼잡이 3개가 된 경우를 말 하는바

즉 합하고 충하고 머물러 있는 상태를 일컫는다.


사주가 관살 혼잡 되면 고생과 고통이 많으며

이혼 재혼 직장 이동 등 파란 만장한 인생을 살게 되지만

거류서배가 잘되면 부귀한 사주가 되는 것이다.


주(註):舒펼서    配짝배

① 예시

```
丁 辛 壬 丁
酉 巳 子 亥
```

```
乙 丙 丁 戊 己 庚 辛
巳 午 未 申 酉 戌 亥
```

위 사주는 년간 丁火 일지 巳火 시간 丁火로
관살이 3중으로 혼잡 되어 좋지 않은 명조이나

년간 丁火는 월간 壬水와 丁壬합 하였고
일지 巳火는 강한 水인 亥水와 충하여 巳火의 힘을 잃었으며

시간 丁火만이 남아 시상일위귀격이 되어
거류서배가 잘된 사주이다.

시간 丁火는 子월의 火가되어 약한중 亥子의 水가 너무 강해
병이 되던중 대운 戊己土운에 水를 제하고 丁丙운에 발복 하였다.

# 6. 군겁쟁재(群劫爭財)

군겁쟁재 는 무엇을 말하는가

다수의 비견 겁재가 하나의 재(財)를 놓고 다투는 것을 말한다.

군비쟁재도 군겁쟁재와 같은 뜻을 갖고있다.

사주에서 군겁쟁재가 되면

부부간에 불화하고 재산 낭비가 심하며 부친 과 사이가 좋지 않으며

사업상 동업이나 금전업은 실패한다.


①군겁쟁재 예시

| 丁 丙 甲 丙 |
| 酉 戌 午 午 |

위 사주는 비견 겁재가 넷이 뚜렷한 데다가

일지 戌土는 월지 午火와 합火 하여 겁재를 하나 더하고

월간 甲木은 木생火 하여 비견 비겁을 도우니

하나 더 있는 셈이다.

酉金 정재 하나에 비견 비겁인 군(群) 火가 여섯이니

군겁쟁재가 틀림 없다. 이 명조의 용신은 戌중 戊土이나

조(燥)土가 되어 생금 할수 있을가 염려된다.

위와 같은 사주는 낭비를 없애는게 급선무이다.

# 7. 길신태로(吉神太露)

길신이 천간에 있으면 풀잎에 이슬과 같이
남의 눈에 쉽게 보인 다는 의미이나
여기서는 재를 말하는 것으로 재가 남의 눈에 보이면
손탈 염려가 있으니 집안에 숨겨 두어야 한다는 뜻이다.

```
丙 庚 乙 辛
子 申 未 未
```

신강 하여 재관이 용신 인데 관인 丙火는 申子水에
극을 당해 불용(不用)이고 재인 乙木을 용 하는데
乙木은 양 未중 乙木에 통근 하여 강하므로
재가 용신이다. 이 일주는 재가 주도하는
업에 종사 하면 성공 할수 있을것이다.
그러나 년간 신금 겁재도 강하여 재를 노리므로
이런 사주는 친구와 금전 거래를 조심하고
처와 애인 관리를 잘 해야 빼앗기지 않을 것이다.
길신태로 사주이기 때문이다.

주(註) : 露이슬로

# 8. 급신이지(及身而止)

급신이지 란 무엇을 뜻하는가

급신이지 란 사주 에서 오행의 기가 내몸 즉 일주에 이르러

멈추워 졌다는 것을 의미한다.

사주의 기가 木생火 火생土  土생金 金생水 水생木하면

순환상생(循環相生) 또는  생생불사(生生不已) 오행불사(五行不已)

또는 원원유장(源遠流長)이라고  하여

조상 으로 부터 나 그리고 자손에 이르기 까지 번영 하는것을

말하고 급신이지 같이 오행의 기가 내몸 일주에 이르러

정지 되는 것은 바람직한 현상이 아니라고 생각한다.


①급신이지  예시

```
乙 己 壬 乙
丑 丑 午 巳
```

위 己土일주의 기는 壬水에서 시작하여 水생木하고

木생火 火생土하여 흘러 왔으나 金기가 丑중에

암장 되어 있고 천간에도 金기가 없어

급신이지가 되었다.

이 사주는 대세운에서 金기가 오거나 未운이되면

金기가 나타날 것이나 그 기회를 잘 잡아야 할것이다.

# 9. 기반(羈絆)

```
戊 戊 庚 乙
午 寅 辰 未
```

戊土 일주가 辰월에 득령하여

지지에 火국을 놓아 신강 하여 연간 乙木을 용신으로 삼는데

연간 乙木은 辰중 乙木 未중 乙木에 착근하여

강 하므로 용신으로 좋지만


그만 월간 庚金과 乙庚으로 간합하여

기반되여 좋지않은 사주가 되었다.

즉 기반이란 용신이 용신노릇을

못하게 되는 경우를 말한다.


주(註) : 羈말굴레기　絆말맬반

# 10. 득비이재(得比理財)

득비이재 란 어떤경우인가

득비이재 란 비견 겁재의 도움으로 재를 취득 하는것을 말한다.

사주에 재가 많고 신약 할 경우 에는

대세운에서 비견 겁재가 들어오면 재를 취득 하게 되며

동업이나 협력 사업을 하면 발전할 수 있다.


① 득비이재 예시

```
丙 癸 甲 丙
辰 亥 午 午
```


```
72 62 52 42 32 22 12 2
壬 辛 庚 己 戊 丁 丙 乙
寅 丑 子 亥 戌 酉 申 未
```


위 사주는 癸水 일주가 일지 亥水 왕지에 앉아서

시지 辰중 癸水에 통근 하였으나, 甲木의 생을 받은 4火의 재가

더 강하므로 재다신약(財多身弱)한 사주가 되었다.

대운이 북쪽으로 흐르는 47세부터 76세까지

30년간 득비이재의 호운이 계속되어 부자가 될것이다.

# 11. 대목지토(帶木之土)

대목지토 란 무엇을 말하는가
대목지토 란 土가 木을 대동 하고 있다는 뜻이다.


土가 木을 대동 하고 있다는것은
土중에서 未土와 辰土를 일컫는바


未土와 辰土가 단독으로 있을 때가 아니고
甲乙木이나 寅卯木과 함께 사주중에 있는것을 말하는바


未중 乙木 辰중 乙木이 甲乙木이나 寅卯木에
도움을주고 未土 辰土는 약해 졌다는 의미이다.


즉 未土 辰土중에 암장된 木이 사주중의 다른 木을 도우고
土 스스로는 木에게 극제 당해 약해져 있는 것을 말한다.

① 대목지토예시

```
丁 庚 甲 戊
丑 辰 寅 寅
```

```
辛 庚 己 戊 丁 丙 乙
酉 申 未 午 巳 辰 卯
```

庚金 일주가 寅월에 출생하여
년간 戊土 일시지 辰丑土의 생을 받았으나 신약하다.

월지 寅중 甲木이 투간하고 년지 寅木이 있어 재가 강하다.
일지 辰土는 진중 乙木이 강한 木을 도우고 있어
대목지토가 된다.

그런중에 일간 庚金을 생하고 있어 무척 약하다.
다행히 시간 丁火 시지 丑土가 생조 하고 있어 용신까지 겸하였다.

일주 庚金은 초년 乙卯 대운을 제외한 4개의 대운 40년간
재를 쌓아 큰 부자가 되었을 것이다.

# 12. 등라계갑(藤蘿繫甲)

등라계갑 이란 도대체 무엇을 말하는가

등라계갑 이란 등나무 넝쿨 乙이  큰나무 甲에 의지하여 살고 있다는 뜻이다.

등나무란 乙木을 말하는바,

궁통보감에 의하면

"9월 乙木이 甲申시를 만나면 마른 나무가 물을 바라는바

申金중에 壬水는 인수요, 庚金은 정관이라

관인 상생 되여 귀격 이되지만 乙木 에게는 없고

,甲申시에 있으므로 등라계갑 이라 한다„ 라고 설명 하고 있다.

즉 자신에게는 없으나 형제 에게는 있는 육신의 덕으로

자신도 좋아짐과 동시에 형제간의 우애도 깊어지나 남에게 의존하여 살고 있음을 말하는 것이다.

주(註) : 藤등나무등 蘿넝쿨라 繫얽을계

① 등라계갑 예시

```
甲 乙 壬 癸
申 亥 戌 亥
```

```
乙 丙 丁 戊 己 庚 辛
卯 辰 巳 午 未 申 酉
```

乙木 일주가 戌월에 출생하고 甲申시를 만났으니
이 사주가 등라계갑 이다.


戌월의 메마른 땅이 水를 좋아 하나 壬癸亥子로 水가 너무많아
병이 되므로 戌土로 용신을 정한다.


그러나 甲乙木이 또다시 용신의 병이 되니
시지 申金이 용신의 병을 고치니 金운이 길하고 火土운이 길하고
木운인 乙卯운에 흉하였다.
특이한 경우이다.

# 13. 록록종신(碌碌終身)

록록종신 이란 어떤것인가

록록종신 이란 자기 자리를 잡지 못하고 쓸모없는 한평생을 살고 있는 육신을 말한다.

①록록종신 예시

```
丁 甲 辛 辛
卯 寅 卯 巳
```

甲 乙 丙 丁 戊 己 庚
申 酉 戌 亥 子 丑 寅

甲일주가 卯월에 출생 하여 양인을 얻고 월일시에

卯寅卯木이 모여 木국을 이루고 木의 기가 년지 巳火와

시간 丁火로 모이고 있다.

년월간의 辛金은 정관이나 그 값을 못하고 있으니

월간 辛金은 절(絶)지에 앉아 있고

년간 辛金은 살(殺)지에 앉아 있어 쓸모가 없을뿐 아니라

甲일주의 짐만 되어 양 辛金은 록록종신 하고있다.

甲木일주는 土金운이 흉운 이고 木火운이 길운이다.

주 (註) : 碌푸른돌록, 자갈땅록

## 14. 명관과마(明官跨馬)

명관과마 란 무엇을 말하는가
명관과마 란 천간에 투출된 관살이 지지의 재(財)로부터
생을 받고 있는것을 말한다.

①명관과마 예시

여명(女命)

| 乙 | 己 | 癸 | 丙 |
|---|---|---|---|
| 亥 | 亥 | 巳 | 申 |

己土 일주가 巳월에 출생하여 득령하고
년간 丙火의 생을 받은후
월간 癸水와 일시지 양 亥水, 그리고 巳申合水 하여
재(財)가 강하므로 편재로 격을 삼고
여명이라 시간 乙木으로 용신을 삼으니
정관 乙木이 亥水재의 생을받아
명관과마 가 되었고
식신인 申중 庚金도 건록지 에 있어
남편도 성공하고 자식도 성공하는 귀부인이 되었다.

주(註) : 跨걸터올라 앉을 과

306

# 15. 명암부집(明暗夫集)

명암부집 이란 무엇을 말하는가

명암부집 이란 여명(女命)이 사주에 관살이 혼잡 되여 있는것을 말한다.

명(明)이란 천간에 투출 된것을 말하고

암(暗)이란 지지또는 장간에 암장 된것을 일컫고

부집(夫集)이란 남자가 많다는 것을 의미한다.

여명이 사주에 관살이 혼잡 되여 있으면

품행이 단정치 못하고 이성 간의 문제로 고민이 많으며

부부 간에 갈등이 있고 남편과 백년해로 하기 힘들다.

또 그로 인해 가족간 불행이 싹트고

생활에 많은 문제를 야기 시켜 때로는 사회문제가 되기도한다.

①명암부집 예시

| 甲 | 戊 | 癸 | 乙 |
|---|---|---|---|
| 寅 | 辰 | 未 | 卯 |

戊辰 일주가 甲乙木이 관살 인데 연간 乙木 시간 甲木이 명관이고

년지 卯木 월지 未중 乙木 일지 辰중 乙木 시지 寅중 甲木이 암관이다. 관살이 혼잡 되여 명암부집 된 사주이다.

# 16. 모자멸자(母慈滅子)

모자멸자 란 무엇을 말하는가
모자멸자 란 어머니가 너무 인자하고 정이 많아서
도리여 자식을 망친 다는 의미이다.

사주에는 인수가 너무 많으면 불길 해진다.
예를 들면
木일주가 인수가 되는 水가 많으면, 나무가 물에뜨고
火일주가 인수가 되는 木이 많으면, 불이 꺼지듯이
인수가 많으면 사랑이 넘쳐 자식은 매사를
어머니에게 의지하게 되고, 인수가 없는 세상은
살아갈 수 없는 나약한 존재가 되기 때문이다.

사주에 인수가 많을 때는 비견 겁재가 있으면
흉이 길로 변하고
또 군뢰신생(君賴臣生)이라고 해서
재로 인해 흉이 길로 변할 수 있는 경우도 있다.
사주에 재(財)가 탐재괴인(貪財壞印)
한다고 해서 무조건 재(財)를 기신(忌神)이라고
여기면 안되고 사주상황을 잘 살펴야 할것이다.

①모자멸자 예시

```
戊 甲 壬 壬
辰 寅 子 辰
```

甲일주가 년월간 양 壬水를 만나고

월지 子水가 년지 辰土와 합 水하여

일주 甲寅木에 시지 辰土로 寅辰木한 木세보다 水세가 강하여

모자멸자한 사주가 되어 좋지않다.


그러나 시주 戊辰土가 왕한 水기를 제하므로

군뢰신생(君賴臣生)되여 火土운에 발복하였다.


주(註) : 군뢰신생(君賴臣生)이란

　　　　군은 일주를 말하고, 신은 재(財)를 일컫는바

　　　　일주가 재로 인해 모자멸자 한사주가 흉변위길(凶變爲吉)했다.

# 17. 모정유변(母情有變)

모정유변 이란 어떤 것을 말하는가

모정유변 이란 한결 같던 어미니의 사랑이  변하였 다는 의미이다.

어머니가 자식을 사랑 하는것은 인지상정 인데

그 사랑이 변했다면, 어머니의 신상에 무슨 문제가 있기 때문인데

사주에서도 모정이 변하는 경우가 있으니

다음 예로써 설명한다.

① 모정유변 예시

```
己 乙 甲 戊
卯 卯 寅 午
```

庚 己 戊 丁 丙 乙

申 未 午 巳 辰 卯

이 사주는 甲乙寅卯木이 모(母)가 되고 년지 午火와 그리고

년지 午火 와 寅午를 합한 火가 자(子)가 되고, 시간 己土와  연간 戊
土가 자의자인 손자녀다.

강한 모성 木이 乙卯 丙辰 丁巳 戊午 己未운 동안에

한결같이 자식 午火를 사랑하고 뒷받침 하여 자식을 성공시키고

손자녀 까지 잘 보살피고 있었으나

庚申운 들어 모정유변이 발생하여 어머니의 마음이 변하였다.

그것은 庚金 때문이다. 庚金과 합하여 乙庚합金 하였으며

庚金 때문에 형제간에 우애가 나빠져 싸움이

벌어졌고 그로인해 乙木일주의 인생이 종언을 고했다.

# 18. 목화통명(木火通明)

목화통명 이란 나무가 불에 잘타서 주위를 밝게 한다는 의미이다.
즉 신강한 木일주가 火를 만나 오행이 흐름이 좋아져서
사주가 부귀격이 된것을 말한다.


목화통명이 될려면 반드시 신강 해야 되고
신약 하면 반대로 목분비회(木焚飛灰)가 되어
나무가 타서 재가 됨을 명심해야 할것이다.


①목화통명 예시

| 壬 乙 己 丁 |
|---|
| 午 亥 卯 丑 |


　　乙木 일주가 卯월에 출생하여 월지에 건록을 놓고
월지 亥水와 亥卯로 합한 후에 시지 午火에 木기가 잘 설기되여
목화통명을 이루웠다.

# 19. 미온지토(微溫之土)

미온지토 는 어떤것인가

미온지토 란 차갑게 언땅이 따뜻한 기운을 먹음은 것을 말한다.

즉 12월 丑土가 火기를 받아

생금제수(生金制水)의 능력을 갖게된 것을 말한다.


　①미온지토 예시


```
壬 乙 丁 甲
午 卯 丑 戌
```


乙木 일주가 丑월에 출생하여

어린 나무가 얼어 있는데 다행히 시지 午중 丁火에

착근한 丁火가 丑토를 생하여

미온지토가 되어 乙卯 일주가 부귀격이 되었다.

# 20. 벽갑인화(劈甲引火)

벽갑인화 는 어떤 경우에 해당 되는가
벽갑인화 란 甲木을 쪼개여 불을 붙인다는 의미인데
甲木을 쪼개는 것은 庚金이고,
인화된 불은 丁火를 말한다.

일반적으로 사주에
丁火일주가 寅월에 출생한 경우와
木이 많고 火가 약한 경우에는

庚金이 사주중에 있거나 운에서 庚金을 만나면
벽갑인화 되지만 壬水를 싫어한다.

①예시

| 乙 丁 戊 庚 |
| 巳 巳 寅 寅 |

丁火일주가 寅월에 출생하고 년간에 庚金이 투출하여
년월지 寅중 甲木을 쪼개여 불을 붙여 벽갑인화가 되었다.
용신은 庚金이고 희신은 戊土이며 기신은 水이다.
주(註) : 劈쪼갤 벽

## 21. 배록축마(背祿逐馬)

배록축마 란 무엇을 말하는가

배록축마 란 록은 뒤로 물러나고, 말은 쫓겨 나는것을 의미한다.

즉 배록이란 정관이 뒤로 물러나고

축마란 재성이 쫓겨나는것을 말하는바,

직장과 사업 또는 처에 관한 문제가 실패 하는것을 뜻한다.

주(註):여기서 록은 정관이고 마는 재성이다.


①배록축마 예시

```
辛 辛 丙 癸
卯 卯 辰 酉
```

己 庚 辛 壬 癸 甲 乙

酉 戌 亥 子 丑 寅 卯

辛金 일주 에게 丙火가 관성이고 卯木이 재성인데

丙火는 辰酉합금한 酉金 으로부터 생을 받은 강한 癸水의 극을 받아

배록 되었고, 연간 癸水와 辰중의 癸水 그리고 乙木의 생조를 받은

卯木재성이 乙卯운 부터 辛亥운 까지 승승장구 하였으나

辛金일주의 비겁 운인 庚金운에 극제 됨으로 축마되여

사업에 실패 하였다.

주 (註) : 逐쫓을 축 , 背등 배

# 22. 부건파처(夫健怕妻)

부건파처 란 무엇을 말하는가

부건파처 란 건강한 남편이 처를 겁 낸다는 의미이다.

사주에서 부건파처란 건명 즉 남명이 일주인 경우를 말하는 것으로

일주의 처는 재생관(財生官)하여 관인 자식으로 하여금

관극아(官剋我)로 나를 극하게 하기 때문이다.


①예시

```
甲 戊 癸 癸
寅 午 亥 亥
```

戊土 일주가 일지에 인수 양인을 놓고 시지 寅木과 합 火하여

나름 대로 튼튼하다.

한편 년월주 癸亥 癸亥 재성은 태강 한데다가

水生木으로 시주에 큰나무 甲寅木을 생하고

甲寅木 칠살이 戊土를 극하니 부건파처가 틀림없다.

그런 중에 강한 亥水 재가 午火양인 인수를 극하니

午火는 꺼질것 같으나 다행히 칠살 자식과 寅午로 합하니

절처봉생 되여 무관으로 성공하였다.

# 23. 부성입묘(夫星入墓)

부성입묘 란 남편이 묘속에 들어 갔다는 의미이다.

예를 들어

甲木일주 라면 甲木의 남편은 辛金인데

辛金의 묘지(墓地)는 丑이된다.

그러니까 甲木일주의 사주중에 辛丑이 있으면 부성입묘가 되어

남편이 사망 하거나, 질병으로 고생 하거나,

있어도 없는 것과 같게 되는것이다.


또 甲木 일주가 세운에서 남편인 辛金이 부성입묘가 되어 있는데

丑의 묘지나 寅의 절지를 만나면

남편의 신상에 흉사가 반드시 발생한다.


①여기서 주의 할것은

甲木의 부성은 辛金이고 乙木의 부성은 庚金인바

甲木과 乙木의 부성입묘가 다른것이 아니고

甲乙木은 다같은 木이기 때문에

甲木 일주의 부성입묘도 辛丑이고

乙木 일주의 부성입묘도 辛丑이된다.

②부성입묘 예시

| 丁 戊 乙 辛 |
| 巳 戌 未 酉 |

戊土 일주의 부성 즉 관(官)은 乙木인데
乙木관이 木의 묘지인 未土 위에 있어
부성입묘가 되어 일찍 남편과 이별 하였다.

③오행상 부성입묘는 다음과 같다.
甲乙일주 ~辛丑
丙丁일주 ~ 壬辰
戊己일주 ~ 乙未
庚辛일주 ~ 丙戌
壬癸일주 ~ 戊戌

## 24. 살인상생(殺印相生)

　살인상생 이란 무엇을 말하는가

살인상생 이란 칠살이 인수를 생하고 인수가 나를

생하여 주는 것을 말한다.


원래 살은 나를 공격하는 것인데

탐생망극(貪生忘剋)하여, 즉 생이 탐이 나서 남을 극하지 않고

인수를 생하는바, 인수는 나를 생하여

일주 에게는 살로 인해 더 좋아지게 되는 경우를 말한다.


　①예시

```
癸 丁 丁 甲
卯 卯 卯 戌
```

丁火일주가 卯월에 출생하여 木火통명 한데다가

卯戌합火 하여 귀격을 이루었지만

시간 癸水가 투출하여 흠이 되었다.

그러나 시간 癸水 칠살이 탐생망극 하여

일주의 인수를 생하여 살인상생 되었다.

그러나 癸水살이 뿌리가 없으므로 대성하지 못하였다.

# 25. 살인상정(殺刃相停)

살인상정 이란 도대체 무슨 말인가
살인상정 이란 칠살과 양인이 함께 머물러 있다는 의미이다.


칠살은 나를 극하여 나를 다치게 하고
양인은 나의 재를 빼앗아 가는등
흉신 들인데 함께 머물러 있으면 좋다니 이해하기 어렵다.


그렇지만 예를 들어 설명하면 이해가 될것이다.
甲木의 칠살은 庚金이요, 양인은 卯木이 되는바
양인 卯木은 甲木의 누이동생 인데
누이동생인 卯중 乙木이 칠살인 庚金과
乙庚으로 합하여 탐합망극(貪合忘剋)하니
칠살 庚金은 甲木을 극하지 않고
양인 卯木은 甲木의 재를 빼앗지 아니하니
귀격이 된다는 것이다.
<丙午>  <庚酉> <壬子>의 양인도 같은 경우이다.


주(註) : 停머무를정

① 예시

```
庚 丙 辛 壬
寅 午 亥 申
```

丙火일주 가 일지에 午火를 놓아 양인(陽刃)인데
양인 午火가 시지 寅木과 寅午합火 한데다가
시지 寅木은 월지 亥水와 寅亥합木 하므로
일주 신강하다.

칠살인 년간 壬水는 년지 申金에 장생하고
월지 亥水에 록근하고,
투출된 庚辛金의 도움을 받아 막강하다.

그런데 칠살인 壬水가
양인인 午중 丁火와 丁壬으로 합하여
일주를 공격하지 않으므로 살인상정 되었으며
신왕살왕 하여 살인(殺刃)이 균형을 이루므로 귀한 인생이 되었다.

# 26. 상관상진(傷官傷盡)

상관상진 이란 어떤 경우를 말하는가
상관상진 이란 상관이 극을 당하여 기진맥진 하다는 의미이다.

사주에서 상관을 상진 시키는 이유는

첫째 관을 극하기 때문인데 관을 극하면 형벌로 일주가
속박 당하기 때문 이고

둘째 상관은 나를 설기하는 육신 인데 나의 설기가 심하면
내가 쓰러지기 때문에 나 자신을 보호하기 위해서이다.

① 예시

| 辛 戊 丁 辛 |
| 酉 寅 酉 酉 |

庚 辛 壬 癸 甲 乙 丙

寅 卯 辰 巳 午 未 申


戊土 일주가 酉金 월에 출생하여

월지 酉중 辛金이 년시간에 투출하고

년시지에 酉金이 자리 하여 상관이 태왕하다.


태왕한 상관에 일주는 설기가 아주 심하므로


일지 寅중 丙火에 뿌리를 둔 정화  인수를 용신으로하는

상관용인격(일명상관패인격)으로

木火운에 상관을 상진 시키니

사주가 매우 깨끗하고 귀하게 되었다.


주(註):盡다할진

# 27. 수기유행(秀氣流行)

수기유행 이란 어떤것인가

수기유행 이란 지지의 기가 투출된 천간의 기를 생한 후

천간의 기는 다시 다른 기를 생하는 것을 말한다.

(단 투출된 천간의기는 다른기를 1번이상 생하여만 수기유행이 된다.)

①예시

| | | | |
|---|---|---|---|
| 乙 | 壬 | 壬 | 丙 |
| 巳 | 申 | 辰 | 子 |

申子辰으로 삼합된 水기가

천간 乙木을 생한후

천간 乙木 木기는

다시 巳火 火기를 생한것을

수기유행 이라고 한다.

# 28. 순환상생(循環相生)

순환상생 이란 어떤 경우인가

순환상생 이란 木火土金水 오행이 생하고 생하여

원형으로 돌고 돈다는 의미이며

또 생생불사(生生不巳)라고도 하고

생의불패(生意不悖)라고도 하며

원원류장(源遠流長)이라고도 한다.


예시

| 辛 | 丁 | 丁 | 庚 |
|---|---|---|---|
| 丑 | 丑 | 亥 | 辰 |

丁火 일주는 사주중에 오행이 갖추워져 있는바

木은 亥중 甲木이고 火는 월간 丁火이며 土는 일시지 丑土와 년지 辰土이고 金은 년간 庚金 시간 辛金이며

오행이 월지 亥水에서 시작하여 亥중 甲木으로 水生木하고

亥중 甲木에서 월간 丁火로 木生火 한 후

월간 丁火에서 년지 辰土와 일시지 丑土로 火生土 하였으며

년지 辰土와 일시지 丑土에서 연간 庚金 시간 辛金으로 土生金 하고 년시간 庚辛金은 월지 亥水로 金生水 함으로써

오행이 순환상생 되여 황제가 된 중국 청나라 인종의사주이다.


주(註) : 循돌순, 環둘레환, 悖거스를패

324

# 29. 아우생아(兒又生兒)

아우생아 란 어떤 것인가

아우생아 란 자식이 자식을 낳았다는 것으로

木의 경우 火가 아(兒)되는 식신상관이요

土는 火의 아(兒)되는 식신상관이 됨과 동시에

木의 아우생아(兒又生兒)이며 재(財)가 되는것이다.


예시

```
丙 癸 壬 丁
辰 卯 寅 卯
```

癸水 일주가 寅월에 태어나 월지 寅木이 寅卯辰 방합하여

종아격을 이루웠고

木의 수기가 시간 丙火로 모였으니

이 사주가 아우생아(兒又生兒)이다.

즉 癸水에게 寅木이 아(兒)가 되는 식신상관이요

丙火는 寅木의 아(兒)가 되는 식신상관이 됨과 동시에

癸水에게는 아우생아(兒又生兒)인 재(財)가 되는것이다.

아우생아의 기신은 재(財)를 극하는 일주 癸水의 비겁이며

또 일주의 식상인 木을 극하는 인수 金이며 희신은 식신상

관이다. 대세운 에서도 마찬 가지다.

# 30. 원신투출(元神透出)

원신투출 이란 월지 오행이 천간에 나타나 있는 것을 말하는바
타주의 지지오행도 천간에 나타나 있는 경우도 포함된다.


예시

```
乙 乙 丁 辛
酉 卯 酉 酉
```


월지 酉중 辛金이 년간에 나타나 있으니 원신투출이 되며
일지 卯중 乙木도 시간에 나타나 있으니 원신투출 이된다.

이 사주는 월간 丁火가 일지 卯중 乙木의 생을 받아
칠살인 辛酉金을 제(制)하므로 용신이 된다.

# 31.  애가증진(愛假憎眞)

애가증진 이란 가신을 사랑하고 진신을 미워 한다는 의미이다.

진신(眞神)이란 월지 사령신 이고

가신(假神)이란 천간에 투출된 타오행이다.


예시

```
癸 癸 戊 庚
丑 未 寅 戌
```

이 사주에서 진신은 월지 寅木이고 가신은 戊土와 庚金이다.

일주 癸水가 신약 하므로

년간 庚金이 일간 癸水의 칠살인

戊戌丑未土의 생을받고 살인상생 되여 용신으로

일간 癸水를 돕고있고

진신인 寅木은 일간 癸水를 설기 하므로

진신을 미워하고 가신을 사랑하는 애가증진 하는 사주가 되었
다.


주(註) : 憎미울증

# 32. 왕희순세 (旺喜順勢)

왕희순세 란 어떤 경우를 말하는가
왕희순세 란 왕(旺)한 것에 따르는 것이 순리(順理)이다
라는 뜻인데
여기서는 종격을 의미 하는 것으로
종격 에서는 설기 하는 운이 순세이고 극(尅)하는 운이
역세가 되어 좋지 않다는 것을 말한다.


예시


| 癸 | 辛 | 壬 | 壬 |
|---|---|---|---|
| 亥 | 酉 | 子 | 午 |


이 사주는 辛金 일주가 사주내에 水가 많아
水의 윤하격이 되었는데
왕수(旺水)를 설기하는 木운이
곧 왕희순세가 되어 발복하는 것이다.

# 33. 일장당관(一將當關)

일장당관 이란 무엇인가

일장당관 이란 관련 되는곳에 하나의 장군이 나타났다는 뜻인데

여기서는 사주 천간에 뿌리가 튼튼한 장군이 나타나

나쁜 살을 제거 한다는 의미이다.


예시


| 甲 | 壬 | 戊 | 辛 |
|---|---|---|---|
| 辰 | 戌 | 戌 | 丑 |


궁통보감에 등재된 사주이다.

일주 壬水의 편관 칠살인 월주의 戊戌土와 일시지 辰戌土가

壬水일주를 공격하고 있어 좋지않은데

마침 시간 甲木이 辰중 乙木에 통근 하고 있는 데다가

辰중 癸水에 통근한 일주의 생을 받아 강하므로

일장당관이 되어 戊辰戌土를 극제 하므로

식신제살격이 되었다.

# 34. 일주병림(日柱竝臨)

일주병림 이란 일주가 나란히 붙어서 있다는 의미이다.
예를 들면 甲子 일주가 시 또는 월에 나란히 있는경우와
甲子 일주가 세운에서 甲子를 만나는 것을 말한다.

일주가 병림이 되면 예부터
일반적으로 나쁘다고 하는데 꼭 그렇지만은 않다.

신약 하면 일주병림이 길운이요
신강 하면 일주병림이 흉운이다.

길운에는 적극적으로 행동하면 좋을것이요
흉운에는 매사를 조심하고 근신해야 할 것이다.

회갑(回甲)잔치는 신강한 일주가 년주와 병림이 되어
적선(積善)으로 흉을 피하는 방법이다.

주(註) : 竝아우를병

# 35. 이인동심(二人同心)

이인동심 이란 두사람이 상생하여 마음을 합하므로
동심이 되어 귀격이 된다는 것이다.
이인동심격은
일주와 상관 식신의 관계로서
일주가 상관 식신보다 강하면, 가상관격에 상관운이 좋고
상관이 일주보다 강하면, 진상관격에 인수운에 성공 하는바
순운이 길하고 역운 이면 흉하다.

예시

| 丙 | 甲 | 庚 | 辛 |
|---|---|---|---|
| 寅 | 辰 | 寅 | 卯 |

이 사주는 년월간의 庚辛金은 앉은 자리가 절지(絶地)에 있어
무력하고
지지는 寅卯辰寅으로 전(全) 木局을 이룬 데다가
시간 丙火로 木生火하여 2인 동심격이 되었다.
金운은 좋지않고 火운에 발복한다.

# 36. 자오쌍포(子午雙包)

자오쌍포 란 子와 午가 상충 이지만,

한편으로는 서로 포용하고 포섭 하고 싶어 한다는 것이다.

삼명통회에 의하면

子는 자미궁의 제좌(帝座)요 午는 단문(端門)으로

子午는 임금의 거처가 된다고 하였다.


그러므로 상충 하지만, 공존 해야 할 필요가 있기 때문이다.

子午쌍포에는 3가지가 있는바

子子午午와 子子午 그리고 午午子가 있다.


예시

| 戊 | 戊 | 戊 | 庚 |
| 午 | 午 | 子 | 子 |


철기 이범석의 사주로 子子午午로 子午쌍포가 되어

귀히된 것이다.

寅卯辰 동방운이 통관용신운이 되어 발복했으리라 짐작된다.


주(註) :包쌀포

# 37. 자매강강(姉妹剛强)

자매강강 이란 여명(女命)으로써 비견 겁재가 많아 신강한 사주를 말한다.

여명이 사주에 비견 겁재가 많아 자매강강 하면

여명의 남편이 처가 많은 형상이 되어

일생동안 남편의 여자 문제로 고통이 많게 되는 것이다.

예시

| 丁 | 辛 | 庚 | 癸 |
|---|---|---|---|
| 酉 | 酉 | 申 | 丑 |

辛金 일주가 申월에 출생하여 월간 庚金 일시지 양 酉金이

도와서 신강한 사주가 되었고

시간 丁火 편관은 처되는 재(財)가 많아

남편의 여자 관계로 부부 관계가 원만하지 못하였다.

## 38. 재관쌍미 (財官雙美)

재관쌍미 란 일지 장간에 정재와 정관이 암장 되어 있어
아름답다는 의미이다.

壬午 癸巳 양일간의 지지 암장 에는 정재와 정관이 들어있어
신강 하기만 하면 부귀를 누릴 수 있는
재관쌍미 사주가 되는것이다.

　예시

```
庚 癸 己 辛
申 巳 亥 酉
```

癸水 일주가 일지 巳火중에 戊土정관 과 丙火정재가
암장 되어 있고 신강 하므로 재관쌍미 사주가 되었다.
丙丁巳午운을 만나면 부귀가 찾아 올것이다.

# 39. 재자약살(財滋弱殺)

재자약살 이란 신강하여, 관살을 용신으로 삼을 려고 하는데
관살이 약하므로 재로써 재생관 하여 관살을 도와주는
경우를 말한다.


예시


| 庚 | 丁 | 己 | 乙 |
|---|---|---|---|
| 子 | 卯 | 卯 | 卯 |


丁火일주가 卯월에 출생하여
연주 乙卯木 및 일지 卯木의 생을 받아 신강하여
시주 子水 관살을 용신으로 삼을려고 하는데


子水가 卯木에게 설기 당하여 약하므로
시간 庚金재가 子水를 金生水로 재생관 하고
왕한 乙卯木을 제하므로 재자약살 하는 사주가 되었다.


주(註):滋부를 자

# 40. 제살태과(制殺太過)

제살태과 란 사주 내에 관살을 억제함이 너무 심하다는 의미이
다. 관살을 너무 억제 하면 좋지 않기 때문이다.

관살이 남명 에게는 자식과 직장이요
여명 에게는 남편이 되기 때문이다.

예시

```
己 丙 戊 辛
亥 辰 戌 卯
```

丙火 일주 에게 시지 亥水가 관살인데
戊戌辰己土 식상이 亥水 관살을 억제함이  너무 심하여
제살태과가 되었다.
이 사주는 亥중 甲木이 辰중 乙木 년지 卯木의 도움을 받고
亥卯로 합하여 나름대로 튼튼하므로
용신이 되는바 木운에 발달한다.

# 41. 정신포만(精神飽滿)

정신포만 이란 정신이 건강하다는 의미이다.

사주에서 정신포만 이란 일주 에게 인수가 많은것을 말한다.

예시

庚 癸 壬 己
申 酉 申 未

癸水 일주가 申월에 출생하고 년주 己未土의 생을 받은
庚申申酉의 金기가 막강 하므로 정신포만한 사주가 되었다.
인수는 일주를 낳아주고 키워주고 바른길로 인도하기
때문에 정신건강에 유익하기 때문이다.

주(註):飽배루를포

# 42. 좌우협기(左右協氣)

좌우협기 란 왼쪽에서 오른쪽으로 일주를 도와주는 것을 말하고
나아 가서는 위에서도 아래 에서도 모두 협조하여 도와 주는
기(氣) 가 있다는 것을 의미한다.


예시


| 庚 庚 丙 壬 |
|---|
| 辰 午 午 申 |


庚金 일주가 丙午월에 태어 나고 일지 午火까지
합세한 관살이 막강 하여 관살이 병이다.


연간 壬水는 申金에 장생 하여 강하므로 제살 하고
시간 庚金은 시지 辰土에 뿌리를 두어 일주를 도우고 있어
좌우협기가 되었으며 시지 辰土는 막강한 火를
설기 하고 있어 좌우상하(左右上下)까지 협기된 사주이다.

# 43. 절처봉생(絶處逢生)

甲申 庚寅 丁亥 癸巳 일주를 말하는바

예를들면

甲木이 申金위에 앉아 12운상 절지(絶地)인바

지지 申金이 일간 甲木을 오행상 극하니 절처(絶處)가 되어

매사가 좋지않다

그러나

다행히 지지의 申중 壬水가 甲木의 어머니가 되여

일간을 구하니 사지(死地)에서 살아나게 되어

절처봉생 이라고 한다.


庚寅 丁亥 癸巳일도 같은 이치로써

庚寅은 寅중 戊土가 어머니요

丁亥는 亥중 甲木이 어머니요

癸巳는 巳중 庚金이 어머니가 되어

절처에서 구(求)해주기 때문이다.

# 44. 진법무민(盡法無民)

법이 없는 무법천지로 폭력이 난무하고
정의가 없는 사회로 약육강식 하는 동물의 세계를 말한다.

```
丙 庚 壬 甲
子 子 申 午
```

신강 하여 재관을 용해야 하는데 甲木재는
월지 申중 庚金의 강한극을 받고, 午의사(死)지에 앉은 데다가
壬申子子水의 생을 받았으나, 부목이 되었고

관인 丙火는 壬申子子水 위에 앉아 제살태과되여
진법무민 사주가 되어 감옥살이하는 불행을 당했다.

즉 식상이 왕한 경우를 진법무민이라고 한다.
이 사주는 水가 병이고 土가 약이다.
土운에 불행을 끝낼 것이다.

주(註):盡다할진

# 45. 진실(塡實)

진실 이란 사주에서 어떤 격을 이루는데 있어
없어야 할 육신이 있어서 그 격을 놓을 수 없는 경우를 말한다.
2012년 4월27일에 신생아 작명을 부탁 받아서
이름을 짓는데 그 신생아의 사주가 진실에 해당 되기 때문에
소개하니 진실의 의미를 체득 하시기 바람.

건명(남명)

| | | | |
|---|---|---|---|
| 庚 | 癸 | 甲 | 寅 |
| 申 | 丑 | 辰 | 辰 |

합록격이다. 합록격은 戊癸일의 庚申시를 말하는데
명중에 寅丙戊己戌자가 있으면 진실이되여
합록격을 구성할 수 없다.
합록격은 申이 巳를 허합(虛合)하여 巳중 戊土가
癸일주의 정관이 되고 巳중 丙火가 癸일주의 정재가 되어
부귀격이 된다.


주(註):塡편안할진, 막힐 전

**341**

# 46. 천관지축(天關地軸)

천관지축 이란 건(乾하늘)과 곤(坤땅)을 말하는바

건(乾)은 戌亥로 천문(天門)을 의미하고

곤(坤)은 未申으로 지문(地門)을 의미하여 천문 지문이 되므로

하늘 과 땅의 정기를 받아 귀격이 된다는 것이다.

단 戌亥와 未申중 한글자씩 만 있어도 천관지축이 된다.


예시

| 戊 | 丁 | 戊 | 辛 |
|---|---|---|---|
| 申 | 酉 | 戌 | 亥 |


명나라 황제 무종의 사주이다.

년월지에 戌亥가 있고 시지에 申이 있어 천관지축이 되었다.

그런 데다가 지지가 申酉戌亥로 지지연여격 도 겸하고 있어

귀격이 된 것이다.


주(註):軸굴대축(중심)

# 47. 천복지재(天覆地載)

천복지재 란 천간으로 덮어 주고

지지에서 실 어주는 것을 말하는바

천간이 지지의 희기신을 생조 하거나, 극제하면 천복이라 하고

지지가 천간의 희기신을 생조하거나, 극제하면 지재 라고 한다.

사주가 천복지재가 되고 운을 잘 만나면

일생 동안 흉은적고 길이 많다고한다.


　　예시

```
壬 癸 丁 戊
戌 卯 巳 寅
```


癸水 일간이 巳월에 출생하여 화격이 되었는데

천간의 丁壬목과 戊癸火로 월지 巳火를 생조하여

천복(天覆)이 되었고

지지의 卯戌火와 寅木이 천간의 丁火를 생조 해주어

지재(地載)가 되므로 천복지재가 되었다.


주(註):覆덮을복, 載실을재

# 48. 천한지동(天寒地凍)

천한지동 이란 하늘은 차갑고 땅은 얼었다는 의미이다.


庚辛壬癸 일간이 丑월에 태어 나고

천간에 庚辛壬癸가 투출되어 있으면 천한지동이 되고


庚辛壬癸 일간이 亥子 월에 출생하고

천간에 庚辛壬癸가 투출되여 있으면서

사주 내에 火기가 없으면 천한지동이 된다.


예시

| 辛 | 壬 | 辛 | 辛 |
|---|---|---|---|
| 丑 | 辰 | 丑 | 丑 |


壬水 일간이 丑월에 출생하고

천간에 辛金이 3개나 투출 되여 천한지동이 되었다.

명중에 한점의 火기가 없어 사주가 차갑게 얼어있다.


주(註):凍얼동

# 49. 추수통원(秋水通源)

추수통원 이라는 것은 가을 물은 그 근원에 통한다는 뜻인데

가을물은 명경지수(明鏡之水)라고 하고 또 금수쌍청(金水雙淸)

이라 고도 하는바

壬癸水가 申월에 출생하면

壬癸水는 申에 장생 하고 申중 庚金은 록지에 있어

壬癸水를 생하므로 자연히 신강 해 지는 것을 의미한다.


예시

| 丙 | 壬 | 戊 | 丁 |
|---|---|---|---|
| 午 | 辰 | 申 | 亥 |

壬水가 申월에 출생하고 申辰水국과 亥水에 뿌리를 둔

추수통원격이 되었다.

戊土용신에 丁火 보좌용신을 두어 오행의 유통이 잘 되어있어

귀격이다.

그러나

丙丁午火의 火기가 너무 강하여 파인(破印)이 걱정 스러운데

水土운에 발복 하였음은

水가 火를 제(制)하고 土가 용신을 도왔기 때문이다.

# 50. 탐재괴인(貪財壞印)

탐재괴인 이란 재(財)를 탐하면 인수가 무너지는 것으로
육친법상 재(財)가 인수를 극하는 것을 말하는바
일간이 재(財)를 탐하면, 인수가 파괴되는 것을 의미한다
인수를 용신으로 삼는 사주에서 사주중에 재(財)가있고
운에서 재(財)를 만나면 탐재괴인 되어 좋지않다


예시

| 戊 丁 壬 壬 |
| 申 卯 寅 戌 |

丁火 일간이 寅월에 출생한 중 寅중 戊土가 투출하여
상관격을 이루웠는데,
戌寅申중 戊土에 설기가 심하므로
寅중 甲木으로 용신을 삼는다
癸卯 甲辰대운에는 좋았으나, 乙巳운중 巳운에 접어들어
巳중 庚金이 사주원국의 시지 申金과 합세하여
용신 甲木을 극하여 용신의 병이 심하므로
상관격 일간이 대흉하여 죽고 말았다


주(註):貪탐할탐, 壞무너뜨릴괴

# 51. 효자봉친(孝子奉親)

효자봉친 이란 모자간에 사이가 좋아 정답게 살아 가는 것을
말한다
즉 아들이 강하고 어머니가 약할 때 효자봉친이 된다


예시

| 丁 | 甲 | 乙 | 癸 |
|---|---|---|---|
| 卯 | 寅 | 卯 | 亥 |

甲木 일주가 卯월에 출생하고 사주내의 乙卯寅木 과
亥卯(木) 연간 癸水의 생조를 받아 태강하나 시간 丁火로
수기(秀氣)가 흘러 오행의 흐름이 순조로워 귀격이 되었다


이 사주에서 癸水가 어머니인데 지지 亥水에 뿌리내려
나름대로 강한듯하나 亥卯木과 월간 乙木에 설기되여 약하다
水木운에는 효자봉친이 되어 모자간 사이가 좋으나
土운에는 아들의 여자 때문에 모자간의 사이가 나빠지고
金운에는 어머니의 남자 때문에 모자간의 사이가 나빠진다
즉 인수가 약하고 자식이 강해야 효자봉친이 된다


주(註):奉받들봉

# 제8장 용신격국론(用神格局論)

## 1. 용신(用神)

용신(用神)이란 무엇인가

용신(用神)은 정신이고 일간(日干)은 몸이고,

용신(用神)은 사용인이고 일간(日干)은 사용주이며,

용신(用神)은 운전수이고 일간(日干)은 자동차이다.


첫째, 용신(用神)은 정신이고 일간(日干)은 몸이다 함은, 정신이 건강하고 몸이 건강해야만 행복할 것이고, 정신이 병(病)들고 몸이 병(病)들면 불행(不幸)할 것이다.


둘째, 용신(用神)은 사용인이고 일간(日干)은 사용주라 함은, 사원이 유능하고, 사용주 즉 사장이 유능하면 회사가 번창할 것이요, 사원이 무능하고 사장이 무능하면 회사가 망할 것이다.


셋째, 용신(用神)은 운전수이고 일간(日干)은 자동차이다 라고 한 것은 자동차가 좋고 운전수의 운전 기술이 좋으면 도로를 잘 달릴 것이요, 그렇지 않고 운전수의 운전기술이 좋지 않고 자동차가 나쁘면 도로를 달리다가 고장이 날 것이다.


위와 같이 용신(用神)이란 일간(日干) 즉 일주(日主)를 대신해서 일간(日干)의 인생(人生)을 살아가는 육신(六神)으로, 용신(用神)과 일간(日干)은 뗄레야 뗄 수 없는 밀접한 관계이다.

적천수(適天髓) 체용(體用) 편에서는

인유정신(人有精神) 불가이일편구야(不可以一偏求也), 요재손지익지득기중(要在損之益之得基中)이라 했으니, 즉 몸과 마음이 기울지 않고 균형을 이루어야 한다고 했다.


일간(日干)이 체(體)요, 용신(用神)이 정신(精神)이므로

용신(用神)의 활동 여부에 따라 일간(日干)의 길흉화복(吉凶禍福)이

정(定)해진다.


일간(日干)은 체신(體身)이고 일간(日干)의 길흉(吉凶)은

용신(用神)의 작용에 의하는 고로

서로서로 끊지 못하는 인연이 있다.


일간(日干)은 강(强)하고 위엄이 있어야 한다. 그래야만

용신(用神)을 유효 적절하게 사용(使用)할 수 있기 때문이다.

일간(日干)도 강(强)해야 하지만 용신(用神)도 강(强)해야 한다.

용신(用神)이 약(弱)하거나 흠(형충파해(刑沖破害) 등)이 있으면

일간(日干)의 인생(人生)은 고난이 많다.

길(吉)은 적고 흉(凶)이 많아 좋지 않다.


그리고 용신(用神)이 간합(干合)하거나 지합(支合)할 때

즉 기반(羈絆)되면 합(合)에만 정신이 팔려

자신의 본분(本分)과 임무를 소홀히 하거나 망각하여

일간(日干)은 운명상 많은 피해를 입게 된다.


위와 같이 용신(用神)은 사주 간명(看命)상 매우 중요(重要)하므로

철저히 습득(習得)해야 명리(命理)의 길에 들어설 수 있다.

☆용신(用神)의 종류(種類)

억부용신(抑扶用神)

병약용신(病藥用神)

통관용신(通關用神)

조후용신(調候用神)

전왕용신(專旺用神)으로 구분 한다

①억부용신(抑扶用神)

신강사주(身强四柱)에는 그 강(强)한 육신(六神)을 억제(抑制)하거나 설기(泄氣)를 하여 사주(四柱)의 중화(中和)를 도모하고,

신약사주(身弱四柱)에는 그 약(弱)한 일간(日干)을 부조(扶助)하여

사주(四柱)를 중화(中和)하는 것이 억부용신(抑扶用神)이다.

한마디로 말하면 강한 것은 억제하고, 약한 것은 도우는 작용이다.

※ 억부용신(抑扶用神) 예시(例示) (가)

> **<신강(身强)한 경우>**
>
> 甲 辛 辛 戊
> 午 巳 酉 戌
>
> 辛金 일주(日主)가 酉월에 태어나 월령(月令)을
> 득(得)하였고, 년주(年柱) 戊戌土와 월간(月干) 辛金의
> 부조(扶助)를 받아 신강(身强)하다.
>
> 강(强)한 辛金을 억제(抑制)하는 丁火가 있어
> 午中의 건록지(建祿地)에 앉아 시간(時干) 甲木
> 인수(印綬)의 생조(生助)를 받고, 일지(日支) 巳火
> 비겁(比劫)의 도움을 받아 강(强)한 용신(用神)이 된다.
>
> 이 사주(四柱)의 경우 일간(日干)도 강(强)하고 용신(用神)도
> 강(强)하여 좋은 사주이다.

※ 억부용신(抑扶用神) 예시(例示) (나)

> **<신약(身弱)한 경우>**
>
> 癸 丁 丙 甲
> 卯 亥 子 子
>
> 丁火 일주(日主)가 子월에 태어나 실령(失令)하였으며,
> 월간(月干) 丙火와 년간(年干) 甲木과 시지(時支)
> 卯木의 부조(扶助)를 받았으나 신약(身弱)을 면치 못하였다.
>
> 시지(時支) 卯木에 암장(暗藏)된 甲木이 왕지(旺地)에 앉아  시간(時干)
> 癸水의 생(生)을 받아 강(强)하므로
> 용신(用神)으로 정(定)한다.

②병약용신(病藥用神)

병약용신(病藥用神)이란 무엇인가

한마디로 말해서 사주에 병(病)이 있어서 약(藥)이 되는 육신(六神)
이 병약용신(病藥用神)이다.


사주에는 용신(用神) 희신(喜神) 기신(忌神)이 있는데,

희신(喜神)은 용신(用神)을 도와주는 육신(六神)이고,

기신(忌神)은 용신(用神)을 해(害)롭게 하는 육신(六神)이다.


그런데 사주에 기신(忌神)이 병(病)이 되는 수도 있고,

병(病)이 안되는 수도 있다.

왜냐하면 사주에는 어떤 사주를 막론하고

기신(忌神)이 거의 다 있기 마련이다.

기신(忌神)은 작은 결점에 해당하고,

병신(病神)은 확실하고 분명(分明)하게 방해를 놓는 육신(六神)이다.

그렇지만 기신(忌神)도 강(强)하면 기신(忌神)으로 보지않고

병신(病神)으로 본다.


옛글에서

"유병이유약(有病而有藥)이면 방위귀(方爲貴)요"

"무병(無病)이면 평상인(平常人)이고 유병무약(有病無藥)이면 흉(凶)
하다" 라고 했다.

즉 사주에 병(病)이 있고 약(藥)이 있으면 좋고, 병(病)이 없으면

보통이며, 병(病)은 있고 약(藥)이 없으면 좋지 않다고 했다.

丙 乙 庚 辛
子 巳 寅 卯

乙木이 寅월에 태어나 득령(得令)하고, 년지(年支)卯木에
녹근(祿根)하였으며 시지(時支) 子水의 생(生)을 받아
신강(身强)하여 월간(月干) 庚金으로 용신(用神)을 삼는다.

용신(用神) 庚金은 寅木 절지(絶地)에 자리하고 있어
세(勢)를 잃은 데다가, 시간(時干) 丙火 상관(傷官)이 일지(日支)
巳中 丙火에 녹근(祿根)하고,
월지(月支) 寅中 丙火에 통근(通根)하여 막강하므로
사주(四柱)의 병(病)이 된다.

이런 경우 병(病)은 火)가 된다. 그리고
약(弱)은 시지(時支) 子水가 된다.

그러나 시지(時支) 子水가 너무 약(弱)하여 막강한 丙火의
병(病)을 치료하기 힘들므로
子水를 생조(生助)하는 금수운(金水運)이 오면
약신(藥神)의 역할을 제대로 하여 발복(發福)할 수 있을 것이다.

丁 乙 辛 癸
亥 未 酉 未

乙木 일주(日主)가 酉월에 태어나 실령(失令)하고
未중乙木에 통근(通根)하고 시지(時支) 亥水
인수(印綬)의 생(生)을 받았으나 신약(身弱)하다.
그러나 태약(太弱)은 면하였다.

그런 중에 월주(月柱) 辛酉金 칠살(七殺)이 막강하여
사주의 병(病)이 된다.
특히 월간(月干) 辛金 칠살(七殺)은 녹지(綠地)에 앉은 데다가
양(兩) 未土의 도움을 받아 실로 병(病)이 크고 깊다.

그러나 다행히 시간(時干) 丁火가 亥中　甲木의
생(生)을 받고 未中 丁火에 통근(通根)하여
강(强)하므로 약신(藥神)으로 삼는다.

③통관용신(通關用神)

통관용신(通關用神)이란 사주(四柱) 내(內)에 오행(五行)이나

간지(干支)가 木土, 土水, 水火, 火金, 金木으로 구성되어 서로

상극(相剋)하고 있을 때, 그 상극(相剋)하고 있는 오행(五行)이나

간지(干支)를 통관 시켜주는 오행(五行)이나 간지(干支)가

통관용신(通關用神)이다.

그렇게 되면 상극(相剋) 상태가 해소되고 상생되어 오행(五行)이나

간지(干支)의 흐름이 원활 해지기 때문이다.


※통관용신(通關用神) 예시(例示) (가)

---

```
        壬 癸 壬 癸
        戌 未 戌 丑
```

癸水 일주(日主)가 戌월에 출생하여 년월시 간(干)과
丑中 癸水의 생조(生助)를 받았으나 신약(身弱)하다.

그런 중에 지지(地支)가 전토(全土)로서 양신성상격(兩神成象格) 중
토수상성격(土水相成格)을 이루었고
土水가 상극(相剋)하고 있으므로
월지(月支) 戌中 辛金이 대지(帶地)에 있어
강(强)하므로 통관용신(通關用神)으로 삼는다

---

辛 庚 丙 辛
巳 午 申 巳

庚金 일주(日主)가 申월에 출생하여 월령(月令)을 득하고
년시간(年時干) 辛金의 부조(扶助)를 받아 신강(身强)하다.

이 사주는 억부법(抑扶法)으로 신강(身强) 신약(身弱)을 계량하여
간명(看命)하면 될 것 같으나 오행(五行)이나 간지(干支) 구성이
火金으로 되어 상극(相剋)하고 있어
억부법(抑扶法) 이전에 통관법(通關法)으로 감정(鑑定)할 수 밖에 없다.

이 사주의 싸움판 통관용신은 시지(時支) 巳中 戊土가
녹지(綠地)에 앉아 丙巳午火의 생(生)을 받고 있어
강(强)하므로 통관용신(通關用神)으로 삼는다

④조후용신(調候用神)

조후용신이란 기후용신을 말한다.

기후(氣候)란 태양과 지구와 달의 작용(作用)에 의해 일어나는

춘하추동(春夏秋冬) 4계절과 한난조습(寒暖燥濕)의 현상을 말한다.

사주(四柱)에도 한난조습(寒暖燥濕) 즉 춥고, 덥고, 건조하며,

습한 사주가 있는 바, 그 춥고 덥고 건조하고 습한 상태를 바로잡아

조절해 주는 오행(五行)이나 간지(干支) 또는 육신(六神)이

조후용신(調候用神)이다.

※조후용신(調候用神) 예시(例示) (가)

---

### 壬 甲 丁 戊
### 申 戌 巳 午

甲木 일주(日主)가 巳월에 출생하여 시지(時支) 申金의
생(生)을 받은 壬水가 생조(生助)하였으나 신약(身弱)하다.

년지(年支) 午火와 월주(月柱) 丁巳火의 火氣가
맹렬하고 뜨거운데 일지(日支) 戌土는 조토(燥土)요,
戌中 丁火가 丁巳午火와 합(合)하여
년간(年干) 戊土가 火기를 품은 조토(燥土)로 만들어
강열한 화세(火勢)가 일주(日主) 甲木을 태울 것 같다.

다행스럽게도 시간(時干) 壬水가 시지(時支) 申金을
수원(水原)으로 삼아 水기가 강(强)하므로,
메마른 甲木에 생(生)을 줌과 동시에 막강한 火기를
조절(調節)하는 조후용신(調候用神)이 된다.

---

```
戊 乙 壬 辛
寅 亥 子 丑
```

乙木 일주(日主)가 子월에 출생하여
월지(月支) 子水가 亥子丑 삼합(三合)하여
수기(水氣)가 막강하다.

그러나 차가운 동절(冬節)의 한냉한 수기(水氣)로 인해
乙木이 얼음 속에 있어 조후(調候)가 시급(時急)하다.
마침 寅中 丙火가 생지(生地)에 있으므로
조후용신(調候用神)으로 삼아 온몸을 녹인다.

| 월별 | | 寅 | 卯 | 辰 | 巳 | 午 | 未 | 申 | 酉 | 戌 | 亥 | 子 | 丑 |
|---|---|---|---|---|---|---|---|---|---|---|---|---|---|
| 甲 | 조후 | 丙 | 庚 | 庚 | 癸 | 癸 | 癸 | 庚 | 庚 | 庚 | 庚 | 丁 | 丁 |
| | 보좌 | 癸 | 戊丙己丁 | 壬丁 | 庚丁 | 庚丁 | 庚丁 | 壬丁 | 丙丁 | 壬辛癸丁 | 戊庚丙 | 丙庚 | 丙丁 |
| 乙 | 조후 | 丙 | 丙 | 癸 | 癸 | 癸 | 癸 | 丙 | 癸 | 癸 | 丙 | 丙 | 丙 |
| | 보좌 | 癸 | 癸 | 戊丙 | | 丙 | 丙 | 己癸 | 丁丙 | 辛 | 戊 | | |
| 丙 | 조후 | 壬 | 壬 | 壬 | 壬 | 壬 | 壬 | 壬 | 壬 | 甲 | 甲 | 壬 | 壬 |
| | 보좌 | 庚 | 己 | 甲 | 癸庚 | 庚 | 庚 | 戊 | 癸 | 壬 | 庚戊壬 | 己戊 | 甲 |
| 丁 | 조후 | 甲 | 庚 | 甲 | 甲 | 壬 | 甲 | 甲 | 甲 | 甲 | 甲 | 甲 | 甲 |
| | 보좌 | 庚 | 甲 | 庚 | 庚 | 癸庚 | 壬庚 | 丙戊庚 | 丙戊庚 | 戊庚 | 庚 | 庚 | 庚 |
| 戊 | 조후 | 丙 | 丙 | 甲 | 甲 | 壬 | 癸 | 丙 | 丙 | 甲 | 甲 | 丙 | 丙 |
| | 보좌 | 癸甲 | 癸甲 | 癸丙 | 癸丙 | 丙甲 | 丙甲 | 癸甲 | 癸 | 癸甲 | 丙 | 甲 | |
| 己 | 조후 | 丙 | 甲 | 丙 | 癸 | 癸 | 癸 | 丙 | 丙 | 甲 | 丙 | 丙 | 丙 |
| | 보좌 | 甲庚 | 癸丙 | 癸甲 | 丙 | 丙 | 丙 | 癸 | 癸 | 癸丙 | 戊甲 | 戊甲 | 戊甲 |
| 庚 | 조후 | 戊 | 丁 | 甲 | 壬 | 壬 | 丁 | 丁 | 丁 | 甲 | 丁 | 丁 | 丙 |
| | 보좌 | 甲丁丙壬 | 甲丙庚 | 丁壬癸 | 戊丙丁 | 癸 | 甲 | 甲 | 丙甲 | 壬 | 丙 | 丙甲 | 丁甲 |
| 辛 | 조후 | 己 | 壬 | 壬 | 壬 | 壬 | 壬 | 壬 | 壬 | 壬 | 壬 | 丙 | 丙 |
| | 보좌 | 壬庚 | 甲 | 甲 | 癸甲 | 癸己 | 庚甲 | 戊甲 | 甲 | 甲 | 丙 | 戊甲壬 | 壬戊己 |
| 壬 | 조후 | 庚 | 戊 | 庚 | 壬 | 癸 | 辛 | 戊 | 甲 | 甲 | 戊 | 戊 | 丙 |
| | 보좌 | 戊庚 | 辛庚 | 庚 | 壬 | 癸 | 辛 | 戊 | 甲 | 甲 | 戊 | 戊 | 丙 |
| 癸 | 조후 | 辛 | 庚 | 丙 | 辛 | 庚 | 庚 | 丁 | 辛 | 辛 | 庚 | 丙 | 丙 |
| | 보좌 | 丙 | 辛 | 辛甲 | | 壬辛癸 | 壬辛癸 | | 丙 | 壬癸甲 | 辛戊丁 | 辛 | 丁 |

⑤전왕용신(專旺用神)

전왕용신이란 사주(四柱)가 木火土金水의 오행 중

일기(一氣) 즉 하나의 오행으로 된 종왕격(從旺格)을 이루고 있을 때

의 용신법(用神法)으로서 타(他) 용신법과는 차이가 나므로 여기에

소개한다. 이는 곧,

　甲乙寅卯로 구성된 木의 곡직인수격(曲直仁壽格)

　丙丁巳午로 구성된 火의 염상격(炎上格)

　戊己辰戌丑未로 구성된 土의 가색격(稼穡格)

　庚辛申酉로 구성된 金의 종혁격(從革格)

　壬癸亥子로 구성된 水의 윤하격(潤下格) 등을 말한다.


※전왕격(專旺格) 예시(例示) (가)

---

　　　　己 乙 甲 癸
　　　　卯 亥 寅 未

곡직인수격(曲直仁壽格)이다

일주(日主) 乙木이 득령(得令)하고

년지(年支)未土 일지(日支) 亥水, 시지(時支) 卯木이

亥卯未 삼합(三合)을 이루어

강(强)한 木으로 변하였고, 년간(年干) 癸水는

水원(原)이 없는 작은 물이라 왕(旺)한 木에 빨려 들었고,

시간(時干) 己土는 강(强)한 木에 극제(剋制) 당해

무력(無力)하다.


이 전왕격(專旺格)은 木이 용신(用神)이 되고,

水인 壬癸 亥子 인수(印綬)와

火인 丙丁 사오(巳午) 식상(食傷)이 희신(喜神)이 된다.

---

丙 戊 己 戊
辰 戌 未 戌

가색격(稼穡格)이다.

시간(時干) 丙火가 있으나 강(强)한 土기를

돕고 있고,

또 土기에 설기(泄氣) 당하여 없는 것과 같다.


이 사주(四柱)는 土가 용신(用神)이고, 시간(時干)

丙火와 戌中 辛金이 희신(喜神)이다.

이명(命)은 재물(財物)도 많고 현금(現金)도 많은 부격(富格)이다.

# 2. 격국(格局)

격국(格局)이란 무엇인가

격(格)이란 일간(日干)이요, 국(局)이란 월지(月支)를 말한다.

다시 말하면

격(格)은 일간(日干)인 木, 火, 土, 金, 水

오행(五行)이고,

국(局)은 월지(月支)인 寅, 卯, 辰, 巳, 午,

未, 申, 酉, 戌, 亥, 子, 丑을 말하는 바,

한마디로 말하면 일간(日干)과 출생월을 의미하고,

일간(日干) 오행의 왕(旺), 상(相), 휴(休), 수(囚), 사(死) 현상을

특정지은 말이기도 하다.


자동차에 비유하면

승용차, 승합차, 버스 등은 격(格)이요,

5인승, 9인승, 40인승 등은 국(局)으로서

승용차 5인승 하면 5명이 탈 수 있는 자동차가 되고,

승합차 9인승 하면 9명이 탈수 있는 자동차가 되므로

그것이 그 자동차의 품격이 되는 것이다.


이와 같이 물품에는 품격(品格)이 있고

사람에게는 인격(人格)이 있듯이

사주(四柱)에는 격국(格局)이 있다.

사주(四柱)는 천태만상으로 동일한 사주는 거의 없으며

총 518,400개의 사주형식이 성립된다.

물품에는 이름이 있고 성질과 규격이 있어 그 이름과 성질 및 규격을 알기 전에는 그 물품의 진가를 알 수 없듯이,

사주 에서도 격국을 모르고서는 운명을 감정할 수 없다.

그러므로 격국은 사주명리의 생명(生命)이라고 할 수 있다.


격국(格局)에는 내격(內格)과 외격(外格)[특수격(特殊格) 포함]이 있다.


내격(內格)과 외격(外格)을 설명하기 전에 내격(內格)과 외격(外格)에 대한 견해가 상이(相異)한 설명이 있어 격국 공부에 차질과 혼란을 초래할 우려가 있으므로 격국에 대한 취사선택의 이해를 돕고자 다음 과 같이 설명한다.


첫째, 적천수(適天髓)에서는

"재관인수(財官印綬) 분편정(分編正) 겸론식상(兼論食傷) 팔정격(八正格)"이라고 하여

내격(內格)에는 정재(正財) 편재(偏財) 정관(正官) 편관(偏官) 정인(正印) 편인(偏印) 식신(食神) 상관(傷官)의 8격(格)만 인정하고 있고,


둘째, 적천수징의(適天髓徵義)에서는

내격(內格)을 정격(定格)이라고 하여 관인상생(官印相生) 재관(財官) 살인상생(殺印相生) 재자약살(財滋弱殺) 식신제살(食神制殺) 식신생재(食神生財) 상관패인(傷官佩印) 상관생재(傷官生財)의 8격(格)을 인정하고 있으며,

외격(外格)을 변격(變格)이라고 하여 종재(從財) 종살(從殺) 종관(從官) 종아(從兒) 종기(從氣) 종강(從强) 종세(從勢) 종왕(從旺)격을 인정하고 있다.

단, 종왕격(從旺格)은 일행득기(一行得氣)와 양기성상격(兩氣成象格)으로 나누고, 일행득기격(一行得氣格)에는 곡직(曲直) 염상(炎上) 윤하(潤下) 종혁(從革) 가색격(稼穡格)으로, 양기성상격(兩氣成象格)은 다시 양기상생격(兩氣相生格)과 양기상성격(兩氣相成格)으로 나누며,

양기상생격(兩氣相生格)에는 土火 火土 土金 金水 水木격과,

양기상성격(兩氣相成格)에는 木土 土水 水火 火金 金木격으로 나누어 인정하고 있다.

그 외(外)에는 특히 신살격(神殺格)이라 하여

"길흉신살의 다양한 종류들이 어찌 생극제화(生剋制化)의 한 가지 이치에 부합하겠는가"라는 천금부(天金賦)의 이론에 따라

외격(外格) 중 변격(變格)을 제외한 특수격(特殊格)은 일체 인정하지 않고 있다.

셋째,

그러나 연해자평(淵海子平) 명리정종(命理正宗)의 내격(內格)과 외격(外格)[특수격(特殊格)]은 현재 실제로 사주감정에 수없이 많이 활용되고 있고 적중률이 높아 무시할 수 없으며,

우리나라에서 가장 유명하고 독보적인 명리서(命理書)인 사주첩경(四柱捷徑)에서도 연해자평(淵海子平)과 명리정종(命理正宗)의 이론(理論)을 받아들여 내격(內格)와 외격(外格)[특수격(特殊格)]으로 수없이 많은 임상사례들을 설명하고 있다.

넷째,

그러므로 필자는 사주첩경(四柱捷徑)의 이론(理論)에 따라 격국(格局)을 설명한다.

그렇지만 천금부(天金賦)의 신살이론(神殺理論)이 정설(正設)이 되려면 신살(神殺) 없는 간명(看命)이 소위 신살격(神殺格)보다 높은 적중률이 입증(立證)되어야만 할 것이다.

 필자는 마음속으로 그렇게 되기를 간절히 기원한다.

## ☆ 격(格)의 종류

격(格)에는 내격(內格)과 외격(外格)으로 구분(區分)하며, 내격(內格)은 다시 10격(格)으로 나누고, 외격(外格)은 대별(大別)하여 다음 6가지로 분류한다.

①전왕격(專旺格), ②잡기격(雜氣格), ③화격(化格), ④양신성상격(兩神成象格), ⑤종격(從格), ⑥특수격(特殊格)

## 1) 내격(內格)

내격(內格)은 정격(正格)이라고 한다.

내격(內格)은 원래 8격(格)이었으나 건록격(建祿格) 양인격(陽刃格)을 추가하여 10격(格)이 되며, 10정격(正格)은 다음과 같다.

---

정관격(正官格) 편관격(偏官格) 정재격(正財格) 편재격(偏財格)

정인격(正印格) 편인격(偏印格) 식신격(食神格) 상관격(傷官格)

건록격(建祿格) 양인격(陽刃格)

---

내격(內格)을 선정하는 데는 다음의 4가지 원칙이 있다.

---

- 월지(月支)의 암장(暗藏) 중 정기(定氣) 투간자(透干者)

- 월지(月支)의 암장(暗藏) 중 초기(初氣) 중기(中氣) 투간자(透干者)

- 사주(四柱) 내(內) 유력자(有力者)

- 비겁(比劫)은 월지(月支)의 암장(暗藏) 투간자(透干者)와 사주(四柱)
   내(內) 유력자(有力者)도 격(格)을 잡을 수 없다.

---

① 정관격(正官格)

정관격(正官格)은 월지(月支) 장간(藏干)의 정관이 천간(天干)에 투출(透出)되거나 천간에 정관이 특출되지 않아도 월지에 정관이 있을 경우와 월지에 정관이 없어도 사주 내에 정관이 다른 육신(六神)보다 강할 경우에는 정관격(正官格)이 된다.


가. 정관격(正官格)의 종류
  1) 正官用財格(日柱强 食傷多 印綬多)
     정관용재격(일주강 식상다 인수다)
  2) 正官用官格(日柱强 比劫多)
     정관용관격(일주강 비겁다)
  3) 正官用印格(日柱弱 官殺多 食傷多)
     정관용인격(일주약 관살다 식상다)
  4) 正官用劫格(日柱弱 財多)
     정관용겁격(일주약 재다)

## 나. 정관격(正官格) 예시(例示)

**甲 己 丙 甲**

**子 丑 寅 子**

己土가 寅月에 출생하여 신약(身弱)하다.

월지(月支) 장간(藏干)에 甲木이 투출(透出)하여

정관격(正官格)이 되며 寅중 丙火가 용신(用神)이 되므로

정관용인격(正官用印格)이 되고 관인상생격(官印相生格)이

되기도 한다.


## 다. 정관격(正官格) 해설(解說)

정관격(正官格)의 시결(詩訣) 중 중요한 것만 골라 설명하니 사주감정에 활용하고 연구하기 바람.

1) 正官 須在月中求 無破無傷 貴不休

   (정관 수재월중구 무파무상 귀불휴)

   정관은 월에서 찾고 파하고 상함이 없으면 귀하다.


2) 正官 印德性情純 詞官文章 可立身

   (정관 인덕성정순 사관문장 가입신)

   정관은 사람됨이 어질고 덕이 있고 순박하며 관직에서 성공한다.


3) 官印 相生逢歲運 玉堂金馬 坐朝臣

   (관인 상생봉세운 옥당금마 좌조신)

   관인이 상생하는 세운을 만나면 승진하고 중요직에 발탁된다.

②편관격(偏官格)

편관격(偏官格)은 월지(月支) 장간(藏干)의 편관(偏官)이 천간(天干)에
투출(透出)하거나, 천간(天干)에 편관(偏官)이 투출(透出)되지 않아도
월지(月支)에 편관(偏官)이 있을 경우와 월지(月支)에 편관(偏官)이
없어도 사주(四柱) 내에 편관(偏官)이 다른 육신(六神)보다 강(强)할
경우에는 편관격(偏官格)이 된다.

가. 편관격(偏官格)의 종류(種類)
 1) 七殺用食傷格(日柱强 官殺多)
    칠살용식상격(일주강 관살다)
 2) 七殺用財格(日柱强 印綬多)
    칠살용재격(일주강 인수다)
 3) 七殺用印格(日柱弱 官殺多 食傷多)
    칠살용인격(일주약 관살다 식상다)
 4) 七殺用劫格(日柱弱 財多)
    칠살용겁격(일주약 재다)

나. 편관격(偏官格)의 용어(用語) 및 격명(格名)
 1) 재자약살격(財滋弱殺格)
    (신왕약살(身旺弱殺)할 때 살(殺)을 도우는 재(財)가 용(用)일 때)
 2) 살중용인격(殺重用印格)
    (살(殺)이 왕(旺)하였을 때 인수(印綬)로 용(用)하여 살인상생(殺印
    相生)할 때)
 3) 식신제살격(食神制殺格)
    (살(殺)이 왕(旺)할 때 식신(食神)을 용하여 살(殺)을 격퇴할 때)

4) 거관유살격(去官留殺格)

 (정관(正官) 편관(偏官)이 있을 때 정관(正官)이 합(合)하여 살(殺)만 남을 때)

5) 거살유관격(去殺留官格)

 (정관(正官) 편관(偏官)이 있을 때 편관(偏官)이 합(合)하여 정관(正官)만 남을 때)

6) 제살태과격(制殺太過格)

 (살(殺)을 제(制)하는 육신(六神)이 너무 강(强)해 병(病)이 될 때)

7) 살중제경격(殺重制輕格)

 (살(殺)을 제(制)하는 식신(食神)이 너무 약(弱)해 살(殺)을 제(制)하지 못할 때)

8) 살인상정격(殺印相停格)

 (살(殺)이 왕(旺)할 때 명중(命中)에 양인(陽刃)이 있어 살(殺)과 인(刃)이 합할 때)

## 다. 편관격(偏官格) 예시(例示)

丁 乙 辛 癸
亥 酉 酉 未

乙木 일주(日主)가 酉월에 출생하여 년간(年干) 癸水와
시지(時支) 亥水의 생(生)을 받았으나 신약(身弱)하다.

그런 중 월지(月支) 酉중 辛金이 월간(月干)에
투출(透出)하여
일지(日支) 酉金의 도움을 받아 막강한 편관격(偏官格)이 된다.
막강한 살(殺)을 제(制)하는 것이 급(急)하므로 亥와 未 중에
통근(通根)한 시간(時干) 丁火가 강(强)하여 살(殺)을 제(制)하는
용신(用神)이 된다.

이런 경우 칠살용식상격(七殺用食傷格)이라고 하며,
또 식신제살격(食神制殺格)이라고도 한다.

라. 편관격(偏官格) 해설(解說)

편관격(偏官格)은 칠살격(七殺格)이라고도 한다.

시결(詩訣) 중에 중요한 것만 설명(說明)하니 사주(四柱) 감정(鑑定)에 활용하고 연구하기 바람.


1) 身弱虎强 成禍患 身强制伏 貴中和
   (신약호강 성화환 신강제복 귀중화)

   일간(日干)이 신약하고 편관이 강하면 흉(凶)이 많고, 일간(日干)이 신강하여 칠살을 제(制)하면 중화(中和)되어 귀격이 된다.


2) 偏官有制 化爲權 唾手登雲 發小年
   (편관유제 화위권 타수등운 발소년)

   편관 칠살격이 제(制)함이 있으면 소년 등과 한다.


3) 偏官不可 例言凶 有制還化 衣祿豊
   (편관불가 예언흉 유제환화 의록풍)

   干上食神 支又合 兒孫滿眼 福無窮
   (간상식신 지우합 아손만안 복무궁)

   편관칠살을 예를 들어 좋지 않다고 말하지 마오. 제(制)함이 있으면 의식이 풍족하고, 식신이 간지에서 제(制)하면 자손이 흥하고 복이 많도다.


4) 陰鬼多逢 己字傷 殺星須用 木來降
   (음귀다봉 기자상 살성수용 목래강)

   雖然名利 昇高顯 爭奈兒孫 壽不長
   (수연명리 승고현 쟁나아손 수부장)

子중(癸水) 편관(偏官)이 己土가 많아, 편관이 상할 경우에는 木으로 己土를 제(制)하면, 명리를 얻을 수 있으나, 자식과 의견이 맞지 않아 다툼이 있거나 사이가 좋지 않고, 그 자손이 수(壽)가 길지 못하다.

5) 戊己若逢 見官殺 局中金水 更可臨
   (무기약봉 견관살 국중금수 갱가림)

   當生有化 宜逢火 火退愁金 怕木侵
   (당생유화 의봉화 화퇴수금 파목침)


   戊己土가 살(殺)을 만나고 명(命) 중에 金水가 있으면 金水 상생하여 살(殺)을 도우는데, 명(命) 중 또는 운(運)에 火가 있으면 金을 제(制)하므로 火가 길운이나, 火가 물러나면 金이 살아나서 金生水 水生木하여 金이 걱정스럽고 木의 살(殺)이 겁난다.

③ 정재격(正財格)

정재격(正財格)은 월지(月支) 장간(藏干)의 정재(正財)가 천간(天干)에 투출(透出)하거나, 천간(天干)에 정재(正財)가 투출(透出)되지 않아도 월지(月支)에 정재(正財)가 있을 경우와 월지(月支)에 정재(正財)가 없어도 사주(四柱) 내(內)에 정재(正財)가 다른 육신(六神)보다 강(强)할 경우에는 정재격(正財格)이 된다.

가. 정재격(正財格)의 종류(種類)

1) 正財用財格(日主强 印綬多 또는 比劫多)

정재용재격(일주강 인수다 또는 비겁다)

2) 正財用食傷格(日主强 比劫多)

정재용식상격(일주강 비겁다)

3) 正財用官殺格(日主强 比劫多)

정재용관살격(일주강 비겁다)

4) 正財用印格(日主弱 官殺多 또는 食傷多)

정재용인격(일주약 관살다 또는 식상다)

5) 正財用比劫格(日主弱 財多)

정재용비겁격(일주약 재다)

나. 정재격(正財格) 예시(例示)

---

**庚 庚 己 乙**
**辰 申 卯 未**

庚金 일주(日主)가 卯월에 출생하여 실령(失令)하였으나
월간(月干) 己土 시지(時支) 辰土의 생(生)을 받고
일지(日支) 申金에 녹근(祿根)하고 시간(時干) 庚金의
부조(扶助)를 받아 신약(身弱)이 신강(身强)으로 변하였다.

그런 중 월지(月支) 卯중 乙木이 투간(透干)하고
년지(年支) 未와 卯未로 합목(合木)하여 정재(正財)
역시 강(强)하므로 卯중 乙木을 용신(用神)으로 삼는다.
이 경우가 신왕재왕격(身旺財旺格)이 된다.

---

다. 정재격(正財格) 해설(解說)

정재격(正財格)의 시결(詩訣)을 다음과 같이 소개하니 사주감정에 활용하고, 또 연구하기 바람.

1) 正財無破 乃生官 身旺生財 祿位寬
   (정재무파 내생관 신왕생재 녹위관)

   정재가 무파면 재생관하니 신강하면 부(富)와 직(職)이 향상된다.

2) 身弱財多 徒費力 輕財分奪 禍多短
   (신약재다 도비력 경재분탈 화다단)

신약하면서 재다면 외화내빈이요, 재(財)가 가벼우면 여러 가지
화(禍)가 발생한다.


3) 正財得位 主當權 日主高强 得萬金
   (정재득위 주당권 일주고강 득만금)


정재가 강하면 권리를 주도하고, 일주가 신강해야 부자가 된다.


4) 正財還與 月宮日 最怕干支 遇沖破
   (정재환여 월궁일 최파간지 우중파)


정재가 월주와 일지에 있어 재생관(財生官)할 때에 제일 겁내는
것은 간지에 충파를 만나는 것이다.

④편재격(偏財格)

편재격(偏財格)은 월지(月支) 장간(藏干)의 편재(偏財)가 천간(天干)에 투출(透出)되거나, 천간(天干)에 투출(透出)되지 않아도

월지(月支)에 편재(偏財)가 있을 경우와 월지(月支)에 편재(偏財)가 없어도 사주(四柱) 내(內)에 편재(偏財)가 다른 육신(六神)보다 강(强)할 경우에는 편재격(偏財格)이 된다.

가. 편재격(偏財格)의 종류(種類)

 1) 偏財用財格(日主强 印綬多 또는 比劫多)

   편재용재격(일주강 인수다 또는 비겁다)

 2) 偏財用食傷格(日主强 比劫多)

   편재용식상격(일주강 비겁다)

 3) 偏財用官殺格(日主强 比劫多)

   편재용관살격(일주강 비겁다)

 4) 偏財用印格(日主弱 官殺多 또는 印綬多)

   편재용인격(일주약 관살다 또는 인수다)

 5) 偏財用比劫格(日主弱 財多)

   편재용비겁격(일주약 재다)

## 나. 편재격(偏財格) 예시(例示)

丁 丁 丁 辛
未 巳 酉 丑

丁火 일주(日主)가 酉월에 태어나 酉중辛金

정기(正氣)가 투출(透出)하고 지지(地支)에 巳酉丑

삼합(三合)金국(局)하여 편재(偏財)가 막강한 편재격(偏財格)이 되었다.

그런 중 일주(日主) 丁火는 월시간(月時干) 丁火와

일시지(日時支) 巳未火 와 그리고 巳未 중 午록(祿)이

공(拱)하였으나

巳酉丑 金국(局)으로 변(變)한 巳火로 인(因)해

약(弱)하므로 巳중 丙火)로 용신(用神)을 삼는다.

## 다. 편재격(偏財格) 해설(解說)

편재격 시결(詩訣) 중 중요한 것을 소개하니 연구하시기 바람.

1) 偏財身旺 時英豪 羊刃無侵 祿位高

   (편재신왕 시영호 양인무침 록위고)

   편재신왕하면 영웅호걸과 같은데 양인의 침입이 없어야 복이된다.

2) 結識有情 性多康慨 若還身弱 謾徒勞

   (결식유정 성다강개 약환신약 만도로)

   편재격은 지혜 있고 유정하여 의분심이 강하나 만약 신약하면 헛고생만 하게 된다.

3) 月偏財是 衆人財 最忌干支 兄弟來

(월편재시 중인재 최기간지 형제래)

　월의 편재는 대중의 재(財)를 취득하는 것인데 간지(干支)에 비겁(比劫)이 있으면 좋지 않다.

4) 身旺財旺 皆爲福 若帶官星 足妙哉

(신왕재왕 개위복 약대관성 족묘재)

　신강 재강 하면 큰 복인데 만약 관성까지 있으면 더욱 좋다.

5) 凡見偏財 遇劫星 田遠破盡 苦還貧

(범견편재 우겁성 전원파진 고환빈)

　傷妻損妾 多遣辱 食不相資 困在陳

(상처손첩 다견욕 식불상자 곤재진)

　편재격이 비겁을 보면 재산을 탕진하고 가난할 뿐 아니라 처첩을 잃고 욕됨이 많으니 식생활에 막힘이 있어 공자가 진나라에서 7일간 굶은 것과 같은 일이 일어난다.

6) 偏財身旺 要見官 運入官鄕 發利名

(편재신왕 요견관 운입관향 발리명)

　편재격이 신왕하면 관성이 있으면 좋은데 운에서 관을 만나도 명리가 좋아진다.

⑤정인격(正印格)..........인수격(印綬格)

⑥편인격(偏印格)..........인수격(印綬格)


정인(正印)과 편인(偏印)은 별도로 구분하지 않고 총칭하여 인수(印綬)라고 하는 바,

정인격(正印格)과 편인격(偏印格)도 각각 따로 설명하지 않고 인수격(印綬格)으로 합(合)하여 설명한다.


인수격(印綬格)은 월지(月支) 장간(藏干)의 인수(印綬)가 천간(天干)에 투출(透出)되거나, 천간(天干)에 투출(透出)되지 않아도 월지(月支)에 인수(印綬)가 있을 경우와 월지(月支)에 인수(印綬)가 없어도 사주(四柱) 내(內)에 인수(印綬)가 다른 육신(六神)보다 강(强)할 경우에는 인수격(印綬格)이 된다.

가. 인수격(印綬格)의 종류(種類)

1) 印綬用殺官格(日主强 財多)

인수용살관격(일주강 재다)

2) 印綬用財格(日主强 印綬多)

인수용재격(일주강 인수다)

3) 印綬用印格(日主弱 食傷・官殺多)

인수용인격(일주약 식상・관살다)

4) 印綬用食傷格(日主强 比劫多)

인수용식상격(일주강 비겁다)

5) 印綬用比劫格(日主弱 財多)

인수용비겁격(일주약 재다)

## 나. 인수격(印綬格) 예시(例示)

**庚 丁 己 乙**
**子 亥 卯 亥**

丁 일주(日主)가 卯월에 출생하여 卯中乙木이
년간(年干)에 투출(透出)하여 인수격(印綬格)을 이루었고 명중(命中)에
金水가 강(强)하여 신약(身弱)하다.

그러나 년과 일지의 亥水 천을귀인(天乙貴人)이 亥卯로
합(合)하여 일주(日主)를 돕고 있어 중화(中和)를 이루었으나
亥子가 합(合)하여 金水도 역시 강(强)하므로
卯中乙木을 용신(用神)으로 삼는다.

소위 격과 용신이 일치되는 귀한 진용신이 된데다가
정재(正財) 정관(正官) 인수(印綬)를 갖춘 삼기(三寄)가 되었으며,
亥에서 천문(天門)이 열리고 이귀천을(二貴天乙)에다가
오행(五行)이 순환상생 되는 귀격을 이루었다.

이 사주의 주인공은 이승만(李承晩) 박사로 우리나라의 1,2,3대 대통령을
역임 하신 분이다.
57세 이후에는 희신(喜神)인 水운을 만나 그 이름이 천하에
알려졌고 壬申운 戊子년에 1대, 辛未운
壬辰년에 2대, 丙申년에 3대 대통령에 당선되었다.

그러나 庚申운은 용신을 극하므로 庚寅 辛卯년에
6.25 동란을 만났고 庚子 辛丑년에 4.19 의거를 만나
하야하게 되었으며,

庚운 중 乙巳년 癸未월 癸酉일 즉 91세 되는
6월 28일에는 대운이 용신(用神)을 합거(合去)하고
巳火는 亥水를 충(沖)하였으며
未월에는 용신이 입묘되고 酉일에 용신을 충(沖)하여 서거하였다.

다. 인수격(印綬格) 해설(解說)

인수격(印綬格) 시결(詩訣) 중요하다고 생각되는 것만 소개하니 사주 감정 및 통변에 활용하고 또 시결(詩訣)을 연구하기 바람.

1) 印綬重重 享成見 食神只恐 暗相刑
   (인수중중 향성견 식신지공 암상형)
   早年若不 歸泉世 孤苦離鄕 宿疾榮
   (조년약불 귀천세 고고이향 숙질영)
   인수가 거듭 있으면 신왕하여 복을 누리지만 식신이 편인을 만나면 도식이 되어 두려워하고 그렇지 않으면 생명이 위험하거나 질병을 오래 앓는다.

2) 重重生氣 若無官 當作淸高 技藝看
   (중중생기 약무관 당작청고 기예간)
   官殺不來 無爵祿 總爲技藝 也孤寒
   (관살불래 무작록 총위기예 야고한)
   重重印綬 格淸氣 更更支干 仔細推
   (중중인수 격청기 갱갱지간 자세추)
   사주에 인수가 거듭 있고 관살이 없으면 그 사람은 이름 있는 기술자나 예술가이고, 관살이 없으면 관직이 없으므로 재능은 많으나 가난하거나 외로우며, 또 인수가 거듭 있으면 한 번 더 간지(干支)를 살펴볼 것이며, 만약 관(官)은 없고 도화(桃花)만 있으면 가산을 축내는 풍류아이다.

3) 印綬干支 喜自然 功明豪富 祿高遷

  (인수간지 희자연 공명호부 록고천)

   若逢財運 來相印 退職休官 免禍愆

  (약봉재운 래상인 퇴직휴관 면화건)

  인수가 간지에 있으면 기쁨이 있고 공명과 부와 록이 높아지는 것
  이지만, 만약 재운을 만나면 퇴직당하고 좌천되지만 다른 재앙은
  없다.

⑦ 식신격(食神格)

식신격(食神格)은 월지(月支) 장간(藏干)의 식신(食神)이 천간(天干)에 투출(透出)되거나, 천간(天干)에 식신(食神)이 투출(透出)되지 않아도 월지(月支)에 식신(食神)이 있을 경우와, 월지(月支)에 식신(食神)이 없어도 사주(四柱) 내(內)에 식신(食神)이 다른 육신(六神)보다 강(強)할 경우 식신격(食神格)이 된다.

가. 식신격(食神格)의 종류(種類)

1) 食神用官格(日主強 財多)

식신용관격(일주강 재다)

2) 食神用殺格(日主強 財多)

식신용살격(일주강 재다)

3) 食神用印格(日主弱 食傷多 또는 官殺多)

식신용인격(일주약 식상다 또는 관살다)

4) 食神用財格(日主強 食傷多 또는 印綬多)

식신용재격(일주강 식상다 또는 인수다)

5) 食神用劫格(日主弱 財多)

식신용겁격(일주약 재다)

## 나. 식신격(食神格) 예시(例示)

丁 乙 庚 甲
丑 亥 午 戌 ·

乙木 일주(日主)가 午월에 출생하고 午중丁火 정기가 시간(時干)에 투출 (透出)하여 식신격(食神格)을 이루었다.

그러나 午戌로 合火하여 상관격(傷官格)이라고 생각할 수

있으나, 午戌로 반합하여 火기 완전하지 않고

戌중丁火는 음화(陰火)로 식신격(食神格)에 가깝고

상관격(傷官格)과는 거리가 멀다고 생각한다.

식신(食神)이나 상관(傷官)의 관(官)은 병(病)이 된다. 金水 상관은 예외)

그러므로 이 사주는 丑午戌 중에 통근한 庚金이

기신(忌神)이 되고 亥중甲木이 용신(用神)이 된다.

주(註) : 식신(食神)이 둘 이상이면 상관(傷官)이 된다.

※ 참고 : 사주에 병(病)이 있어야 부귀(富貴)를 얻을 수 있다고 오언독보(五言獨步)
에서 설명하고 있으며, 또 사주에 병(病)과 약(藥)을 확실히 가려내야만
오행(五行)의 생(生) 왕(旺) 법(法)에 부족한 면을 보충할 수 있다고 한
명리정종(命理正宗)의 병약설(病藥設)을 잘 숙지하시기 바람

다. 식신격(食神格) 해설(解說)

식신격(食神格) 시결(詩訣) 중 중요하다고 생각되는 것만 소개하니 사주감정 및 통변에 활용하고 또 시결(詩訣)을 연구하시기 바람.

1) 食神有氣 勝財官 先要他強 旺本干

(식신유기 승재관 선요타강 왕본간)

식신이 강하면 재관보다 좋은데 그에 앞서 일주가 강해야 한다.

2) 若是反梟 來奪食 忙忙辛告 禍千般

(약시반효 래탈식 망망신고 화천반)

식신이 편인(偏印)을 만나면 탈식(奪食)이 되어 식신이 상하게 되어 바쁜 중에 고생이 많고 흉화(凶禍)가 많아 좋지 않다

3) 食神無損 格崇高 甲丙庚壬 貴氣牢

(식신무손 격숭고 갑병경임 귀기로)

식신이 손상되지 않으면 격이 숭고한데 甲木에 丙火요, 庚金에 壬水요, 丁火에 己土요, 乙木에 丁火 등인데 이럴 경우 복과 록이 함께 한다.

4) 丁己乙丁 多福祿 門申弧矢 出英豪

(정기을정 다복록 문신호시 출영호)

甲木이 丙火를 보면 丙火에게 기를 주므로 기를 빼앗겼다 하고, 丙火와 戊土 역시 같은 경우로 이를 이름하여 식신이라고 한다.

5) 心廣體胖 衣祿厚 若臨偏印 主孤貧

(심광체반 의록후 약림편인 주고빈)

식신은 몸은 살찌고 마음이 넓고 의록이 풍부하다. 그러나 편인을 만나면 외롭고 가난해진다.

6) 壽元合起 最爲奇 七殺何憂 在歲時

(수원합기 최위기 칠살하우 재세시)

수명의 근본이 좋은데다가 년과시에 식신이 있으면 칠살을 제하므로 근심이 없다

7) 禁凶制殺 干頭旺 此是人間 富貴兒

(금흉제살 간두왕 차시인간 부귀아)

흉한 칠살을 제하는 식신이 간두에 있으면 그 사람은 부귀아이다.

8) 食神居先 殺居後 衣食再生 富貴厚

(식신거선 살거후 의식재생 부귀후)

식신이 먼저 있고 칠살이 뒤에 있으면 의식과 부귀가 뒤따른다.

9) 申時戊日 食神寄 惟在秋冬 福祿齋

(신시무일 식신기 유재추동 복록재)

戊일 申時 대단히 좋은데 오직 추동생 이라야 복록이 있다.

10) 甲丙寅卯 來剋破 遇而不遇 主孤離

(갑병인묘 래극파 우이불우 주고리)

갑병인묘자를 만나면 파격되어 흉하다.

⑧ 상관격(傷官格)

상관격(傷官格)은 복잡하다. 연해자평(淵海子平)에서도 『상관격(傷官格)은 변화가 많으니 자세히 살펴야 한다』라고 주의를 환기시키고 있으니 상관격(傷官格)을 감정(鑑定)할 때는 다른 격(格) 보다 신경을 기울여야 할 것이다.

상관격(傷官格)은 월지(月支) 장간(藏干)의 상관(傷官)이 천간(天干)에 투출(透出)되거나 천간(天干)에 상관(傷官)이 투출(透出)되지 않아도 월지(月支)에 상관(傷官)이 있을 경우와 월지(月支)에 상관(傷官)이

없어도 사주(四柱) 내(內)에 상관(傷官)이 다른 육신(六神)보다 강(强)할 때 상관격(傷官格)이 된다.

가. 상관격(傷官格)의 종류(種類)

　1) 眞傷官格(月支傷官)

　　　진상관격(월지상관)

　2) 假傷官格(月支가 아닌 他柱에 傷官多)

　　　가상관격(월지가 아닌 타주에 상관다)

　3) 傷官用印格(日主弱 食傷多 官殺多)

　　　상관용인격(일주약 식상다 관살다)

　4) 傷官用殺格(日主强 比劫多)

　　　상관용살격(일주강 비겁다)

　5) 傷官用財格(日主强 比劫多)

　　　상관용재격(일주강 비겁다)

　6) 傷官用劫格(日主弱 財多)

　　　상관용겁격(일주약 재다)

　7) 傷官用傷官格(日主强 官多 또는 官弱)

　　　상관용상관격(일주강 관다 또는 관약)

390

나. 상관격(傷官格) 예시(例示)

1) 예시(例示) 1

己 丙 辛 己
丑 寅 未 丑

丙火 일주(日主)가 未월에 출생하여 未중
정기 己土가 투출(透出)하여 진상관격(眞傷官格)이 되었다.
丙火 일주(日主)가 설기가 심하므로 寅중甲木이
녹지(綠地)에 있어 강하므로 甲木 즉 인수(印綬)로
용신(用神)을 삼는다

2) 예시(例示) 2

乙 丁 戊 戊
巳 巳 午 申

가상관격(假傷官格)으로 火土 상관격(傷官格)이기도 하다.
丁火 일주(日主)가 午월에 출생하여 일시(日時)의
木火와 합하여 신강(身强)하므로 午중己土로
격(格)을 정하고 년지(年支) 申金으로 용신(用神)을 삼는다

## 3) 예시(例示) 3

己 庚 壬 壬
卯 辰 子 戌

상관용인격(傷官用印格) 즉 신약용인격(身弱用印格)으로
金水상관격(傷官格)이기도 하다.
庚金 일주(日主)가 子월에 태어나 년지戌土
시간己土와 일지 辰土의 생(生)을 받았으나
약(弱)하다. 그런 중에 일지 辰土는 子辰으로
水化되어 신약은 분명하다.
년지戌土가 차가운 냉기를 줄이고 왕(旺)한 水기를
막으므로 용신(用神)으로 삼는다.
시지卯木은 용신(用神)을 극(剋)하므로 기신(忌神)이 된다.

## 4) 예시(例示) 4

丁 戊 辛 戊
巳 午 酉 子

상관용재격(傷官用財格)이다.
土金상관격(傷官格)이 되기도 하고 상관생재격(傷官生財格)
이기도 하다.
戊土日主가 일인(日刃)이 되고 년지戊土
시주丁巳火의 생조(生助)를 받아 신강(身强)하다.
용신(用神)은 월주辛酉金의 생을 받은 연지 子水 즉 가을물이 되어 용신
(用神)도 강하다

## 5) 예시(例示) 5

己 戊 辛 癸
未 申 酉 亥

상관용겁격(傷官用劫格)이다.
戊土日主가 金기가 강하므로 신약(身弱)하다.
시지未土가 월간己土의 부조(扶助)를 받아
그런대로 쓸만하므로 용신(用神)으로 삼는다.
조상의 재물을 물려받아 축내지는 않을 것이다.

## 6) 예시(例示) 6

庚 壬 己 庚
子 辰 卯 辰

상관용상관격(傷官用傷官格)이다. 水木상관격(傷官格)이 되기도 한다.
壬水 괴강(魁罡) 일주(日主)가 년간庚金
시주金水의 도움으로 강(强)이고,
일지辰土 년지辰土는 물에 젖어 있어
사주(四柱) 전체가 水기가 왕양 하므로 卯중 乙木을
용신(用神)으로 삼으니 상관격(傷官格)에 상관(傷官) 용신(用神)이
되는 진용신이 되었다.

## 7) 예시(例示) 7

乙 戊 己 壬
卯 戌 酉 戌

상관용관격(傷官用官格)이다.
戊土日主가 酉월에 출생하여 년지(年支) 일지(日支)
戌土 월간(月干) 己土가 힘을 합(合)하고 일시지가
火로 변하여 신강(身强)하므로 시간 乙木이 시지(時支)
卯중乙木에 뿌리 내려 튼튼하므로 용신(用神)으로 삼으니
상관용관격(傷官用官格)이다.

다. 상관격(傷官格) 연구(硏究)

(1) 진상관격(眞傷官格)

월지에 상관을 놓아 신약사주일 때 진상관격이 되며, 용신은 인수가 된다. 그러나 운에서 상관을 만나면 대흉(大凶)한다.

(2) 가상관격(假傷官格)

월지가 아닌 타주에 상관이 많을 때 가상관격(假傷官格)이 된다.

(3) 파료상관(破了傷官)

신강사주에 상관이 용신이 되었을 때 상관용신을 극하는 인수운을 만나면 파료상관 되어 대흉(大凶)한다.

(4) 상관상진(傷官傷盡)

사주 내에 상관이 많아 신약사주가 되었을 때 운에서 인수가 들어와 상관으로 인한 일주의 설기를 막아 주는 것을 말한다.

(5) 진상관격(眞傷官格)이 변한 가상관격(假傷官格)

월지에 상관이 있어 진상관격이 되었을 때 타주에 인수나 비겁이 많아 신강이 되었으면 가상관격으로 격이 변한 것이다.

(6) 가상관격(假傷官格)이 변한 진상관격(眞傷官格)

월지에 인수나 비겁이 있어 신강하나 타주에 상관이 많아 신약이 되었으면 진상관격(眞傷官格)으로 변한 것이다.

(7) 상관(傷官) 특성(特性)

○ 木火상관(傷官) – 명랑(明朗) 다지(多智)

○ 火土상관(傷官) – 학덕(學德) 청수(淸秀)

○ 土金상관(傷官) – 다예(多藝) 다능(多能)

○ 金水상관(傷官) – 박학(博學) 능문(能文)

○ 水木상관(傷官) – 다능(多能) 다재(多才)

(8) 상관(傷官)에 대한 이해(理解)

所謂 傷官見官 爲禍百端 皆日主衰弱

(소위 상관견관 위화백단 개일주쇠약)

用比劫幇身 見官則 次劫受剋 所以有禍

(용비겁방신 견관즉 차겁수극 소이유화)

若局中有印 見官不但無禍 而且有福也

(약국중유인 견관부단무화 이차유복야)

이른바 상관이 관을 보면 재앙이 백가지로 발생한다는 말은 모두 다 일주가 약하기 때문이다. 비겁으로 용신을 삼고 있는 경우에 관성을 보면 비겁이 손극을 받게 되어 재앙이 발생하는 것을 말하는데 만약 사주에 인성이 있다면 관을 보아도 재앙이 발생하지 않고 도리어 복이 된다고 적천수징의(適天髓徵義)의 임철초(任鐵樵)님은 말하고 있다

라. 상관격(傷官格) 해설(解說)

상관격 시결(詩訣) 중 중요하다고 생각되는 것만 소개하니 사주감
정 및 통변에 활용하고 또 시결(詩訣)을 연구하시기 바람.


1) 傷官傷盡 最爲奇 尤恐傷多 反不宜

(상관상진 최위기 우공상다 반불의)

상관은 상진되면 좋지만 그렇다고 너무 상하면 좋지 않다


2) 此格局中 千變化 推盡須要 用心機

(차격국중 천변화 추진수요 용심기)

상관격은 변화가 많으므로 주의해서 잘 살펴야 한다.


3) 火土傷官 宜傷盡 金水傷官 要見官

(화토상관 의상진 금수상관 요견관)

火土상관은 土가 상진되어야 하고 金水상관은 주중에 관을 요한다


4) 木火傷官 官有旺 土金官去 不成官

(목화상관 관유왕 토금관거 불성관)

木火상관은 관이 왕해야 하고 土金관이 거하면 관이 성립되지 않고

5) 惟有水木 傷官格 財官兩見 始爲歡

(유유수목 상관격 재관양견 시위환)

水木상관은 재관이 있어야 좋고

6) 傷宜不可 例言凶 辛日壬辰 貴在中

(상의불가 예언흉 신일임진 귀재중)

상관이라고 흉하다고 말라 辛일 壬辰은

7) 生在秋冬 方秀氣 生於四季 主在豊

(생재추동 방수기 생어사계 주재풍)

가을에 출생하면 金水 상청이 되고 사계를 만나면 귀(貴)가 그 속
에 있다.

8) 丙火多根 土又連 或成甲月 或成乾

(병화다근 토우연 혹성갑월 혹성건)

丙火일주가 土를 만나면 설기가 되고 甲을 보면 보하고 金을 만나
면 성공하기도 한다.

9) 運行中水 升名利 火土重木 數不堅

(운행중수 승명리 화토중목 수불견)

火土 상관격에 중년에 水운을 만나 火土가 거듭오면 튼튼하지 못
하다.

10) 傷官不可 例言凶 有制還化 衣祿豊

(상관불가 예언흉 유제환화 의록풍)

상관을 일례로 흉하다고 하면 안된다. 상관을 제하는 육친이 있
으면 의록이 풍부하다.

11) 干上食神 支帶合 兒孫滿眼 壽如松

(간상식신 지대합 아손만안 수여송)

관살이 난립되었을 때 식상이 그것을 제하여 자손이 흥하고 수를

누리게 되는 것이다.

12) 傷官遇者 本非宜 有財有官無 是福基

(상관우자 본비의 유재유관무 시복기)

상관을 만나면 본래 좋지 않지만 사주 중에 유관유재면 상관생재
되어 좋으며

13) 時日月傷官格局 運行財旺 貴無疑

(시일월상관격국 운행재왕 귀무의)

또 상관격이 운행 중에 재를 만나도 부귀를 의심할 수 없다.

14) 傷官傷盡 最爲奇 若有傷官 禍更隨

(상관상진 최위기 약유상관 화갱수)

상관은 상진되면 좋지만 만약 상관을 만나면 그 재앙은 다르게 된다.

15) 恃己凌人 心好勝 刑傷骨肉更多悲

(시기능인 심호승 형상골육갱다비)

상관은 자신을 믿고 남을 무시하는 경향이 있어 좋지 않은 일들
이 발생하는 것이다.

⑨ 건록격(建祿格)

건록격은 앞에서 설명한 내격과는 성격이 판이하다.

앞에서 설명한 내격(內格)은 월지(月支) 장관과 사주내의 강한 육신으로 격을 정하였으나, 건록격은 월지의 12운성으로 격을 정하기 때문이다.

건록이라는 용어의 건(建)은 월건을 의미하고 록은 십이운상의 임관 즉 관(冠)을 뜻한다.

건록격은 다음과 같다.

| 일간 | 甲 | 乙 | 丙 | 丁 | 戊 | 己 | 庚 | 辛 | 壬 | 癸 |
|------|----|----|----|----|----|----|----|----|----|----|
| 월지 | 寅 | 卯 | 巳 | 午 | 巳 | 午 | 申 | 酉 | 亥 | 子 |

가. 건록격(建祿格)의 예시(例示)

> **庚 己 丙 壬**
> **午 亥 午 申**
>
> 己土 일주(日主)가 午월에 출생하여 午월이 12운상의
> 관(冠)으로 건록격(建祿格)이 된다.
>
> 사주를 개관해 보면
> 己土 일주(日主)가 午월에 출생하고 월간丙火
> 시지午火의 도움으로 일주(日主) 신강(身强)하여
> 亥중甲木으로 용신(用神)을 삼는다.
>
> 甲木은 亥中 생지에 자리하고 편관(偏官) 壬水는
> 亥중 녹지에 착근하고 년지 申金의 생(生)을 받아
> 강하여 승상이 된 사주이다.

나. 건록격(建祿格) 해설(解說)

건록격(建祿格)의 시결(詩訣) 중 중요하다고 생각되는 것을 소개하니
사주감정과 통변에 활용하고 시결(詩訣)을 연구하시어 학문의 깊이를
더하시기 바람.

1) 官祿正祿 是兩端 不取官祿 取正祿

  (관록정록 시양단 불취관록 취정록)

  정관록이냐 십간록이냐 양설이 있으나 여기서는 십간록(十干祿)을
  택한다.

2) 月令建祿 比劫重 剋妻損財 禍非輕

(월령건록 비겁중 극처손재 화비경)

월령건록은 비겁이 중첩된 것이니 처를 극하고 재산을 잃는 화가 가볍지 않으나

3) 一見財官 是爲歡 自然成福 祿自豊

(일견재관 시위환 자연성복 녹자풍)

사주 중에 재관이 있으면 재생관한 관은 비겁을 제하여 흉이 길로 변하여 복이 되고 녹이 풍성할 것이다.

4) 干頭七殺 殺局全 禍不單行 苦未休

(간두칠살 살국전 화불단행 고미휴)

천간에 살이 투출되고 지지에 살이 국을 이루면 흉이 많아 고통이 많고

5) 雖逢七殺 有制化 此是人間 富貴厚

(수봉칠살 유제화 차시인간 부귀후)

그렇지만 살을 제하고 화함이 있으면 그 사람은 부귀가 두터울 것이다.

6) 春木無金 不是奇 金多尤恐 反燋危

(춘목무금 불시기 금다우공 반조위)

춘木이 金이 없으면 기특하지 못하지만 반대로 金이 너무 강하면 그 木은 위험하게 될 것이다.

7) 秋金無火 亦不奇 丈鐵入爐 方成器

(추금무화 역불기 장철입로 방성기)

추金이 무火면 역시 기특치 못하고 金왕 火왕 하면 金이 불에 잘 제련되어 좋은 기물을 이룰 것이다.


8) 此格不可 例言凶 帶官帶財 有利名

(차격불가 예언흉 대관대재 유리명)

건록격이 재관이 절지가 되어 좋지 않다고 한 예를 들어 말할 수 없으며 재왕 관왕 신왕하면 좋을 것이요


9) 不喜帶殺 會殺旺 此處方知 禍百端

(불희대살 회살왕 차처방지 화백단)

천간에 살이 투출하고 지지에 살이 국을 이루면 화가 백단으로 나타날 것이다.


10) 柱中取得 中和氣 福壽康寧 百事宜

(주중취득 중화기 복수강녕 백사의)

그러므로 사주가 중화 되어야만 건강장수와 행복이 있을 것이다.

⑩양인격(陽刃格)

양인격(陽刃格)과 건록격(建祿格)이 내격 10정격(正格) 중에 왜 포함되었는지 필자는 잘 이해할 수 없다.

그러나 다음 2가지 이유로 그렇게 되지 않았나 추리한다.

첫째는 비견과 겁재는 격으로 정할 수 없는 명리원칙 때문에 이름을 바꾸어 비견격은 건록격으로, 겁재격은 양인격이 되었고,

둘째는 비겁이 월지에 있으면 신강해지기 때문에 두 격 다 극처 극부 극자 함으로 타격과 비교하여 길흉(吉凶)이 분명하고 운명이 극명하게 변하는 데다가 특히 칼과 강함은 권력과 동일하기 때문에 내격(內格) 10정격에 포함시켰다고 추리한다.

가. 양인격(陽刃格)의 구성(構成)

양인격(陽刃格)은 양(陽) 일간(日干)으로 월지(月支)를 보고 격(格)을 정한다.

| 일간(日干) | 甲 | 丙 | 戊 | 庚 | 壬 |
|---|---|---|---|---|---|
| 월지(月支) | 卯 | 午 | 午 | 酉 | 子 |

## 나. 양인격(陽刃格)의 예시(例示)

```
己 甲 乙 癸
巳 子 卯 未
```

甲木 일주(日主)가 卯월에 출생하여 양인격(陽刃格)이다.
그런 중 년간(年干) 癸水 월간(月干) 乙木 일지(日支)
子水가 일주(日主)를 생조(生助)하고 년지(年支) 未土는
양인 卯와 합하여 木으로 변하여 일주(日主)를 부조(扶助)하므로
甲木 일주(日主)는 태강하다.

巳중 庚金 칠살(七殺)이 장생지(長生地)이 있어 시간(時干)
己土의 생을 받아 강한데다가 巳중경금(庚金)과
卯중을목(乙木)이 乙庚으로 합하여 살인상정(殺刃相停)되어
귀격이 되었다.

용신(用神)은 巳중경금(庚金)으로 辛亥 대운 辛酉년에
살(殺)이 대운과 巳亥충(沖)하고 양인이 세운에서 卯酉충(沖)
하여 칠살(七殺)과 양인(陽刃)이 모두 충(沖)하여 살인상정(殺刃相停)을
파(破)하므로 일주(日主)가 사망(死亡)하였다.
일주(日主)는 중국(中國)의 유명한 악비(岳飛)장군이다.

## 다. 일인(日刃)

양인에는 월지를 기준하는 양인과 일주를 바로 보는 양인도 있다.
월지양인을 월인 이라고도 하며 일주양인을 일인 이라고도 한다.
일인도 월인과 같은 작용을 한다. 일인은 다음과 같다.

丙午일 戊午일 壬子일

라. 양인(陽刃) 해설(解說)

양인 시결(詩訣) 중 중요하다고 생각되는 것만 골라 소개하니 사주감 정 및 통변에 활용하시고 시결(詩訣)을 연구하여 학문의 깊이를 더하시기 바람.

1) 陽刃存時 莫有凶 身經反助 劫爲貴

   (양인존시 막유흉 신경반조 겁위귀)

   양인이 사주에 있으면 좋지 않다고 하지만 신약사주에는 더 좋다.

2) 單兼歲月 重相見 莫把生時 作怒宮

   (단겸세월 중상견 막파생시 작노궁)

   그러나 년월시에 겹쳐 있으면 시에 관이 있어도 신왕관쇠가 되어 좋지 않다.

3) 馬逢丙戊 水逢壬 喜見官星 七殺臨

   (마봉병무 수봉임 희견관성 칠살임)

   丙午일 戊午일 壬子일은 칠살을 좋아한다.

4) 刑害無妨 沖敗<요> 怕逢財地 禍非輕

   (형해무방 충패요 파봉재지 화비경)

   형해는 두렵지 않으나 양인을 충하는 것은 재(財)를 파하여 화가 가볍지 않다.(단 요자는 고(古)한자여서 컴퓨터한자로 호환불가함)

5) 壬子休來 見午官 午宮又怕 子來沖

   (임자휴래 견오관 오궁우파 자래충)

   壬子양인은 午를 겁내고 丙午 戊午 양인은 子를 두려워하며

6) 丙日坐午 休重見 會合身宮 事有凶

(병일좌오 휴중견 회합신궁 사유흉)

양인이 겹쳐 들어오거나 합하여 오는 경우도 매사가 좋지 않다.

7) 日刃還如 陽刃同 官星七殺 喜交逢

(일인환여 양인동 관성칠살 희교봉)

일인은 양인과 같은 것인데 관살을 만나는 것을 좋아한다.

8) 歲君若也 無傷劫 地上刑沖 立武功

(세군약야 무상겁 지상형충 입무공)

세운에 만약 양인을 만나도 중화가 잘되어 상함이 없으면 지지에 형충이 있어도 공을 세우게 된다.

9) 羊刃兼沖 合歲君 流年遇此 主災連
(양인겸충 합세군 유년우차 주재연)

세운에서 충하거나 합하면 모두 싫어하는데 그것은 사주원국뿐 아니라 유년운도 마찬가지로 재앙이 된다.

10) 三刑七殺 如交遇 必定閻王 出引徵

(삼형칠살 여교우 필정염왕 출인징)

운이 와서 삼형칠살 되고 상극하게 되면 염라대왕의 소집영장을 받게 된다.

11) 時逢羊刃 喜偏官 若見財星 禍百端

(시봉양인 희편관 약견재성 화백단)

양인을 만났을 때는 편관을 기뻐하고 재성을 만나면 나쁜 일이 많이 발생하게 된다.

12) 歲運相沖 倂相合 勃然災禍 又臨門

(세운상충 병상합 발연재화 우임문)

세운이 양인을 충하면 일주가 약하게 되고 또 양인을 합하면 군겁쟁재가 되어 재앙이 문에 이르게 된다.

13) 羊刃重逢 合有傷 主人心性 氣高強

(양인중봉 합유상 주인심성 기고강)

양인이 하나 있으면 합살위귀(合殺爲貴)가 되어 좋으나 양인을 다시 만나면 일주(日主)는 기(氣)가 세어 남에게 절대로 굴하지 아니하며

14) 刑沖太重 多凶厄 有制方爲 保吉昌

(형충태중 다흉액 유제방위 보길창)

양인을 충하면 액이 많으나 충자를 제하면 길을 지킬 수 있다.

15) 羊刃之辰 怕見官 刑沖破害 禍千端

(양인지진 파견관 형충파해 화천단)

양인 일주가 약할 때 관이 형충하면 화가 많이 발생하고

16) 大兼財旺 居三合 斷指傷殘 體不完

(대겸재왕 거삼합 단지상잔 체불완)

양인일주가 약할 때 관이 와서 형충하고 재가 와서 합하면 손가락 잘리는 아픔이 남아 신체불구가 된다.

## 2).외격(外格)

외격은 6가지로 대별(大別)하여 다음 과같이 설명한다

①전왕격(專旺格)

②잡기격(雜氣格)

③화  격(化  格)

④양신성상격(兩神成象格)

⑤종  격(從  格)

⑥특수격(特殊格)

① 전왕격(專旺格)

전왕격에는

곡직인수격(曲直印綬格) 염상격(炎上格) 가색격(稼穡格)

종혁격(從革格) 윤하격(潤下格)의 5종이있다

㉮ 곡직인수격(曲直印綬格)

곡직인수격은 甲乙일주가 지지에 寅卯辰방합이 전부있거나 亥卯未 삼합이 전부있으면 곡직인수격의 부귀격이된다

    가. 용신 ; 木
    나. 희신: 水
    다. 기신: 金

주(註) 명중에 庚辛申酉가 있으면 파격(破格)되며 운로(運路)에서
       庚辛申酉를 만나면 고달픔이 많을것이다

마 곡직인수격의 예

| 戊 | 甲 | 癸 | 壬 |
|---|---|---|---|
| 辰 | 子 | 卯 | 寅 |

　　甲木일주가 卯월에 출생하고 지지에 寅卯辰 방합을 놓은데다가
卯월 즉제왕성 달에 태어나 곡직인수격의 진격(眞格)이되었다
시간의 戊土편재가 시지 辰중 戊土에 착근하고
연지 寅중 丙火에 통근하여 강하므로 인생 말년에 재(財)로써
가난한 사람들을 인자한 마음으로 많이 도울것이라고 생각되는
한이인(異人)의 사주이다

㉯염상격(炎上格)

염상격은 丙丁일주가 지지에 巳午未 방합이 전부있거나
寅午戌 삼합이 전부있으면 염상격 의 부귀격이된다


　가. 용신 : 火
　나. 희신 : 木
　다. 기신 : 水


주(註) 명중에 壬癸亥子가 있으면 파격이되며 운로 즉 대운 과 세운
　　　에 壬癸亥子를 만나면 고달픔이 많을것이다

라 염상격의 예

|   |   |   |   |
|---|---|---|---|
| 甲 | 丙 | 辛 | 乙 |
| 午 | 午 | 巳 | 未 |

이사주는 연해자평 명리정종 사주첩경에
염상격으로 등재 되어있어 소개한다


丙火일주가 巳월에 출생하고 지지에 巳午未 방합을 놓았으니
염상격의 진격으로 귀격이 되었으며 일찍이 성공한 사주라고 한다
염상은 불꽃이 위로 치솟듯이 성품이 밝고 급하다
월간의 辛金은 木을 파하는 병신이 된다

㉰ 가색격(稼穡格)


　　가색격이란 戊己일간이 辰戌丑월에 출생하고

사주지지에 辰戌丑未가 다들어있거나

사주지지에 火土가많아 土의기운이 강하면 가색격의 부귀격이된다

단 未월출생은 천간 과 지지의 상태를 잘살핀후 가색격의 진위여부를

판단해야한다


가. 가색격의용신 : 辰戌丑未

나.가색격의희신: 火 金

다. 가색격의기신: 木


주(註): 1 사주중에 甲乙寅卯가 있으면 파격이 되고 대운 과 세운에

　　　　　　甲乙寅卯를 만나면 고달픔이 많을것이다

　　　2 한자글뜻:.稼穡곡식심을가 곡식거둘색

라 가색격의예

```
癸  戊  己  戊
丑  辰  未  戌
```

戊己일간이 未월에 출생하고 사주지지에
辰戌丑未가 전부 들어있어 未월 출생인데도 가색격이된
명리정종정해 에 등재된 종교인의 사주이다

주(註): 戊己일 未월 출생을 잘살펴야 된다고 한것은
　　　　未중에 丁火로인해 土가 메마르고 火기가 많아
　　　　곡식의 성장에 장애가 되기 때문에 未월은 파격이 된다고
　　　　사주첩경에서 말하고 있다.

㉣종혁격(從革格)

종혁격 이란 庚辛일간이 지지에 申酉戌 방합이있거나
巳酉丑 삼합이 전부 들어있으면 종혁격의 부귀격이 된다

가  용신 : 金

나  희신 : 土 水

다  기신 : 火

주(註):가. 사주중에 丙丁巳午가 있으면 파격되고. 또 대운이나 세운
　　　　에 丙丁巳午를 만나면 고다픔이 많을것이다

　　　나. 종혁이란 가죽을 벗긴다는 뜻이며 혁신 과 개혁을

　　　　의미한다

라 종혁격예시

| 庚 | 庚 | 己 | 壬 |
|---|---|---|---|
| 辰 | 申 | 酉 | 辰 |

庚金 일간이 酉월에 출생하여 申酉戌 방합의 제왕성 달에 태어나고
일지 申金 과 월지 酉金이 방합 한데다가 시간 庚金의 도움과
연지 진토 와 월지 酉金이 辰酉합금 되어 종혁격의 진격이 되었으며
연간 壬水가 투간되여 金기의 흐름이 아름답다

㉣ 윤하격(潤下格)

윤하격 이란 壬癸 일간이 지지에 申子辰 삼합이있거나

亥子丑 방합이 전부 들어있으면 윤하격의 부귀격이 된다


가  용신 : 水

나  희신 : 金 木

다  기신 : 土


주(註) : 윤하란 물은 아래로 흘러가려는 성질이 있음을 의미한다

라. 윤하격예시

```
壬 癸 辛 壬
子 丑 亥 辰
```

癸水일간이 亥월에 출생 한데다가 지지에 亥子丑 방합 水국을 놓아 윤하격의 진격이 된 사주이다

위의 사주는 壬子 癸丑 甲寅 乙卯 대운에 발복하였고

乙卯 말 戊寅 세운에 운명하였다

② 잡기격(雜氣格)


○ 잡기란 순수한 기가 아니고 다른것이 섞여있다는 의미이다

○ 여기서는 방위에 대한 비교개념으로

　　동서남북을 정기(正氣)라하고

　　네모서리 즉 4우(四隅)인 동남간의 辰　남서간의 未 서북간의 戌

　　북동간의 丑을 잡기라고 하여 격의 이름을 정한것이다


○ 잡기격은 월지에 있는 辰戌丑未로 격이 정해지는데

　　월지에 암장된 지장간이 천간에 투출 된것을보고

　　잡기재격 잡기관격 잡기인수격 잡기식상격으로 격이 나누워진다


○ 잡기격은　타격 과 달리 충(沖)을 좋아하는바

　　대운나 세운에서 월지를 충(沖)하는 운이오면 길운이고

　　발복 한다고 말하고있다


　○ 그러나 충운이 온다고 다 좋은것은 아니니 잘살펴야 할것이다

　　　예를 들어 월지가 辰土일 경우

　　　대세운에서 戌운이 辰戌충으로 충운이되어

　　　辰중의 乙癸戊가 나타나게 되는바

　　　그 乙癸戊가 일간의 희신이냐 기신이냐에 따라 吉이 될수도있고

　　　凶이 될수있기 때문이다

충운이 오면 좋다 라고 말하는것은 신강사주에

재관인식상이 길신 일때를 말하는 일반론적인 경우를 설명 한것

이다


○ 자평진전평주의 서낙오님에 의하면

외격 자체를 부정적인 시각으로 보고있는바

옛사람들이 재관인에 모든 것을 맞추다보니 재관인이

최고다 라는 순수 하지못한 생각을 가진 일부 역학자들에 의해

생겨난 학설이라고 설명 하고있는바

필자도 그이론에 공감하고있다

그러나 설령 그렇드래도 무시 할수없는것이

천차만별한 사주의 다양성으로인해 사람마다 운명이 다르기

때문에,

행여 혹 외격으로의 감정을 소홀이 했을때

나타날수있는 길흉의 차이를 극복 할수있는 다른 방법이 없기때

문이다


○ 앞으로 이문제는 많은 감정 과 실증을 통해 학설로써

정립 되어야 할것이다

그때까지는 외격을 부정 하지는 못할것이다

가 잡기격에시

```
癸 戊 丁 甲
丑 午 丑 子
```

월지가 丑土로 丑중 癸水가 시간에 투출되어 잡기재격이 되었으며
癸水가 용신을 겸하였다

일간 戊土는 월간 丁火 일지 午火 월시지 양 丑土의 도움으로
신강하고
시간 癸水 재(財)는 년지 子水에 녹근하고
월시지 丑土의 癸水에 뿌리박아 신왕재왕한 사주가 되었으며
또 재가관을 재생관하여 부귀격이 되었으나
일주에 비해 재가약간 약하므로 용신인 재운에 발복할것이다

③  화격(化格)


○  화격은 일명 화기격(化氣格) 이라고도 한다

화격이란 일간 오행이 시간이나 월간에있는 오행 과 간합하여

오행이 변한후

월지에 있는 오행 과 동일오행이 되면 화격이된다

이때 간합된 오행은 극하는 오행이 있으면 파격되고

또 간합하는 오행이 둘이상이면 쟁합이나 투합되여 파격된다.


○  화격에는

甲己합토격   乙庚합금격   丙辛합수격   丁壬합목격

戊癸합화격의  다섯종류가있다


○  화격을 호칭할때는   예를들어 갑기합토격의 경우

갑기화격 또는 갑기화토격 또는 갑기합토격 이라고도 한다

㉮ 갑기합토격(甲己合土格)

甲木일간 또는 己土일간이  월간 또는 시간에
己土 또는 甲木이있고 월지에 辰戌丑未가 있으면
갑기합토격이된다


　가　용신　：　土
　나　희신　：　火　金
　다　기신　：　甲乙寅卯


㉯ 을경합금격(乙庚合金格)

乙木일간 또는 庚金일간이 월간 또는 시간에
庚金 또는 乙木이있고 월지에 申酉金이 있으면
을경합금격이된다


　가　용신　：　金
　나　희신　：　土　水
　다　기신　：　丙丁巳午

㉕ 병신합수격(丙辛合水格)

　丙火일간 또는 辛金일간이 월간 또는 시간에
　辛金 또는 丙火가 있고 월지에 亥子가 있으면
　병신합수격이된다


　가　용신 : 水
　나　희신 : 金　木
　다　기신 : 戊己辰戌丑未


㉖ 정임합목격(丁壬合木格)

　丁火일간 또는 壬水일간이 월간또는 시간에
　壬水또는 丁火가있고 월지에 寅卯木이 있으면
　정임합목격이 된다


　가　용신 : 木
　나　희신 : 水　火
　다　기신 : 庚辛申酉

㉭　무계합화격(戊癸合火格)

戊土일간 또는 癸水일간이 월간 또는 시간에
癸水 또는 戊土가있고 월지에 巳午火가 있으면
무계합화격이된다


용신 ： 火
희신 ： 木　土
기신 ： 壬癸亥子

```
己 甲 壬 戊
巳 辰 戌 辰
```

甲木일간이 시간 己土 와 간합하고

월지에 戌土가 있어 갑기합토격이된다

甲木일간은 대운 과 세운에서 己土가있으면 투합되고

대운과 세운에서 甲木이오면 쟁합이되며

또 대세운에서 甲乙寅卯木이오면 파격이되여 운명상 변화를

초래할것이다

즉 투합 과 쟁합 그리고 기신이오면 파격된다

| 庚 | 乙 | 癸 | 甲 |
|---|---|---|---|
| 辰 | 丑 | 酉 | 申 |

乙木일간이 시간 庚金과 간합하고 월지에 酉金이있어

을경합금격이된다

乙木일간은 대운 과 세운에서 庚金 이오면 투합이되고

대운 과 세운에서 乙木이오면 쟁합이되며

대세운에서 丙丁巳午의 기신이오면 파격이되여

운명상 변화를 초래할것이다

즉 화기격은 투합 과 쟁합 그리고 기신이 오면 파격된다

④  양신성상격(兩神成象格)


　양신성상격이란 사주가 두가지 오행으로만 구성 되어있는것을 말한다 양신성상격으로 격이 이루워지면 귀격이되는바


　양신 즉 두오행이 상생될경우에는 수기(秀氣)가 유행하는 운이
길운이되고
　양신즉오행이 상극 될경우에는 두오행을 통관시키는 운이 길운이 되며 양신즉 두오행을 충극 할때는 흉운이된다


　양신성상격은
　양신상생격(兩神相生格) 과 양신상성격(兩神相成格)으로 구분되는바
　양신상생격은 사주가 상생하는 두오행으로 구성되어있고
　양신상성격은 사주가 상극하는 두오행으로 구성되어있다

㉮  양신상생격(兩神相生格)

　양신상생격은

　水木상생격　木火상생격　火土상생격

　土金상생격　金水상생격  이있고


　水木상생격은  火운　　　木火상생격은  土운

　火土상생격은  金운　　　土金상생격은  水운

　金水상생격은  木운이  수기(秀氣)가  흐르는  길운이되고


㉯  양신상성격(兩神相成格)

　양신상성격은

　水火상성격　木土상성격　土水상성격

　火金상성격　金木상성격이  있으며


　水火상성격은  水火기제(旣濟)라고하며　　木운

　木土상성격은  木土배양(培養)이라고하며　火운

　土水상성격은  土국윤하(局潤下)라고하며　　金운

　화금상성격은  火金주인(鑄印)이라고하고  土운

　금목상성격은  金木성기(成器)가  되므로  水운이　통관용신이  되어
길운이된다

㉑　양신상생격예시

○　水木상생격

| 乙 | 癸 | 甲 | 癸 |
|---|---|---|---|
| 卯 | 亥 | 寅 | 亥 |

水기가 2干2支　木기가 2干2支로　水木상생격이　되었다


○　木火상생격

| 甲 | 丙 | 乙 | 丁 |
|---|---|---|---|
| 午 | 寅 | 巳 | 卯 |

연월일시가　木火로　구성되여　木火상생격이되었다


○　火土상생격

| 己 | 戊 | 丙 | 丁 |
|---|---|---|---|
| 未 | 辰 | 午 | 巳 |

년주　월주가　火요　일주　시주가　土로　火土상생격이　되었다

○ 土金상생격

| 辛 | 戊 | 庚 | 戊 |
|---|---|---|---|
| 酉 | 辰 | 申 | 辰 |

년주가 土요 월주가 金이고 일주가 土요 시주가 金으로 土金상생
격 이 되었다


○ 金水상생격

| 辛 | 癸 | 庚 | 癸 |
|---|---|---|---|
| 酉 | 亥 | 申 | 亥 |

월주시주가 金이요 년주 일주가 水로서 金水상생격이되었다

㉔ 양신상성격 예시

○ 水火상성격

| 丁 | 癸 | 丙 | 壬 |
|---|---|---|---|
| 巳 | 亥 | 午 | 子 |

년일주가 水이며 월시주가 火로써 목화기제되여 사주가 아름다운 水火상성격이 되었으며 木이 통관용신이된다

○ 木土상성격

| 乙 | 戊 | 戊 | 甲 |
|---|---|---|---|
| 卯 | 辰 | 辰 | 寅 |

년시주가 木이요 월일주가 土로써 木이2干2支 土가 2干2支로 목토배양되여 木土상성격이 되었으며 火가 통관용신이된다

○ 土水상성격

| 壬 | 戊 | 癸 | 戊 |
|---|---|---|---|
| 子 | 戌 | 亥 | 辰 |

년주 土 월주 水 일주 土 시주 水로써 土水가 2干2支되어 土水상성격이 되었으며 金이통관용신이된다

○ 火金상성격

| 丁 | 丙 | 辛 | 庚 |
|---|---|---|---|
| 酉 | 申 | 巳 | 午 |

연월일시가 火金으로 구성되여 火金주인되여 火金상성격이 되었고
土가 통관운이되어 火金이 빛날것이다


○ 金木상성격

| 甲 | 乙 | 辛 | 庚 |
|---|---|---|---|
| 申 | 酉 | 卯 | 寅 |

연월일시가 金木으로 구성되여 金木성기가 되었으며 水운에
뜻한바를 이룰것이다

⑤ 종 격(從格)

종격은 일간이 무근하여 타육친에 종하는 것으로
종왕격(從旺格)   종강격(從强格)   종살격(從殺格)
종재격(從財格)   종아격(從兒格)   종세격(從勢格)의 6종이있다


㉮ 종왕격(從旺格)

종왕격은 일간이 비겁에 종하는 것으로
사주대부분이 비겁 으로만 구성되어 있는 경우이다
단 천간에 관살이 투출하여 유근하면 파격된다

종왕격은 ①항의 전왕격 과 같으므로 예시를 생략한다

⑭ 종강격(從强格)

종강격은 일간이 무근 하여 인수에 종하는 것으로
인수가 삼합 또는 방합하거나 사주 대부분이 인수로 구성되어
있는 경우이다
단 재성이 투출하여 유근하면 파격된다


가  용신 :  비겁
나  희신 :  인수
다  기신 :  재성 관성

라  종강격예시

```
庚 癸 乙 庚
申 卯 酉 辰
```

癸水일간이 酉월에 출생하여

월간 乙木은 년간 庚金 과 간합하여 金으로 변하고

월지 酉金은 연지 辰土와 지합하여  金으로  변하였으며

일지 卯木은 막강한 金기에 제압당하였고

시주 庚申金의 金기마저 더하므로

인수가 사주 대부분을 구성하여 종강격이 되었다

이사주는 金水운에 발전하고 火운에 어려움에 처할것이다

㉣  종살격(從殺格)


　　종살격 이란 종관격 과 종살격을 포함하여 일컫는 말이다
　　종살격은 일간이 뿌리가 없어서 태약하여
　　관 과 살에 종하는것을 말하는바
　　사주 대부분이 관살로 구성되어 있는 경우를 말한다
　　단 식상이 투출하여 있고 유근하면 파격된다


　　가  용신  :  관성
　　나  희신  :  재성
　　다  기신  :  식상


　　주(註) : 종살격은 부귀가 극명하게 나타난다고 한다
　　　　　　진종이냐 가종이냐를 잘 살펴야 할것이다

라 종살격예시

| 乙 | 乙 | 辛 | 庚 |
|---|---|---|---|
| 酉 | 丑 | 巳 | 申 |

일간 乙木이 巳월에 출생하여
월지 巳중 庚金이 년간에 투출하여 정관격을 이루웠으나


월지 巳火가 일지 丑土 시지 酉金 과 삼합한데다가
월간 辛金 연주 庚申金등의  관살의 기세가
기세등등하고 막강한중


시간 乙木 비견이 있다하나 시지 酉金의 절지에 있어
무력하므로 일간 乙木은 관살에 종하는 종살격으로 변하였다
金土운이 길운이고 水火운이 흉운이다

㉮ 종재격(從財格)


종재격 이란 일간이 무근하고 약하여

사주대부분을 차지하고 있는 재성에 종하는것을 말한다

단 비겁이나 인수가 천간에 투출하고

유근하면 파격된다


가 용신 : 재성

나 희신 : 식상

다 기신 : 비겁 인성

## 라 종재격예시

| 乙 | 壬 | 庚 | 丙 |
|---|---|---|---|
| 巳 | 午 | 寅 | 寅 |

적천수의 종상에 설명된 종재격사주이다
종재격에 식상이 있으면 부귀 한다고 하는바
壬水일주가 寅월에 출생하여
년지 寅木 과 시간 乙木의 기운이 일시지 巳午火로 모여들고 있어
종재격이 분명하다

월간에 庚金 인수가 있으나 절지에 앉은 데다가
년지 寅木의 생을  받은 연간 丙火의 극을 받아 무력하므로
종재격이 파격되지 않는다

그러나 壬水가 양간이라 庚金이 뿌리를 얻으면 파격되므로
진종이 아니고 가종이다

㉑  종아격(從兒格)


　　종아격 이란 일간이 무력하고 사주내에 인수 비겁이 없고
　　사주 대부분이 식상이 차지할 경우 종아격이된다
　　단 인수나 비겁이 투출하고 유근하면 파격된다


　　　가  용신 : 식상
　　　나  희신 : 비겁
　　　다  기신 : 관성


　　주(註) : 여명은 종아격이 좋지 않다고 하는데
　　　　　　　그이유는 관살을 극하기 때문이다

다 종아격예시

한중수씨의 운명학 사전에 등재된 종아격을 소개한다

```
┌─────────────┐
│ 乙 癸 戊 乙 │
│ 卯 未 寅 卯 │
└─────────────┘
```

癸水 일주가 寅월에 출생하여
연시간의 乙木 연월지의 寅卯木 과 일시지의 卯未(木)이
사주 대부분인 식상으로 구성되어있어 종아격이 분명하다

단 월간 戊土가 일지 未土에 통근한것같으나 일지 未土가
　시지 卯木 과 卯未 삼합 木으로 변하여
　　도리여 월간 戊土를 제극하므로 戊土가 무력하여졌다

㉝  종세격(從勢格)


 종세격 이란 사주내에 재성 관성 식상의 세력이 비슷한 경우에
그중에서 가장 강한 세력에 종하는 경우인데
종세격에는 기명종살격 과 기명종재격이있다


가 기명종재격(棄命從財格)

    용신  : 재성

    희신  : 식상

    기신  : 인성

 나 기명종살격(棄命從殺格)

    용신  : 관살

    희신  : 재성

    기신  : 식상

주(註) : 종세격을 감정할때는

        陽干從義不從勢(양간종의부종세)

        陰干從勢不從義(음간종세부종의)

        라는 시결을 참작해야 할것이다

        즉 양간은 의(義)에는 따르지만 세(勢)에은 따르지 않으며.

        음간은 세(勢)에는 따르지만 의(義)에는 따르지 않는다는것을
        알아야 할것이다

다  기명종재격(棄命從財格)예시

| 甲 | 癸 | 壬 | 丙 |
|---|---|---|---|
| 寅 | 巳 | 辰 | 戌 |

일간 癸水가 음간 인데 辰월에 출생하여 실령한중

월간 壬水가 앉은자리 辰土의 辰중 癸水에 근하여 뿌리가 있는듯하
나  辰土는 연지 戌土 와 충하여 辰중 癸水의 水기가 흩어저

뿌리가  잘리었으며

또 戌중 丁화에 뿌리내린 丙火에 극을받아 무력 한데다가

시주 甲寅木에 설기당하여 제몫을 못하므로

일간 癸水는 뿌리가 없고 약하다


한편 식상인 甲寅木은 월간 壬水의 생을받아 나름대로 강하고

재성인 火는 월간 丙火 술중 丁火 일지 巳火와

일지 와 년지의 寅戌(火)로 더욱 강하며


또 재성의 생을받은 관살은 辰중 戊土 와 연지 戌土 도 충을하지만

붕충으로 같은 土이므로 역시 강하므로 종세격이 구성되는바

그중 에서도 제일강하고 식상 과 관살을 통관시키는

재(財)로써 격을 삼으니 기명종재격이된다


444

라  기명종살격(棄命從殺格)예시

```
甲 辛 丁 癸
午 未 巳 巳
```

辛金 일간이 巳월에 출생하여 일지 未토의 생을 받았으나 약하다
월지 巳중의 庚金이 癸水를 생하고
癸水의 생을 받은 甲木이 있다 하나 약한중

월지 巳火에 뿌리를 둔 丁火와
시간 甲木의 생을 받은 巳午未(火)와 년지 巳火까지가세하여
火가 막강하므로 火인 관살에 종하는 기명종살격이된다

사. 진종(眞從) 가종(假從)


　진종은 사주 내에 단 하나의 인수 비겁도 없을때이고

　가종은 사주내에 인수나 비겁이 있으나 약할때이다

　진종은 왕신을 극충하는운이 흉하고
　가종은 인수나 비겁을 도와주는 운이 흉하다

⑥ 특수격(特殊格)


＊ 특수격은 오행(五行) 과 음양(陰陽)의 이치에 맞지 않는 것이
  대부분이다
  사주에 없는 재관인(財官印)을 허공중에서
  허합(虛合) 과 허충(虛沖)으로 불러와서 부귀격으로 삼기 때문이다


＊ 특수격을 감 정할때는 신중하게 접근해야 할것이다
  먼저 사주를 내격(內格)으로 살피고 또 외격(外格) 으로도 대조  해
  보고난후 경중(輕重)을 따저서
  마지막으로 특수격(特殊格)으로 보아야만 정확한 감정이 될것이다

## 1. 시묘격(時墓格)

　시묘격 이란 일간이 시지에 12운상의 묘고(墓庫)에 자리하고 있다
는 의미이다

실제로는 일간이 시지에 辰戌丑未 가 있으면 12운상의 묘고가
되지 않드래도 시묘격이 되는 것이므로 착오 없기 바라며
辰戌丑未가 10干의 묘고 이기 때문에 붙여진 이름으로 이해하면 되겠
다

　가　시묘격은 잡기재관격 과 같다고 보아야 할것이다
　　　　즉 辰戌丑未가 월지에 있으면 잡기재관격이고
　　　　시지에 있으면 시묘격이 되는 것인바, 격국의 명저인
　　　　명리정종 에서는 잡기재관격 과 시묘격을 동일시 하고있다

　나　시묘격 과 잡기재관격은 다른 특수격 과 달리
　　　　그 수가 많으므로 내격인 10정격 과 비슷할 정도로 그 중요성
　　　　을 인식 해야 할것이고
　　　　시묘격 사주감정은 내격 과 같으나 다만 충(沖)에 대해서
　　　　다른 격 과 달리 길운이 나타날수가 있어 잘살펴야 할것이다

　다　진술축미를 묘고 라고 하는바
　　　　辰은 수고(水庫)이며 戌은 화고(火庫)이고 丑은 금고(金庫)이고

448

未는 목고(木庫)이다

라   예를들어


甲일간이 시지에 辰土가있어 辰土 와 충하는 戌운이오면
辰土는 水고라 辰중 癸水 인수가 나타나고


甲일간이 시지에 戌土가 있어 戌土와 충하는 辰운이오면
戌土는 火고라 戌중 丁火 상관이 나타나며


甲일간이 시지에 丑土가 있어 丑土와 충하는 未운이 오면
丑土는 金고라 丑중 辛金 정관이 나타나고


甲일간이 시지에 未土가 있어 未土와 충하는 丑운이오면
未土는 木고라 未중 乙木 겁재가 나타나게 되 는것인바


창고문이 열려 창고속에서 나타나는
인수 재성 관성 식상 비겁등에 따라 그 육신이 뜻하는 일들이 나타
나는데
그 육신에 대한 길흉은 신강 신약에 따라 길흉이 다르게 나타나게
되는 것이며
또 시지에 辰戌丑未를 충하는 육신이 일지에 있으면 창고문이 항상
열려있어 충으로 인한 길흉은 나타나지 않는 것이다

마 시묘격예시

| 丙 | 乙 | 乙 | 己 |
|---|---|---|---|
| 戌 | 未 | 亥 | 卯 |

사주첩경에 등재된 시묘격이다

乙木일간이 亥월에 출생하여 월지 亥水가 亥卯未로 삼합하여

신강한 중 시지에 戌土를 만나 시묘격이 되었다

450

## 2. 시록격(時祿格)

시록격은 일명 귀록격 이라고도 한다

시록격은 일간의 록이 시지에 있으면 시록격이 되는바

일간의 록이 월지에 있으면 건록격이된다

즉 록의 위치에 따라 격의 이름의 정해 지는것이다


가 시록격 조견표

| 일간 | 甲 | 丁 | 戊 | 己 | 庚 | 壬 | 癸 |
|------|----|----|----|----|----|----|----|
| 시지 | 寅 | 午 | 巳 | 午 | 申 | 亥 | 子 |

10간의 시록 중 乙일 卯시는 시상편재격이되고 丙일 巳시 와

辛일 酉시는 시상관살격이 되므로 위의 7일만 시록격이된다


나 시록격을 감정 할때는

시에 있는 록을 충하면 시의 록이 파괴되고

시의 록을 합하면 록이 제구실을 못하고

관성이 있으면 파격 된다고 하는바 잘 살펴야 할것이다

다  시록격예시

| 丙 | 丁 | 甲 | 甲 |
|---|---|---|---|
| 午 | 未 | 戌 | 午 |

丁火 일간이 戌월에 출생하여 시지에 午화를 만나 시록격이
되었으며 오행의 흐름이 木생火 火생土로 보기좋게 순행 하므로
귀격이 되었다

3  전록격(專祿格)


전록격 이란 일간의 록이 일지에 있는 것을 말한다


가 전록격에는 甲寅 乙卯 庚申 辛酉일의 4일이 있으며 형충이
   있으면 좋지않고 관살을 싫어한다
   그러나 일주 하나만으로 사주 전체를 판단 한다고 하느것은 좋
   지 않으므로 생극제화억부(生剋制化抑扶)를 잘 살펴야 할것이다



나 전록격예시


| 丙 | 甲 | 乙 | 戊 |
|---|---|---|---|
| 寅 | 寅 | 卯 | 午 |


甲木 일간이 일지에 寅木을 만나 전록격이 되었다
사주 오행의 기운이 시상 丙火로 모이고 있어 상관생재격이
되기도 한다

## 4 합록격(合祿格)

합록격은 건록격 시록격 전록격 과는 같은 록 자가 있어서
동일해 보이지만 완전히 다른 의미를 갖고있다
건록격 시록격 전록격의 록은 육친상 비견이며 12운의 관(冠)인
건록이고

합록격의 록은 육친상 정관을 의미하는바
사주중에 없는 정관을 불러와 만들어진 격을 말한다

### 가 합록격의 구성배경

합록격은 戊癸일 庚申시 를 말하는바

① 戊일 庚申시의 경우
시지 申중 庚金이 사주중에 없는 卯중 乙木을 허공중에서 불러
와 乙庚으로합하는데
이때 허합한 卯중 乙木이 일간 戊토의 정관이된다

정관인 卯중 乙木은 건록지인 卯木에 자리 하고있어 강하다
위와같이 乙庚으로 합하여 격이 성립되어 귀격이 된다는바
사주중에 戊土 일간의 관살이되는 甲乙木이 없어야 하고
申중 庚金을 극하는 丙火와, 申金을 충하는 寅木이 없어야하며
또 사주 중에 卯木이 있으면 진실 되어 파격된다

② 癸일 庚申시의경우

시지 申金이 사주중에 없는 巳火를 허공중에서 불러와

巳申으로 합하는데


이때 허합한 巳중 戊土가 일간 癸水의 정관이 되는데

巳중 戊土는 록지에 있어 강한중

巳申으로 합하여 격이 성립 되어 귀격이 되는데


사주중에

癸水일간의 관살이 되는 戊土가 있으면 진실이 되고

申金을 극하는 丙火와

申金을 충하는 寅木 그리고 합하는 巳火가 있으면 파격 된다

나 합록격조견표

① 戊일 庚申시

| 일주 | 戊子 | 戊寅 | 戊辰 | 戊午 | 戊申 | 戊戌 |
|------|------|------|------|------|------|------|
| 시주 | 庚申 | 庚申 | 庚申 | 庚申 | 庚申 | 庚申 |
| 희 기 | 희(喜) ; 신강 기(忌): 甲乙寅卯 | | | | | |

② 癸일 庚申시

| 일주 | 癸丑 | 癸卯 | 癸巳 | 癸未 | 癸酉 | 癸亥 |
|------|------|------|------|------|------|------|
| 시주 | 庚申 | 庚申 | 庚申 | 庚申 | 庚申 | 庚申 |
| 희 기 | 희(喜): 신강 기(忌): 戊己丙寅巳 | | | | | |

다 합록격에 대한 걱정 과 우려

특수격중 합록격에 성립 배경에서

사주 중에 없는 정관을 허공 중에서 불러와 합한후

귀격이 된다는 논리는 아무래도 설득력이 없고 황당하다


그래서 천금부 와 자평진전평주의 이론이 새삼스럽지만

수천년간에 걸쳐 사용된 이론을

감히 누가 어떻게 무슨 이론으로 굳어 버린 이론을 뒤집어

바로 잡을수 있을가 앞으로도 특수격은 계속되는데

걱정 과 우려가 뇌리를 감싼다 정확한 사주감정만이 우리들이

해야될 작은소임 이라고 생각한다

라 합록격예시

| 庚 | 癸 | 乙 | 己 |
|---|---|---|---|
| 申 | 巳 | 亥 | 丑 |

癸巳 일주가 亥월에 출생하여

시주에 庚申金을 만나 합록격이 되었다


그러나 申金이 허합할 巳火가 일지에 있어 파격이 되는가 싶더
니 월지에 亥水가 巳亥충 하여 일지 巳火가 물러가니

허공중의 巳火를 불러와 巳申으로 합하고

巳중 戊土로 癸水 일간의 정관 으로삼아 합록격이 성립되었다


그러나 연간 己土가 있어 관살이 진실 되었으므로

파격이 걱정 되었으나

월지亥水의 생을받은 강한 乙木의 극을 받아 己土가 무력하므로
합록격의 귀격이 되었다

## 5 금신격(金神格)

금신격 이란 甲己 일간이 시지에 巳酉丑(金)이 있으면
금신격이 되어 부귀격이 된다고한다

| 일간 | 甲 | 己 |
|------|------|------|
| 시지 | 巳酉丑 | 巳酉丑 |

단 甲일 금신격은 火가 희신이며
己일 금신격은 金이 희신이 되는바 잘 살펴야 할것이다
희기신이 바뀔 경우도 있기 때문이다

가  금신격예시 1

| 癸 | 甲 | 庚 | 己 |
|---|---|---|---|
| 酉 | 寅 | 午 | 未 |

甲일간이 癸酉시에 출생하여 금신격이 되었다

甲일 금신격은 火가 희신 이라고 했으나

사주지지에 寅午 午未로 火가 많아 도리여 火가 기신이 되고

金이 희신이 되었다


나  금신격예시 2

| 乙 | 己 | 甲 | 戊 |
|---|---|---|---|
| 丑 | 酉 | 寅 | 戌 |

己일간이 乙丑시에 출생하여 금신격이 되었다

己일 금신격은 金이 희신이라고 했으나

사주지지에 酉丑 酉戌 로 金이 많아서 도리여 金이 기신이되고

火가 희신이 된경우이다

# 6  육갑추건격(六甲趨乾格)

甲일간이 亥시에 출생 하면 육갑추건격이 되는데

추건(趨乾)이란 하늘을 향해 달린다는 뜻인바

건(乾)은 戌亥로  戌亥중 亥水를 여기서는 의미하고있으며

亥水는 甲木의 장생지요 하늘문이기 때문에 부귀격이 된다는 것이다


### 가  육갑추건격 의 조견표

| 일주 | 甲子 | 甲戌 | 甲申 | 甲午 | 甲辰 | 甲寅 |
|------|------|------|------|------|------|------|
| 시지 | 亥 | | | | | |


단 육갑추건격은 시지 亥水를 충하는 巳火를 만나면 파격되고

寅木을 만나면 합이 되여 기반 되므로 역시 파격된다

나  육갑추건격예시

| 乙 甲 癸 壬 |
|---|
| 亥 午 丑 申 |

甲일간이 亥시에 출생 하여 육갑추건격이 되었다

午중 己土로 용신을 삼으니 火土운에 부(富)를 쌓을수있을것이다

# 7  육임추간격(六壬趨艮格)


壬일간이 寅시에 출생 하면 육임추간격이된다

육임이란 壬子  壬戌  壬申  壬午  壬辰  壬寅을 일컫고

추간(趨艮)이란 간(艮)을 향해 달리다는 뜻인데

간(艮)은 주역의 팔괘중 칠간산(七艮山)을 뜻하고

사주 지지중 丑寅에 해당 되는바 여기서는 寅을 의미한다


그런데 壬일에 寅시가 왜 부귀격이 되느냐 하면

壬의록은 亥인바 亥를 寅이 암암리에 합하기 때문에 암록이되여

부귀격이 된다고 한다


단 육임추간격은 寅을 충하는 申 과 壬일의 록인 亥가 사주중에

　　있으면 진실이 되여 파격된다

　　＊ 추(趨)달아날추

가 육임추간격예시

| 壬 | 壬 | 壬 | 壬 |
|---|---|---|---|
| 寅 | 寅 | 寅 | 寅 |

壬일간이 寅시에 출생하여 壬일의 록인 亥를 암암리에 불러와
육임추간격이 되었으며 4壬 4寅으?로 양신성상격을 겸하였다

이사주는 명리정종 과 연해자평에 육임추간격으로소개 되어있다

# 8  임기용배격(壬騎龍背格)

임기용배 란 壬水가 용의 등에 올라 탔다는 뜻인데
즉 壬水가 辰土위에 있다는 것으로 壬辰 일주를 말한다


가  壬辰일은 귀격이 있고 부격이 있는바
　　① 귀격의 경우
　　　　연월일시지에 辰이 많으면
　　　　辰은 허공중의 戌을 충하여 戌중 戊土로 관을 삼기 때문이며
　　　　이때 사주중에 戊土가 있으면 관이 진실 되여 파격되고
　　② 부격의 경우
　　　　연월일시지에 辰이 많으면
　　　　辰은 허공중의 戌을 충하면 戌중 丁火로 재를 삼기 때문이며
　　　　또 戌은 寅을 불러와 丁火와 寅午戌로 삼합 재(財))가
　　　　되는까닭이다


　　주(註):① 특수격을 감정 할때는 반드시 내격으로 먼저 격을보고
　　　　　　그 다음으로 외격을 보고 내외격에 해당 되지 않을 때
　　　　　　만  특수격으로 감정 한다는 기본원리를 잊어서는 안될
　　　　　　것이다
　　　　　　② 기(騎)말탈기 배(背)등배

나 임기용배격예시 1

```
壬 壬 甲 壬
寅 辰 辰 辰
```

壬水 일간이 일지에 辰토를 만나 임기용배격이 되었으며

괴강(魁罡)격을 겸하였고  사주중에 辰이많아

추밀관 이란 관직에 등용된  귀격사주이다


임기용배격예시 2

```
壬 壬 壬 壬
寅 辰 寅 寅
```

壬水 일간이 일지에 辰土를 만나 임기용배격이 되었고

연월일시간이 壬으로 천원일기격도 되고 양신성상격을

겸 하였으며 사주중에 寅이 많아 부자가 된 부격사주이다

# 9 육을서귀격(六乙鼠貴格)

육을서귀격은 乙일간이 丙子시에 태어나면 귀격이 되는것을 일컫는바

그이유는 子중의 癸水가 巳중 戊土와 허합 하는데

또 그 巳火 는 申金 과 허합하면

申중 庚金은 乙일간의 정관이 되기때문이다

가 육을서귀격의 조견표

| 일주 | 乙亥 | 乙未 | 乙巳 |
|------|------|------|------|
| 시주 | 丙子 | 丙子 | 丙子 |

육을서귀격의 사주중에 庚辛申酉가 있으면 정관이 진실되고

丑이있으면 子와 합하고

午가있으면 子와 충이되기 때문에 파격되고

乙丑 乙酉는 丑土 와 酉金중 辛금이 있어 파격되고

乙卯는 卯가 子와 형이되어 파격되므로 육을서귀격에서

제외된다

주 : 鼠쥐 서

나  육을서귀격의 예시

| 丙 | 乙 | 戊 | 甲 |
|---|---|---|---|
| 子 | 亥 | 辰 | 寅 |

乙亥 乙未 乙巳 의 육을서귀격중 乙일간이 丙子시를 만나
육을서귀격이된 귀인의 사주이다

## 10 육음조양격(六陰朝陽格)

육음조양격은 辛일 戊子시를 말하는바

辛金은 음이고 子시는 하루중에서 일양이 시작되니

육음조양격 이라고 이름 한것인데


子중 癸水는 허공중의 巳중 戊土 와 戊癸합 하는데

巳중 丙火도 합이 탐이나 일간 辛金 과 합한면

丙火는 일간 辛金의 정관이되고

戊土는 일간 辛金의 정인이 되므로 귀격이 된다는 것이다


가 육음조양격 의 조견표

| 일주 | 辛亥 | 辛酉 | 辛丑 |
|------|------|------|------|
| 시주 | 戊子 | 戊子 | 戊子 |

단 육음조양격은 사주중에 丑午丙丁巳午가 있으면 파격되는바

丑은 子와 합이 되므로 기반이 되고

午는 子와 충이되고  丙丁巳午는 관살이 되어 진실이 되기 때문이다 그리고

辛未일은 未중丁화 辛巳일은 巳중 丙火가 관살이되여 진실이되고

辛卯는 자묘형이 되기 때문에 육음조양격에서 제외된다

나 육음조양격예시

| 戊 | 辛 | 辛 | 戊 |
|---|---|---|---|
| 子 | 酉 | 酉 | 辰 |

辛酉 일주가 戊子시를 만나 육음조양격이 되었고

그런중에 육음조양격이 좋아하는 酉월에 출생하여 복많은 귀인이

되었다

# 11 정란차격(井欄叉格)

정란차격 이란 어떤 것인가
정란차란 우물 즉 샘물을 의미 하는바
庚申 庚子 庚辰 일간이 지지에 申子辰 삼합 전부를 만나면
정란차격이 성립되는데

申은 寅중 甲木 재(財)를 허공중에서 충출(沖出)하고
子는 午중 丁火 관(官)을 허공중에서 충출하며
辰은 戌중 戊土 인수(印綬)를 허공중에서 충출하여
재관인(財官印) 삼귀를 두루갖춘 부귀격이 된다는 것이다

그러나 사주중에 寅午戌이 있으면 진실이되고
壬癸가 있으면 일간을 설기 하고 관을 파하며
대세운 에서도 寅午戌을 만나면 파격된다

주(註):井우물정 欄난간란 叉손길잡을차

가 정란차격예시

| 庚 | 庚 | 庚 | 癸 |
|---|---|---|---|
| 辰 | 子 | 申 | 卯 |

庚金일간이 지지에 申子辰 삼합을 완전히 갖추워 정란차격이
되었다

그러나 년간에 癸水가 투출하여 좋지 않았으나 마침 연지에
卯木이 있어 무난 하였던 한 이인의 사주이다

## 12 현무당권격(玄武當權格)

현무당권격 이란 무엇인가

현무란 북쪽 하늘에 있는 별의 이름이며

당권 이란 권력 즉 금권 과 관권을 가졌다는 뜻으로

사주에서는 壬癸 일간이 사주지지에 火의 재(財)나 土의 관(官)을

전부 갖추고 있으면 부귀격이 된다는 것이다

가 현무당권격의조견표

| 일주 | 壬寅 | 壬午 | 壬戌 | 癸巳 | 癸丑 | 癸未 |
|------|------|------|------|------|------|------|
| 지지 | 寅午戌(火) 전부 또는 辰戌丑未(土)전부 | | | | | |

단 현무당권격은 신강 해야하고 형충이 있으면 파격된다

나　현무당권격예시

| 辛 | 壬 | 甲 | 丙 |
|---|---|---|---|
| 亥 | 寅 | 午 | 戌 |

壬水 일간이 사주지지에 寅午戌 火국을 이루워 현무당권격이
되었으나 약간 신약하여
시지 亥水의 생을 받은 辛金을 용신으로 삼아 현무당권
용인격이 되었다

## 13 구진득위격(句陳得位格)

구진득위격 이란 어떤격인가

구진이란 중앙 즉 土를 일컫고

득위란 土가 재관(財官)을 갖춘것을 말하는바

즉 戊己일간이 사주 지지에 寅卯辰(木)또는 亥卯未(木)의 관(官)
또는 申子辰(水)의 재(財)를 갖추면 부귀격이 된다고

삼명통회 에서 설명 하고있다


가 구진득위격의 조견표

| 일주 | 戊寅 | 戊辰 | 戊申 | 己亥 | 己卯 | 己未 |
|------|------|------|------|------|------|------|
| 지지 | 寅卯辰(木) 亥卯未(木)또는 申子辰(水)전부 | | | | | |


단 구진득위격이 木인 관으로 구성 될때는 상관이 있으면 파격되고
구진득위격이 水인 재로 구성 될때는 겁재가 있으면 파격된다

나 구진득위격의예시

| 戊 | 己 | 丁 | 丁 |
|---|---|---|---|
| 辰 | 卯 | 未 | 亥 |

己土 일간이 지지에 亥卯未 삼합(木)을 갖추워 구진득위격이
되어 귀하게 된사주이다

## 14  자요사격(子遙巳格)

자요사격 이란 무엇을 말하는가 하면
甲子일 甲子시를 말한다

즉 子중 癸水가 허공중에 있는 巳중 戊土 와 합하면
이때 巳중 丙火가 자기도 합이 탐이나서
허공중에 있는 酉중 辛金 과 丙辛으로 합하니
이 辛金이 甲일간의 정관이 되여 귀격이 된다는 것이다

甲子일 甲子시의 자요사격은  사주내에 金이 있으면
관이 진실이되고
午가 있으면 子午충이 되며 또 丑이있으면 子丑합이 되여
子가 기반이 되어 파격되며
신강 과 관운을 좋아한다

가  자요사격예시

```
甲 甲 乙 己
子 子 亥 亥
```

甲子 일주가 甲子시에 출생하여 자요사격이 되었고

월지에 亥水를 만나 신강 하여 지고

사주 중에 庚辛申酉 관살이 없고

午의 충살이 없고 또 丑의 土가 없어 귀격으로써

재상을 지낸 사주이다

## 15  축요사격(丑遙巳格)

축요사격은 辛丑 일주 와 癸丑 일주가 사주 지지에
丑자를 둘이상 만나면 축요사격이 되는데
축요사격이 되는 이유는


辛丑일의 경우
丑중 辛金이 巳중 丙火를 허공중에서 불러 와 합을 하면
丙火는 辛丑일의 정관이되고


癸丑일의  경우
丑중 癸水가 巳중 戊土를 허공 중에서 불러와 합을 하면
戊土가 癸丑일주의 정관이 되어 귀격이 된다는 것이다


축요사격은 사주중에 巳火가 있으면 진실이되고
子水가 있으면 반합이 되며
辛丑일은 丙화
癸丑일은 戊土가 있으면 파격된다

가 축요사격예시 1

|     |     |     |     |
|-----|-----|-----|-----|
| 癸   | 癸   | 丁   | 甲   |
| 丑   | 丑   | 丑   | 辰   |

癸丑 일주가 사주지지에 3丑을 만나 축요사격이 되었는데
명중에 巳火 와 子水가 없으므로 귀격이된 사주이다


축요사격예시 2

|     |     |     |     |
|-----|-----|-----|-----|
| 庚   | 辛   | 辛   | 辛   |
| 寅   | 丑   | 丑   | 丑   |

辛丑 일주가 사주지지에 3丑을 만나 축요사격이 되었는데
사주중에 巳火 와 子水가 없어 귀격이 되었다

16

## 16  비천록마격(飛天祿馬格)

비천록마격 이란 어떤것이가

비천(飛天)이란 하늘을 난다는 뜻이요 록마(祿馬)는 재관을 의미하는바

즉 사주에 없는 재관을 허공 중에서 불러 오는 격을 말하는데

庚子 壬子 일주가 사주 중에 子가 많고

癸亥 辛亥 일주가 사주중에 亥가 많으면 비천록마격이된다


가  庚子 壬子일주의 경우

　　사주중에 많은 子가 허공중의 午를 허충으로 불러오면

　　庚子일주 에게는 午중의 己土는 정인이 되고 丁火는 정관이 되고

　　壬子일주 에게는 午중의 己土는 정관이 되고 丁火는 정재가 되며

나  癸亥 辛亥일주의 경우

　　사주중에 많은 亥가 허공중의 巳를 허충으로 불러오면

　　癸亥일주 에게는 巳중의 戊土는 정관이되고  丙火는 정재가 되고

　　辛亥일주 에게는 巳중이 戊土는 정인이되고  丙火는 정관이되어

　　부귀격이 된다는 것이다

단  그러나 사주중에 庚子 壬子일에 丑土가 있으면 기반이 되고

　　午火가 있으면 진실이 되여 파격되며

　　癸亥 辛亥 일주에게는 戌土가 있으면 천라(天羅)가되고 巳화가

　　있으면 진실이 되여 파격이 되지만 寅은 싫어하지 않는 다고한다

다   비천록마격예시 1

| 壬 | 壬 | 壬 | 壬 |
|---|---|---|---|
| 寅 | 子 | 子 | 子 |

명리정종에 등재된 귀인의 사주이다

壬子일주가 子水가 많아 午를 허충으로 불러오니

午중 己土는 정관이 되고 丁火는 정재가 되어 부귀격이되었다


비천록마격예시 2

| 丙 | 壬 | 壬 | 壬 |
|---|---|---|---|
| 午 | 子 | 子 | 子 |

위의 예시와 같이 명리정종에 등재된 사주이다

壬子일주가 사주중에 子水가 많아 비천록마격이 되었다

그러나 丙午가 있어 진실이 되어

걸인이 되었다는 사주이다

## 17  도충격(到沖格)

도충격은 비천록마격 과 이름은 다르지만 내용은 동일하다
사주에 없는 재관을 허충으로 불러 오므로써 격이 성립 되기
때문이다
즉 丙午일주가 사주중에 午火가 많고
丁巳일주가 사주중에 巳화가 많으면 도충격이 된다

### 가  丙午일주의 경우

사주중에 많은 午火가 子水를 허충 하여 子중 癸水를 정관으로
삼아 귀격이 되는데, 사주중에 未土가 있으면 기반이 되고
壬癸水가 있으면 진실이 되여 파격되며

### 나  丁巳일주의 경우

사주중에 많은 巳화가 亥水를 허충하여 亥중 壬水를 정관으로
삼아 귀격이 되는데 사주중에 辰土가 있으면  辰巳로 지망(地網)
이 되고 또 사주중에 壬癸水가 있으면 진실이 되여 파격된다

주(註) : 到이를도

가  도충격예시

```
乙 丁 丁 癸
巳 巳 巳 卯
```

丁巳 일주가 巳화가 많아서 亥水를 허충 하여 불러와서

亥중 壬水를 정관으로 삼아 귀격이 되는데

기신이 癸수가 있으나

木火의 강한 火기 때문에 메말라 무력 하므로 파격되지 아니하였
다

## 18 형합격(刑合格)

형합격(刑合格)은

癸卯 癸酉 癸亥일주가 甲寅시가 되면 형합격이되는데

시지 寅木이 사주에 없는 巳火를 허공 중에서 불러와

寅巳형 이되면

巳火중에 戊土가 일간 癸水 와 합한다고 해서

형합격 이라고 이름 한것이다

그러나 甲木을 충하는 庚金 과 寅木을 충하는 申金 과 戊己土가

사주중에 있으면 파격되며 酉丑 인수를 좋아한다

癸丑 癸巳 癸未일주는 일지에 관살이 있어 형합격의 대상에서

제외 되었다

가  형합격예시

| 甲 癸 壬 庚 |
|:---:|
| 寅 亥 午 戌 |

癸亥 일주가 甲寅시를 만나 형합격이 되었으며

연간 庚金은 시간 甲木 과 멀고,

또 월간 壬水에 설기 되고

연월지 午戌(火)에 극제 당해 무력하며

사주중에 戊己土 와 申金이 없으므로 형합격의 진격이 되었다

## 19 복덕격(福德格)

복덕격(福德格)은 일명 복덕수기격(福德秀氣格)이라고도 한다
乙 丁 己 辛 癸의 음(陰)일간이
사주지지에 巳酉丑 삼합이 있으면
복덕이 된다고 하여 붙여진 이름이다

단 복덕격은 신왕을 좋아하고 형충을 싫어하며
용신의 선정은 일 반내격의 예에 따른다

가 복덕격에시

$$
\begin{array}{cccc}
癸 & 己 & 辛 & 乙 \\
酉 & 巳 & 巳 & 丑
\end{array}
$$

연해자평에 등재된 사주이다

己土 일간이 사주 지지에 巳酉丑 삼합이 있어 복덕격이 되었는데

水운에 발복 하였다고 한다


주(註) ; 복덕격은 乙丁己辛癸의 음간(陰干)이 전부다 해당되어

복덕격의 대상이 많으므로 잘살펴야 할것이다

## 20 협구격(夾丘格)

협구격은 일명 협구공재격 또는 공재격이라한다

협구격은 일지 와 시지 사이에 사주중에 없는 재(財)를 허공중에서 불러와 끼우고 있다고 하여 협구격이라고한다

가 협구격의조견표

| 협구격 | 甲寅일<br>甲子시 | 己卯일<br>己巳시 | 庚午일<br>甲申시 | 癸酉일<br>癸亥시 |
|---|---|---|---|---|
| 공협된재성 | 丑중 己土 | 辰중 癸水 | 未중 乙木 | 戌중 丁火 |

단 협구격은 일지 와 시지를 충하면 파격되고

사주중에 재(財)가 있으면 진실이 되며

공협(拱夾)된 재가 공망 되면 파격된다

주(註) : ① 공협된 재성이란 일지와 시지 사이에 실재로는 재가없으나 허공중에서 불러와 끼우는것을 말한다

② 夾끼울협 丘모을구

488

나  협구격예시

```
癸 癸 辛 丙
亥 酉 卯 辰
```

癸酉 일주가 癸亥시가 되어 일지 酉金 과 시지 亥水 사이에
戌의 재(財)를 공협 하여 협구격이 되었다

연간에 丙火 재(財)가 투출하였으나
丙辛으로 합하여 공협된 재가 진실이 되지 않았으며
卯酉충이 있어 파격 될것 같으나
亥卯합 辰酉합으로 합이 많아서 충이 해소 되었다고
연해자평 협구격에서 설명하고 있는 귀인의 사주이다

## 21  공록공귀격(拱祿拱貴格)

공록공귀격 이란 어떤것인가

공록(拱祿)이란 사주에 없는 건록(建祿)을 허공중에서 불러와 일지
와 시지 사이에 끼워 건록으로 삼는것이고

공귀(拱貴)란 사주에 없는 정관(正官)을 허공 중에서 불러와 일지
와 시지 사이에 끼워 정관으로 삼는것을 말한다

### 가  공록공귀격조견표

| 공록격 | 癸亥일<br>癸丑시 | 癸丑일<br>癸亥시 | 丁巳일<br>丁未시 | 己未일<br>己巳시 | 戊辰일<br>戊午시 |
|---|---|---|---|---|---|
| 공록 | 子水 | 子水 | 午火 | 午火 | 巳火 |
| 공귀격 | 甲申일<br>甲戌시 | 戊申일<br>戊午시 | 甲寅일<br>甲子시 | 乙未일<br>乙酉시 | 辛丑일<br>辛卯시 |
| 공귀 | 酉중 辛金 | 未중 乙木 | 丑중 辛金 | 申중 庚금 | 寅중 丙火 |

단 공록공귀격 사주는 일시지를 충(沖)하면 파격되고 일간을 극하는
칠살이 사주내에 있으면 좋지않다

## 나 공록격예시

```
丁 丁 辛 戊
未 巳 酉 寅
```

丁巳일 丁未시가 되어 허공 중에서 午를 불러와 일지 巳火와
시지 未土사이에 끼워 巳午未 가 성립 되여 공록격이 되었다
월지 酉중 辛金이 월간에 투출하여 편재격에 편재 진용신이 되었
고 金운에 발복하였다


공귀격예시

```
甲 甲 丙 丁
子 寅 午 巳
```

甲寅일 甲子시가 되어 허궁 중에서 丑土를 불러와
丑중 辛金으로 정관을 삼는 공귀격이 되었다
월지 午火가 시지 子水를 충(沖)할것 같으나 격충(隔沖)이 되었고
일지 寅木 과 합하므로 파격되지 아니하였다

## 22  일귀격(日貴격)

일귀격 이란 일간이 일지에 천을귀인을 만나면 일귀격이된다

| 구분 | 주귀(畫貴) | | 야귀(夜貴) | |
|---|---|---|---|---|
| 일귀 | 癸卯 | 癸巳 | 丁酉 | 丁亥 |

단 일귀격의 천을귀인은 형충파해 와 공망 과 괴강(辰戌)을 싫어하고
합을 좋아한다

가  일귀격예시

| 癸 | 丁 | 辛 | 庚 |
|---|---|---|---|
| 卯 | 亥 | 巳 | 午 |

丁火일간이 일지에 亥水 천을귀인을 만나 일귀격이 되었다

월지 와 일지가 충하여 좋지 않으나

월지 와 연지가 巳午로 합하고 일지 와 시지가 亥卯로 합하여

충이 합으로 변하여 좋아진 사주이다

## 23 괴강격(魁罡格)

괴강 이란 辰戌을 의미 하는바
庚辰 庚戌 壬辰 壬戌일의 4일이 괴강격이 된다


괴강격은 성품이 극단으로 흐르는 경향이 있으며
남명의 경우 총명하고 과단성이 있고 토론을 좋아하고 결백하며
여명의 경우 미인이 많으나 남편 운이 좋지 않다고 한다
그렇지만 남명이든 여명이든 일주 하나 만으로 판단 해서는 안되고
사주 전체를 보고 판단 해야함은 기본임을 잊어서는 안된다


가 괴강격예시

| 庚 | 庚 | 戊 | 戊 |
|---|---|---|---|
| 辰 | 辰 | 辰 | 午 |

연해자평에 등재된 사주이다
庚辰 일주가 월주 와 시주에 괴강을 만나 괴강이 3개나 모인
특별한 괴강격이다
신강 하고 형충이 없으므로 소년등과 하였다고 한다
<戊辰도 辰戌이기 때문에 괴강이라고 한것같음>

## 24 재관쌍미격(財官雙美格)

재관쌍미(財官雙美)란 일주의 지지장간에 재 와 관이 함께 있어
아름다운 부귀격이 된다는 의미인데

壬午 癸巳일을 재관쌍미격 이라고 한다

壬午일은 午중의 丁火 와 己土가 재관이 되고
癸巳일은 巳중의 丙火 와 戊土가 재관이 되므로 재관쌍미가 된다
그러나 사주가 신강 해야 하고 칠살 과 상관을 싫어 하며
일주를 형충 하거나 공망이 되면 파격된다

가   재관쌍미격예시

| 庚 | 壬 | 乙 | 己 |
|---|---|---|---|
| 子 | 午 | 亥 | 卯 |

壬午일주가 午중의 己土를 정관으로 삼고 丁火를 정재로 삼으
니 재관쌍미격이되었고 월지 亥水 시간 庚金 시지 子水의

생조로 신강하고 사주중에 己土 칠살이 있으나

乙卯木에 극제 당해 무력하고  또 상관 乙卯木을

일주가 신강 하여 무해 하므로 부귀격이 되었다

25  전재격(專財格)

전재격(專財格)이란 일간이 시지에 재(財)가 있으면 성립되어
부귀격이 된다고한다


가  전재격조견표

| 일간 | 甲乙 | 丙丁 | 戊己 | 庚辛 | 壬癸 |
|------|------|------|------|------|------|
| 시지 | 辰戌丑未 | 申酉 | 亥子 | 寅卯 | 巳午 |

단 전재격은 신강 해야 하고 명중에 비겁이 있으면 좋지않다


나  전재격예시

| 癸 | 戊 | 己 | 丙 |
|----|----|----|----|
| 亥 | 申 | 亥 | 戌 |

戊土 일주가 시지에 亥水를 만나 전재격이 되었고
시간에 癸水가 투출 되여 부귀격이 되었으며
사주중에 비겁이 있으나 신약 하므로 득비이재가 되었고
대세운 에서 火土운에 발복할 것이다

## 26  시상편재격(時上偏財格)

시상편재격은 시간에 재(財)가 있으면 성립되는데
신왕재왕 하면 부귀격이된다


### 가  시상편재격 조견표

| 일간 | 甲 | 乙 | 丙 | 丁 | 戊 | 己 | 庚 | 辛 | 壬 | 癸 |
|---|---|---|---|---|---|---|---|---|---|---|
| 시주 | 戊辰 | 己卯 | 庚寅 | 辛亥 辛丑 | 壬戌 壬子 | 癸酉 | 甲申 | 乙未 | 丙午 | 丁巳 |

단 시상편재격은 하나의 편재가 되어야 하고 편재를 극하는 겁재 와
충파가 있으면 좋지 않고 만약 세운에서 겁재를 만나면 빈곤 하여진
다


### 가  시상편재격 예시

| 癸 | 己 | 丁 | 甲 |
|---|---|---|---|
| 酉 | 未 | 丑 | 午 |

己土 일주가 시간 癸水를 만나 시상편재격이 되었고
신왕재왕(身旺財旺)하여 金水운에 발복 하였다고 한다


496

## 27 시상일위귀격(時上一位貴格)

시상일위귀격은 일명 시상편관격(時上偏官格) 이라고 하며
편관이 시간(時干)에 있는 경우는 물론이고 시지(時支)에 암장되어
있는 경우 에도 시상일위귀격이된다


가 시상일위귀격 조견표

| 일간 | 甲 | 乙 | 丙 | 丁 | 戊 | 己 | 庚 | 辛 | 壬 | 癸 |
|------|-----|-----|-----|-----|-----|--------|--------|-----|-----|-----|
| 시주 | 庚午 | 辛巳 | 壬辰 | 癸卯 | 甲寅 | 乙丑<br>乙亥 | 丙子<br>丙戌 | 丁酉 | 戊申 | 己未 |


단 시상 편관은 반드시 뿌리가 있고 튼튼 해야하며, 사주내에 편관이
많거나 관살이 혼잡 되면 파격된다

또 시상 편관이 너무 강하면, 양인으로 합살 하거나, 식신으로 제하
면,좋다.  그러나  너무 제하면, 진법무민 되여 좋지않다.

그리고 시상일위귀격이 일주가 신약하고 살즉 편관이 강하면,

자식이 귀할수 있지만, 가난하고, 질병에 시달리며, 악처를 만날 수

있으므로 일주가 강해야한다

즉 살왕 살약 또는 신왕 신약에 따라 길흉이 다르기 때문이다

나  시상일위귀격예시

| 甲 | 戊 | 癸 | 辛 |
|---|---|---|---|
| 寅 | 辰 | 巳 | 未 |

戊辰 일주가 시상 甲寅木을 만나 시상편관격이 되었고

월지 巳火 연지 未土로 火국을 이루워 신강 하므로

신왕관왕한 귀격이 되었다

## 28 간지동체격(干支同體格)

연해자평에 의하면

간지동체격 이란 사주의 간지가 똑 같은것을 말한다 라고 설명 하
고 있다

### 가 간지동체격예시

| 甲 | 甲 | 甲 | 甲 |
| 戌 | 戌 | 戌 | 戌 |

4 甲戌 로써 사주오행이 木土로만 구성 되어 있어 양신성상격
중의 목토상성격 과 같으며
용신은 火이고 통관용신이 되므로 火운에 발복 할것이다

이사주는
임진왜란 때의 논개 와
조선조 21대 영조 임금의 사주 라고 한다
대운의 火운이 개인의 행 불행 을 결정 할것이라고 본다

## 29  오행구촉격(五行具促格)

오행구촉격이란

납음오행(納音五行)이나 간지오행(干支五行)을 모두 갖춘 사주로써

오행을 다 갖추면 부귀격이 된다는 것이다

가  오행구촉격에시 1

| 己 | | 丁 | 丁 | 戊 | 甲 |
|---|---|---|---|---|---|
| 未 | | 未 | 巳 | 辰 | 子 |

납음오행으로 甲子 乙丑은 해중금이니 甲子는 金이고

戊辰 己巳는 대림목이니 戊辰은 木이며

丙辰 丁巳는 사중토이니 丁巳는 土이고

丙午 丁未는 천하수이니 丁未는 水이며

태월 己未는 戊午 己未는 천상화이니 己未는 火이므로

납음오행으로

木火土金水를 다 갖추워 오행구촉격의 부귀격이 되었다

500

## 나  오행구촉격예시 2

```
癸 辛 甲 丁
巳 酉 辰 亥
```

간지 오행으로 월간 甲은 木이고

　　　　　년간 丁 과 시지 巳는 火이며

　　　　　월지 辰은 土이고

　　　　　일주 辛酉는 金이고

　　　　　연지 亥 와 시간 癸는 水이므로

木 火 土 金 水를 다갖춘 오행구촉격이 되었다

## 30  양간부잡격(兩干不雜格)

양간부잡격은 사주천간이 구슬을 꿰메듯이 나란히 연이어 있는것
을 말한다

```
乙 甲 乙 甲
丑 戌 亥 子
```

년간이 甲이고 월간이 乙이며

일간이 甲이고 시간이 乙이므로

甲乙 甲乙로 다른 干이 섞이지 않았으므로 양간부잡격이 되었다

## 31 천원일기격(天元一氣格)

천원일기격 이란 사주의 천간이 모두 같은것을 말한다

| 甲 | 甲 | 甲 | 甲 |
|---|---|---|---|
| 午 | 寅 | 戌 | 子 |

연월일시의 천간이 모두 甲이므로 천원일기격이 되었다

甲木일주가 寅午戌 火국을 얻어 木火통명하고

성격이 활달하여 우두머리감의 사주이니

亥子丑 水운에 귀(貴)를얻고

동남(東南)운에 발복 하였다고 한다

## 32  지진일기격(支辰一氣格)

지진일기격이란 사주의 지지가 모두 같은 것을 말한다

```
戊 庚 丙 甲
寅 寅 寅 寅
```

庚金 일주가 지지에 4 寅을 얻어서 지진일기격이 되었다
월지 寅木의 장간(藏干) 戊丙甲이 천간에 투출하여
재관인(財官印)을 갖추었으니 부귀격이 되었고
신왕운에 발복 하였을 것이다

## 특수격을 마치며

격국은 내격10격 외격(특수격포함)51격을 소개했다


특수격은 그수가 무척 많으나 필자는 32개의 격만 소개한다
32개 정도만 숙지하여도 특수격에 자신감을 갖게 될것이다


특수격 공부를 하다보면
특수격의 구성 과 논리가 오행 과 음양의 이치에 맞지않아
마음의 갈등을 많이 겪게 된다


식자(識者)들이 혹 사주명리를 미신 이라고 말하는 것도
신살 과 특수격 때문 이라고 필자는 생각한다


그러나
꾹참고 꾸준히 특수격 공부를 하다보면, 사주명리의 깊이를 알게되고
사주명리의 실력이 한단계 향상됨을 부인할 수가 없을것이다


앞으로
훌륭한 대가가 나와서 그런 모순들을 하나 하나 정리하여 사주명리가
보다 체계적이고 과학적인 학문이 되기를 간절히 기원한다

# 제 9 장 사주감정(四柱鑑定)

## 1. 사주감정방법(四柱鑑定方法)<아부태산전집(정민현역)참고>

### 1). 사주명리학 공부

사주명리학은 2천여년의 역사를 가졌고, 2천여년 동안 현인 식자들이 한결같이 연구하여 실제 경험을 통하여 통계적으로 미신(迷信)이 아니라고 증명하고 있다.

그러므로 깊이 연구(硏究)하여 높은 경지에 도달 함으로서 나름대로 자신(自信)과 신념(信念)을 갖고 사회봉사의 목표를 달성할 수 있도록 노력해야 할 것이다.

사주명리학의 교본(敎本)인 자평진전(子平眞詮)에서는 "사주명리학은 작은 길 같지만 인간(人間) 생활상의 지침이 되기 때문에 군자(君子)의 학문이다"라고 했다.

서두르지 말고 기초부터 차근차근히 공부해 나가면 어느새 자신이 사주명리의 대가(大家)가 되어 있음을 알게 될 것이다.

### 2) 마음의 준비

본래 사람의 마음은 신(神)이며, 마음 외에 신(神)은 없다. 마음은 곧 하늘이다. 마음 밖에서는 하늘을 찾는 일은 없기 때문이다.

내가 스스로 하늘이요, 신(神)이라고 자신(自信)하고 마음을 바르게 하여 성의를 갖고 연구하여 감정(鑑定)할 때 능히 마음의 문이 열려 길(吉)과 흉(凶)을 바로 보고, 피흉위길(避凶爲吉)하는 능력을 갖게 될 것이다.

그렇지 않고 단순히 돈벌이를 목적으로 이 학문에 정통(精通)하지도 못한 채, 짧은 지식으로 다른 사람의 운명을 감정(鑑定)할 때에는 자신은 물론 타인의 운명도 어둡게 하고 말 것이며, 또 그러한 행위가 하늘의 노여움을 사서 일신의 재앙(災殃)을 초래하는 계기가 될 것이다.

## 3) 사주감정 자세

사주를 감정할 때에는 명리학에 대한 마음의 믿음이 확고 해야 한다.

확고한 믿음이 없으면 많은 의혹이 쌓이게 되고, 그로 인해 마음의 갈등이 생겨 바른 판단을 하기 어렵다.

정신을 집중하여 명리학에 대한 신념을 갖고 깊이 생각하고 관찰한 후 칼로 과일을 자르듯이 분명하고 확실하며 용기 있게 판단해야 명리의 길에 부합될 것이다.

## 4) 사주감정의 태도

사람의 운명을 감정(鑑定)할 때는 몸과 마음을 깨끗이 하고 사람을 대해야 한다. 예의를 지켜 옷차림을 단정히 하고, 몸가짐을 바르게 하여 얼굴 표정은 맑고 순수하며 성실한 마음으로 감정에 임해야 한다.

① 편안하고 침착한 얼굴로 말을 조심한다.

② 진실한 마음으로 성의를 갖는다.

③ 감정을 빨리 하면서도 조급히 서둘지 말아야 한다.

④ 감정료의 많고 적음을 생각지 말고, 부자라고 권력자라고 아부하지 말고, 가난하고 행색이 초라하고 못났다고 예사로 대하지 말고, 오로지 성실하고 관심 있게 신의를 갖고 상대방의 마음속에 들어가 감정 해야 한다.

## 5) 감정수수료에 대하여

우리는 남의 돈을 받을 때에는 항상 의(義)를 생각해야 한다.

마음을 속이고 바르지 못한 돈을 받을 때에는 마음이 편하지 않다.

죄악을 범하는 일이기 때문이다. 항상 가을 하늘처럼 맑고 깨끗한

마음으로 재물(財物)을 대해야 할 것이다.


감정수수료는 감정수수료 와 비감정료가 있다


① 감정수수료(鑑定手數料)

명리에 대한 깊은 학식과 지식의 기반위에 봉사의 마음을 갖고

있으면서 길흉(吉凶)을 바로 보고 운명을 설명한 후, 어떤 길로

가야 하는가를 안내하고 사례금을 받을 때를 감정료라고 한다.


② 비감정료(非鑑定料)

깊지 않은 명리의 지식으로 목표 의식도 없으면서 명리학에 대해

무지한 사람을 눈치와 감언이설로 적당히 속이고 신살 위주로

겁을 주어 감정료를 받을 때를 비감정료라 한다.

# 6) 사주감정(四柱鑑定)순서

1. 사주감정은 반드시 감정 받기를 원하는 사람의 요청에 의하여
   사주를 감정해야 개인의 프라이버시 와 천기를 보호 할수있다

2. 성명 출생일시 성별로 만세력에 의거 사주팔자를 조립하되
   시일월년(時日月年)순으로 시좌년우(時左年右)로 사주를 배열한다

3. 일간(日干)을 기준으로 육신(六神)을 표출(表出)한다

4. 일간(日干)을 기준으로 십이운성(十二運星)을 표출한다

5. 년지(年支)를 기준으로 십이신살(十二神殺)을 표출한다 ｜

6. 연월일시지(年月日時支)의 지장간(地藏干)을 표출한다

7. 년간(年干)으로 음양을 구분 하후 월지에서 순(順) 또는 역(逆)으로
   대운을 표출한다

8. 당해년의 간지(干支)로 세운을 표시한다

9. 일간(日干)의 오행상 왕상휴수사(旺相休囚死)를 표시한다

10. 4간4지(4干4支)의 오행을 헤아려 오행의 강약을 파악한다

11. 일간(日干)의 신약 신강 중화의 여부를 표시하다

12. 월지(月支) 와 시지(時支) 또는 명중의 강자로 격국을 판단 한다

13. 용신(用神) 희신(喜神) 기신(忌神) 구신(求神)  구신(仇神)
    한신(閑神)을 찾는다

14. 간합(干合) 지합(支合)을 찾아 오행의 변화유무를 살핀다

15. 천을 건록 암록등 길신을 찾아 표출한다

16. 형 충 파 해 공망 원진등 흉신을 찾아 표출한다

17 위의 16가지 사항을 검토하고  종합하여 판단한후 설명한다

## 2. 감정실례(鑑定實例)

### ① 남명실례(男命實例) 1

```
丙 丙 己 辛
申 申 亥 卯
```

☆ 2011년 12월 7일(음11월 13일) 오후 4시 1분

이 신생아는 丙火일주가 亥월에 출생하여 년지 卯木과 시간 丙火의 생조를 받았으나 신약하다. 그러나 사주를 자세히 살펴보니 월지 亥水가 년지 卯木과 亥卯로 삼합하여 木으로 화 하였으므로 신약이 반대로 신강으로 변하였다.+

주의할 것은 亥卯삼합이 파괴되는 巳운 酉운에 사주가 다시 신약으로 바뀌므로 운명상 중대한 전환기에 서게 될 것이므로 특별해 조심해야 할 것이다.

이 신생아는 亥卯삼합으로 인해 신왕 재왕 인왕한 사주로서 용신은 亥중 壬水가 되겠고, 사주명중에 木기가 강하므로 인수격이 된다.
그러나 巳운과 酉운에는 편관격이 되고 용신은 亥중 甲木이된다

이 신생아의 성품은 밝고 명랑하며 착하면서도 의리와 인정이 있고, 지혜가 남들보다 뛰어나며 문장력이 좋을 것이다. 그러나 매사에 신중함이 부족한 게 흠이다.
이 신생아의 적성은 월지 亥水가 연지 卯木과 합하여 인성으로 변하였

으므로 제1의 적성은 교직이고, 제2의 적성은 관인이 상생하므로 공직이며, 사업계통이 제3의 적성이다. 그 중에서도 사업계통에 투신하면 국내외로 활동하며 거부가 될 수 있는 소질을 갖고 태어났다.

이 신생아의 건강은 대체로 좋을 것이나 위장계통은 약할 수 있으며, 특히 酉운이나 巳운에는 심장과 간담계통을 조심해야 할 것이다.

이 신생아의 사주를 개관하면 부귀격으로서 돈과 명예를 함께 갖는 좋은 사주이나, 酉운과 巳운에는 운명상 중대한 변화가 올 수 있으므로 조신하고 조심하기 바라며,

이 신생아의 사주에는 丙申이 쌍립하여 두 번 결혼할 수 있겠으며, 卯申이 원진이면서도 귀문관이므로 부와 모 그리고 가족간의 의견대립으로 정신과적 갈등과 아픔을 겪을 수 있을 것이므로 조심하기 바라며, 특히 酉운에는 모의 신상에 문제가 발생할 수 있으므로 주의하시기 바람.

그러나 월지 亥水가 천을귀인이요, 亥중 甲木이 월덕귀인이라
매사를 지혜롭게 잘 대처할 수 있을 것이다.
이 신생아의 이름은 사주명중에 土가 약하므로 이름자에 土를 넣어 작명 하였으므로 오행의 유통이 좋아져서 빛나는 인생이 될 수 있을 것이다.

## ② 남명실례(男命實例) 2

```
己 甲 癸 辛
巳 子 巳 卯
```

☆ 남명:2011년5월9일(음4월7일)오전10시38분

이 신생아는 甲木일주가 巳월에 태어나 월간 癸水와 일지 子水 그리고 연지 卯木의 생조를 받았으나 신약하다.

월지 巳火로 격을 정하고자 하나 巳중 장간이 투간 되지않아 정격을 취(取)하기가 망설여 지던중,
시주를 보니 甲木일 己巳시가 분명한데,
월 과 시의 양 巳중 庚金 과 연간 辛金이 있어 金氣가 강하므로,
내격인 정격대신 외격을 택하니 금신(金神)으로 격을정한다.

명리책에서 말하기를,
금신격은 귀격이나 신왕해야 발복하며, 신약하면 쓸모가 없다고 하였으므로, 이신생아의 사주를 살펴보니,
막강한 金기를 설기하고 일주를 생하는 子중 癸水가, 월간 癸水의 도움을 받고
또 연간 辛金의 생을받아 튼튼함으로, 子중 癸水를 甲木의 용신으로 삼는다.

이신생아는 년간 辛金이 천덕이며, 일지에 욕궁 과 연살이 동주하고, 甲木이 土水火가 조화를 잘이루고 있으므로,

선천적으로 조상 과 부모 및 윗사람의 도움 과 사랑을 받을것이며,
특히 인물이 뛰어난 미남자가 될것이다.


이신생아의 성품은 지혜가 깊고 밝고 명랑 하면서도 신중하며,
항상 책을 가까이 하고 또 불의를 용납 하지 않으며 의리 인정이
깊다. 그러나 매사에 남들 위에 서고자 하는 일등의식 즉
엘리트의식이 강하여,
그로 인해 방황하는 날들도 많을 것이므로  자중해야 할것이다.


이 신생아의 적성은 인문계이다.
금신격을 이루고 있어 ,불의를 다루는 법조인이나, 경제를 다루는
은행업무나, 제철 업무등도 천직이며,
인성이 강하여 교직이나 학자 또는 언론계통도 적성에 맞고,
성공 할수 있겠다,
그렇지만 그것들은 본인의 노력 과 보호자의 뒷받침이 함께 해야만,
운명 과 현실이 일치 할수 있을 것이다.


이신생아의 건강은
巳중 丙火 식신이 록지에 앉은 데다가, 월시에 양 巳가있어 더욱
강하므로,
식복이 있고 수명 장수하는 건강 체질이 될것이다.
단 용신을 충극하는 대세운을 조심해야 할것이다.


이신생아는
금신격 사주에 인성이 강하므로, 부귀영화 하는 부귀격이나,
일주가 약하므로,
이름자에 용신인 癸水를 넣어 작명하여,
운명상의 약함을 보충하여 오행의 흐름이 좋아질 것이다.

③ 남명실례(男命實例) 3


| 戊 戊 癸 壬 |
| 午 辰 丑 辰 |

☆ 음1952년12월3일 오전11시40분경 (양1953년1월17일)

戊土 일주가 丑월에 태어나고 연지 辰土 일지 辰土 시간 戊土 시지
午火의 생조를 받아 태강하다 그런데다가 시주 戊午가 양인 이라
강함에 강함을 보태었다.

격국은 월지 丑土가 일주 와 동류이므로 격을 정할 수가 없으나,
월지 丑土에 암장되어 있는 癸辛己 중에 초기 癸水가 월간에 투출되어
있으므로,
정재격으로 격을 정하였고,
정재는 丑중 癸水 연간 壬水 연지 와 일지의 辰중에있는 癸水의
부조를 받아 정재 癸水 역시 막강하다.

즉 신왕 재왕한 사주이다.
그런중 시지 午火를 바라보니, 일지 辰土 와의 사이에 巳火 건록을
끼우고 있으므로 공록의 복을 갖고있어,
공록격(拱祿格)이라고 해도 별무리가 없는 사주이다.

용신은 남명이라 관살을 용신으로 삼아야 하나,
양 辰중의 乙木은 목고가 아니고 흙속에 묻혀있어 쓸모가 없고,

이 일주의 사주 구성상 土水가 상극하고 있으며 신 태강하여,
丑中 辛金으로  상극 하고 있는 土 와 水의 오행을 통관시키고,
또 丑中 辛金으로 왕한 戊土를 설기시키는,
통관 용신으로 삼고자 하나 辛金이 金의 묘지에 있어 약하여,
망설여지는중,

사주를 개관(槪觀)하니,
戊土 일원 과 정재 癸水가 丑월이라 한냉하여,
땅 과 물이 얼어붙어 있어, 조후(調喉)가 시급하므로,
억부용신 과 통관용신을 제처 두고,
午중 丙火 가 왕지에 있어 강하므로, 午중 丙火를 조후용신으로
삼는다.

그러므로 이 일주는, 土 의 태강함 과 土水의 상극으로 인한 어려움은,
필연적으로 겪게 되는 운명 임으로 어쩔수 없으나,
대세운 에서 辛金이 있어 종소리처럼 울릴때, 그 어려움은 해소되어
가정이 화목하고 평화로울 것이다.

이일주의 성품은,
土가 태강하고 水가 막강하며, 丑중 辛金이 묘지에 있어 약하고,
午중 丙火가 왕지에 있어 강하므로,
신용이 있고, 언어를 조심하고, 매사에 성실하며, 신앙심이 있고,
생각이 깊고, 도량이 넓으며, 낙천적이고 밝다.
그러나 비밀이 많고, 매사에 자기 중심적이라, 남의 꾐에 빠저,
의(義)를 잃고, 관재(官災)를 범할수있다.

이명주의 건강은 ,
土水가 상극하고있어, 위장계통 과 신장계통에 문제가있고,

土기가 너무 강하므로, 위장계통이 약할수있다.

그리고 월지 辛金이 金의묘지 에있고, 한냉 하므로 폐기능 과 하체
쪽에, 문제가 있거나 있을 가능성이 높다.

그런데다가 명중에 백호대살을 2개나 갖고있어, 그 확율이 높을
것이며, 일주의 처 역시 병지(病地)에 있고, 백호대살을 겸하고
있으므로 건강이 좋지않을 것이다.

그런 이유로 처와의 인연이 두 번 바뀔수 있을 것이다.


이일주의 직업 적성은,

午중 丙火 인성이 용신이라, 교육 문화 언론계통이 좋고,

辰중 乙木이 희신이라, 묘목사업이나 음식업도 괜찮으며,

丑辰파 로 파극당하고, 金의 묘지에 있어 약한 辛金을, 보하는
일주의 거주지에서 서쪽방향의 땅에서,

동업을 하지말고, 자영업으로, 金에 관한 업을 경영하면, 빛날것이다.

왜냐하면, 신금의 종소리가 울릴테니까, 사주통관도 겸할 수 있어 좋다.


이 일주는 신왕재왕한 정재격에 다가, 공록을 겸 하고 있어,

부를 쌓았을 것이다. 땅도있고, 현금도 있는, 부격 이라고 나 할가,

그러나 처와의 인연이 바뀌고, 자식을 늦게두고, 형제간에 다툼도
있으므로, 항상 나를 낮추고 겸손해야만,

양인(羊刃)의 날카로운 피해를 예방 할수 있을 것이다.

④ 남명실례(男命實例) 4

```
乙 庚 乙 辛
酉 午 未 卯
```

☆ 양:2011년7월14일 오후6시05분

이 신생아는 庚金일주가 未월에 출생하고, 년간 辛金 시지 酉金
양인의 도움을 받고, 신 태강 하였으나, 월지 未土가 연지 卯木과
합하고, 시간 乙木이 일주와 합하므로,
오행의 변화가 생겨, 신 태강에서 중화로 변하였으며,
월간 乙木은, 연주 卯木과 卯未합목으로 변한 未土에 뿌리박아, 乙木의
무리를 형성하여, 강한 木이 되었고, 卯중 乙木이 투출하여
신왕재왕한 정재격이 되었으며, 양인격을 겸하였다.

한편 사주전체를 개관하니,
일주 庚金은 시간 乙木과 합금하고, 시지 酉金 양인과 무리를 만들어,
더없이 튼튼하고,
연월지 卯未木과, 월간 乙木도 팀을 형성하여 강하다.
그러나 乙卯木은,
庚金팀에 비하여, 약하므로, 연지 卯중 乙木을, 이신생아 사주의
용신으로삼는다.

또 한편 으로는,
시지 酉金 양인과 일지 午火관살은, 서로 공격하고 미워하여 좋지
않을것 같아, 걱정하여 사주를 깊이 관찰하니,
酉중 辛金과 午중 丙火가 합하여, 살인이 상정 하고 있어,
흉이 변하여 길이 되었으므로, 부귀격이되었다.
다만 사주 전체에 水기가 없어, 오행이 불균형을 이루고 있으나,

이 신생아의 이름자에, 水 와 木을 넣어 작명하여 줌으로써,
오행의 조화를 이룰수 있을것이다.

이 신생아의 성품은 밝고 명랑하고 착하고 어질며, 불의를 보고 참지
못하는 의리의 사나이가 될것이며,
사주에 합도 많고 충도 많아, 다정다감 할것이나, 성격이 급한것이
험이 될것이다.

이 신생아의 직업 적성은,
월지 未土에 일지 午火가 천의성인데, 천의성이 밝게 빛나고 있으므로,
의료업이 제1적성이고,  또부부가 같은업에 종사할 가능성을 갖고있다.
제2적성은 컴퓨터 나 기계공학 방면의 사업을 하면, 부자가 될수있을
것이다.

이 신생아의 건강은 대체로 좋을 것이나,
월주가 백호대살이고, 연월간이 충하고 있으며, 卯未가 급각살이고,
午火가 탕화살 이므로, 간담 계통을 조심하고, 뜨거운 물과 불을
경계하며,
또 낙상 즉, 팔다리 골절을 조심해야 할것이다.
그런데다가 이 신생아는 金기가 강하므로, 쇠붙이도 항시 조심해야
할것이다.

이신생아는 부귀를 갖춘 좋은 사주이나, 사주내에 水기가 없고,
木기가 조금 약하므로, 용신인 卯木을 도우는, 水와 木 운에 발복 할수
있을 것이다

## ⑤ 여명실례(女命實例) 1

```
庚 己 乙 辛
午 巳 未 卯
```

☆ 2011년7월13일<음6월13일>낮12시26분

이 신생아는 己土일주가 未월에 출생하여, 월지 일지 시지가 방합
하여, 火국을 이루워 일주를 생조 하므로, 신태강하다.

월지 未土는 일주와 비견이 되여, 격을 잡을수 없는중에, 연지 卯木 과
卯未로 반합하고,
겸하여, 일시지 巳午火 와 방합 하여,
木 과 火의 기세중, 火세가 더 강한 데다가,
시지 午火 의 록에 합하여, 그 기세가 더욱 강하므로,
卯未 반합 木을 취하지않고, 午火의 시록격으로 격을 정한다.

시간 庚金은 午의 욕지(浴地)에 앉아 약한듯 하나,
午중 己土 와 巳중 庚金에 통근하고, 월간 乙木 과 합하고, 연간
辛金의 도움까지 얻어,
나름대로 튼튼 하므로, 시간 庚金을 용신으로 삼는 귀격이 되었다.

그러나 시록격의 금기인, 형,충, 합, 도식, 등이 있어,
이신생아의 사주가 매우 꺼림직하고, 좋지않다고, 얼핏 생각 되었으나,
깊이 관찰한 결과,

첫째, 乙辛충은 乙木이 시간 庚金 과 합하므로, 탐합망충 된데다가
　　　시간 庚金 과 합하여 충이 해소되고,
둘째, 巳午未합은 오행이 변하지 않은 합이되여, 록의힘이 강해저
　　　길(吉)을 더하였고,
셋째, 방합의 끝인 未중 己土가 용신 庚金의 정인이 되므로,
　　　친어머니가 자식을 해치지 않듯 도식의 흉을 벗어났고,
넷째, 연지 乙木은 辛金의 극을 받아, 힘이없어 무용지물이 되었으므로,
　　　금기사항이 모두 해소되 여, 부귀격이 틀림 없음이 확인되었다.

이 신생아의 성품은,
밝고 명랑하며, 은혜를 베푸는 것을 좋아하고, 신용을 중하게 여기며,
불의를 보고 참지 못하는, 의리의 마음이 강하고,
봉사 정신도 강하고, 예능에 소질이 많은 미인이다.
그러나 시기심이 강하고, 성질이 매우 급하고, 교만심이 있어 남을
무시하고, 자존심이 강한것이 흠이다.

이 신생아의 적성은,
첫째, 월지 未土가 일시지 巳午火와 합하여, 그 기세가 매우강하고
　　　화려하여, 심장을 다루는 의료인이되여, 그 이름을 빛낼 것이며,
　　　부부가 같은 업에 종사 하게 될것이다
둘째, 시간 庚金이 용신 인지라,
　　　예술이나 기술, 또는 봉사 하는 업이 좋고,
셋째, 인수가 시록이라, 교직이나 언론등의 업에도,
　　　성공 할수 있는,소질을 갖고있다.
그러나 그것은 타고난 소질 일뿐이지, 부모 와 본인의 노력 여하에
따라, 숙명과 현실은, 얼마든지 달라질수 있음을 명심해야 할것이다.

이 신생아의 건강은, 신강하여 데체로 난관을 잘 극복 할것이나,
월주가 백호대살이라, 간 위계통에 항상 문제가 있을수 있으며,
일주가 효신 에다가, 午火가 탕화살이고, 또 火의기운 너무 강하므로,

심장 과 물 불을 두려워 하고, 卯未가 급각이라, 락상을 조심해야
할것이다.

이 신생아는 시록격 사주로써, 귀격을 이루고 있으나,
명중에 水기가 없어, 사주 전체가 너무 메마르고, 건조하므로,
이름자에 水를 넣어 작명하여 그 결점이 보완되여
훌륭한 인격자가 되기를 사주감정 및 작명자는 기원한다

⑥ 남명실례(男命失例) 5

```
庚 丁 丁 辛
子 卯 酉 卯
```

☆ 2011년9월8일<음8월11일>00시:31분

丁火 일주가 밤 깊은 子시에 태어나니, 별빛 과 촛불의 밝음이 맑고
깨끗하여, 아름답게 빛난다.

이 신생아는 丁火일주가 가을인 酉월에 태어나 쇠약하다.
월간 丁火, 년지 卯木, 일지 卯木의 생조를 받았으나, 신약함을 면하지
못하였다.

격국은 월지 酉중 辛金이 천간에 투출하고, 시간에 庚金마저 투출하여,
재(財)가 강하므로 편재격으로 격을 정한다.

용신은 일주 丁火가 약하므로, 金기를 많이 받은 子水의 도움을 받고,
연지 卯木의 도움을 받아, 그런대로 튼튼한 卯중 乙木을 용신으로
정하는바, 재관의 도움을 받은 인수가, 용신이 되여 빛나고 아름답다.

이 신생아의 성품은 밝고 명랑하며, 불의를 보면 참지 못하는, 의리 와
인정을 겸한, 사나이가 될것이다.
그런중에 도화의 별이 많아, 항상 이성의 사랑을 많이 받을 것이나,
또 그로인해
고민도 많고 변화도 많을 것이며,
명중에, 문창, 학당, 문곡귀인이 월지에, 자리하고 있어,

지혜롭고 총명하며, 학업에 정진하여, 학계와 인연이 깊겠으나,
명중에 土 오행이 보이지 않고, 형충이 월,일지에 자리하고 있어,
성질이 급하고, 냉정하며, 참을성이 부족하여, 주위사람 들과 불화하는
말썽의 소질을 갖고 있으니, 이점 유의 하시고 교육 하시기 바람.

이 신생아의 적성은, 재,관,인,이 상생하고 있으므로, 교육자 공직자
금융인이, 좋으며,
관성이 金기의 도움을 받아, 빛나고 있으므로, 水에 관한 업이면 더욱
좋고, 木에관한 업도 성공할수 있을것이다.

이 신생아의 건강은 항상 조심해야 할것이다.
卯에子가 농아인바, 귓병을 앓을 수 있고,
말하는 발음이 늦을수도 있을것이며,
간장 과 대장계통이 번갈아, 문제를 일으킬 수 있고,
심장도 좋지 않을수도 있으니
항시 몸을 따뜻하게 하고, 잠자리 와 음식도 따뜻하게, 해야 할것이다.

이신생아는 편재용인격 사주로써 부귀격이나,
부를 쌓는 과정에서, 술 과 여자를 조심하지 않으면,
좋지않은 결과를 초래할수 있으므로,
인생을 살면서 그점 명심하도록 가르처야 할것이다.

이신생아는 부귀격이나, 사주중에 土오행이 없어,
오행의 흐름이 막힌 데다가, 일간 丁火마저 약하므로,
이름자에 土 와 火를 넣어 작명 하였으므로,
이름 과 사주가 서로 보완되어 오행의 흐름이 좋아지고 일간 丁火가
강해저서 훌륭한 편재용인격 사주가 되기를, 작명자는 기원한다.

⑦ 여명실례(女命實例)2

```
乙 乙 丁 辛
酉 酉 酉 卯
```

☆ 2011년9월27일<음9월1일>19시07분


이 신생아는 乙木일주가 酉월 酉일 酉시에 태어나서,
시간 乙木 년지 卯木의 도움을받고, 월간 丁火의 제살하는 도움을
받았으나, 丁火역시 乙木을 설기하므로, 극신약을 면할 수가 없다.

용신의 경우, 종살 하자니 3木1火가 되어 종하기 어렵고,
통관 하자니 용신 없으니....................................................
19세가 되는 亥대운이 되어야, 행운에 통관용신을 만날 수 있으니,
그이전 세월의 고충을 어떻게 감당하랴,
그러므로 극신약 하나 월간 丁火를 용신으로 삼을수 밖에 없다.

격국은 월지 酉金이 일시지 酉金의 도움을 받고, 연간 辛金이 투출
하였으므로,
편관이 막강하여 편관격으로 격을정한다.

만약 시간 乙木 과 월간 丁火가 土金 이였으면, 종혁격이 되고,
용신도 酉중 辛金이 진용신이되여,
귀격이 됨과 동시에, 출세가도를 달리는 인재가 될텐데,
시간 乙木 과 월간 丁火로 인해 그렇지 못하니 안타까울 뿐이다.

아무튼 이신생아는 길보다는 액이많으니,
각별히 조심해서 양육 해야 할것이다.

이신생아의 성품은
착함 과 밝음을 간직하고, 의리 와 결단력을 갖추웠다.

그러나 매사 여리고 약하여, 자신의 생각을 잘 들어내지 않을것이다.
주위 환경에 적응하는 적응력이 강하고,
학업 즉 배움에 대한 욕심이 남 다르므로, 보호자인 부모가
학업만 잘뒷바침 해준다면, 약하지만 이신생아는 자수성가 하여
가정을 빛낼것은 물론 사회에서 꼭필요로 하는 유능한 인재가
될것이다.

이신생아의 적성은,
대기업 사장이나 공공기관 또는 국가기관의 장의 비서업무가
제1적성이고,
남을위해 헌신하는 봉사업무가 제2적성이며,
음식료업이나 한의업 또는, 검경 계통의 업무가 제3적성이다.

이 신생아의 건강은
19세가 될 때까지, 조심하고 조심해야 할것이다.
특히 간담계통이 약하여, 문제가 발생할 수 있고,
또 쇠붙이에 잘다치고 상처를 잘 입을수 있으며,
높은곳 에서 떨어지고 부딪치고 하는것에, 조심 해야함은 물론이요,
자라서 어른이 되어서도, 평생 교통사고 와 쇠붙이 등을 조심해야
되는 운명을 갖고 태어 났으므로, 그점 명심해야 할것이다.

이신생아는

높은 산속 돌무더기 속의, 작은나무 와 같은 형상을 하고있어,

물도 그립고, 햇빛도 그리운 처지이나,

물은 자체 유금이 물기를 머금고 있고, 또 때가 되면 만날 수 있으나,

태양빛이 조금 부족한 상태이므로, 이름자에 火를넣어,

작명 하였으므로, 강한 金기를 제살하여, 오행의 균형을 이루게 됨으로

머리가 뛰어난 삼기수재(三奇秀才)가 되어 빛나는 인생이 될수 있기를

사주감정 및 작명자는 진심으로 기원한다.

## ⑧ 남명실례(男命實例) 6

```
壬 庚 戊 辛
午 申 戌 卯
```

✧ 출생일시:2011년11월1일(음10월6일)12시32분

이 신생아는 庚金 일주가 戌월에 출생하고, 년간 辛金 월간 戊土
일지 申金의 생조를 받아 태강하다.
그러나 월지 戌土 와 년지 卯木이 육합하여, 오행이 火로 바뀌므로,
태강에서 중화 로 바뀌었다.

격국은, 월지 戌중 정기 戊土가 월간에 투출하여, 편인 즉 인수격이
된다. 그렇지만 월지 戌土 가 년지 卯木 이 육합하고, 시지 午火 와
삼합하여, 관살격으로 정하여도 무리는 없을 것이다.

용신은 여명 에게는 관이 용신이 되므로,
午중 丁火가 건록지에 있는데다가 월지 戌중 丁火가,
卯戌 로 육합한 火의 도움을 받아 강력하므로,
午중 丁火 정관을 용신으로 삼는다.

이 신생아의 성품은
의리를 중요하게 생각하고 인정이 깊으며 결단력이 있고
밝고 명랑하며,신중 하면서도 영리하다.
그러나 재를 가볍게 생각하는 습성이 있으므로 그점 잘 가르쳐야
할것이다.

이 신생아의 적성은
교직이 제1적성이고, 공직이 제2적성이다.
사주가 인수격 이므로 인수는 즉 교직 이므로, 교직이 천직이고
그 중에서 특히 외국어에, 소질이 뛰어날 것이다.
그리고 시지 午중 丁火가 정관인데, 정관이 빛나고 있으므로,
공직에 진출해도 성공할수 있을것이며,
그 외 출판 문화 업계도 적성에 맞을 것이다.

이 신생아의 건강은,
식신인 水기가 午火위에 자리하고 있어, 약간은 걱정 스럽기도 하나,
일주의 도움을 받아
뿌리가 있으므로 별이상은 없을것이다.
그러나 火가 강하므로 콩팥계통을 조심 해야하고,
명중에 木기가 약하므로, 간담 계통에 문제가 발생할 소질을
갖고있으므로,
유의 해야 할것이다.

이신생아는 인수격 사주로써, 관인이 상생하는 귀격 사주이나,
식신이 약한데 다가,
재가 사주명중에 약한게 흠이나,
일지가 록지에 있어, 재에 구애받는 삶은 아닐것이다.

그러나 명중에 약한 木을 이름자에 넣어 작명함으로써,
식생재, 재생관, 관생인, 인생아의 법칙이 잘 이루워 저서
행복한 인생이 되기를 작명자는 기원한다

528

## ⑨ 여명실례(女命實例) 3

```
癸 辛 戊 辛
巳 酉 戌 卯
```

☆ :2011년11월2일<음10월7일>09시50분

이 신생아는 辛金 일주가 戌월에 출생하고, 년간 辛金 월간 戊土 일지 酉金의 생조를 받고 일시지가 巳酉로 합하여, 金化되여 태강하다.

그러나 월지 戌土 와 연지 卯木이 육합하여, 火로 변하고 시간 癸水의 설기로, 소강으로 변하였다.

용신은 戌중 丁火가 火고에 있으면서, 卯戌 합화의 도움 과 년지 卯木의 생을받고, 巳酉로 金化하여 약하지만, 시지 巳중 丙火의 도움을 받아 튼튼 하므로, 용신을 삼고, 격국은 월지 戌중 戊土가 월간에 투출하여 정격이 되므로 정인격으로 격을 정한다.

이 신생아의 성품은 의리 와 인정이 깊고, 명예를 중하게 여기며, 신중 하면서도 밝고 명랑하며, 지혜가 깊고 총명영리 하며 자존심이 대단하다.
그러나 명중에 木이약하므로, 금전을 가볍게 여기고 낭비하는 습성이 있을수 있다.

이 신생아의 적성은
월지 戌중 戊土가 투간하여 정인이 정격이 되므로, 교직이
제1적성이고,
월지 戌土에 일지 酉金이 천의성이 되는 데다가 일간의 록이되므로,
의료인이 제2적성이며, 관인이 상생하고 있어 공직이 제3적성이다.

이 신생아의 건강은 식신 癸水가 巳火위에 앉아 있어 약할것 같으나,
시지 巳火가 일지 酉金 과 합하여 金으로 화하여, 식신 계수를 생하고
있는 데다가,
앉은 자리가 식신의 천을 귀인이 되므로, 건강은 아주 좋을 것이다.
그러나 金기가 너무 강하고, 木기가 너무 약하고 水기의 배설구도
조금 약하므로, 간담 과 콩팥계가 약할수 있으므로 주의 하시기 바람.

이 신생아는 귀격으로서,
일주 辛酉가 金빛이 찬란하고 홍란을 겸하고 있어, 미녀가 될것이다.
그러나 생이별도 함께 하고 있으므로,
인생을 살면서 나를 낮추고, 남을 배려 하는 습성을 갖는다면,
인생 행로에 도움이 될것이다.

이름은 이 신생아의 사주 명중에
木 이 약하고 水도 불위에 있어 약한것 같으므로,
이름자에 木 과 水를 넣어 작명하여, 木 과 水의 약함을 보충
함으로써,오행이 균형되여 좋은 인생이 될것이나, 환경 과 노력이 병행
되어야만, 운명 과 현실이 일치 할수 있을 것이다.

⑩ 여명실례(女命實例) 4

```
癸 己 己 辛
酉 丑 亥 卯
```

☆ 2011년11월30일(음11월6일)오후7시12분

이 신생아는 己土 일주가 亥월에 태어나 월간 己土 일지 丑土의
도움을 받았으나 신약하다.

월지 亥水로 격을 잡고자 하나, 월지 亥水가 亥卯로 합하고 亥丑으로
합 하므로, 격을 구 하기가 어려워,
시간 癸水가 월일시지의 생조를 받고 강 하므로, 편재로 격을 잡고
신약하나, 여명인데다가 水기가 너무 강하므로,
亥중에 있는 甲木으로 용신을 삼는다.

이 신생아의 성품은
지혜롭고 총명하며, 착하면서도 침착하다.
그러나 음칠통(陰七通)이므로 내성적이고, 이기심이 강하다.

사주에 水기가 강하데다가,
문창 학당 문곡 관기학관이 월덕귀인 과 함께 하고 있어,
학업성적이 뛰어 나서 또래 중에서 항상 상위에 있을 것이다.

이 신생아의 적성은
월지 亥水 와 일지 丑土사이에, 천을귀인이 공협(拱挾)되고 있는

데다가,

시상 癸水가 편재라,

인문계 보다는 자연계에 특별한 소질이 있으므로,

내과 중에서도 신장 계통을 전공한 의료인이 될 수 있으며,

그리고 사업이나 금융계통 에도 두각을 나타낼수 있고,

아울러 수학 과학 등 자연계의 학자가 될 수 있고 또 성공할수 있을것이다.

이신생아의 건강은

식신인 酉金이 丑土 와 합하여 金化 되어 있어,

건강하고, 수명 장수 할것이나,

亥卯木 으로부터, 일간 己土가 극을 받고 있는 중에,

사주자체가 한냉 하므로,

항상 위장 계통을 따뜻하게 할수 있는 방법을 찾아야 할것이다.

이 신생아는 시상편재격으로 부격(富格) 인데다가 용신인 亥중 甲木이 남편인데, 그 甲木이 水기를 받아 강하고,

酉중 辛金이 자식인데,

관왕자왕(官旺子旺)하여 남편 과 자식이 출세하는 좋은 사주이다.

이름은 이 신생아의 사주에 火기가 없어,

부귀격 이면서도 아쉬움이 크므로,

이름자에 火기를 넣어 작명함으로써, 오행의 유통을 꾀하고,

한냉한 사주를 따뜻하게 하여, 행복한 인생이 될수 있기를 작명자는 기원한다.

# ⑪ 남명실례(男命實例) 7

```
乙 癸 辛 丁
卯 酉 亥 巳
```

☆ 출생일시:1977년11월12일(음10월2일)06시13분

 이 건명은 癸水 일주가 亥월에 태어나고, 월간 辛金 일지 酉金 편인의 생을 받아 신강하다
그러나 월지 亥水 에 득령 했다고 하나, 癸水 일주가 입동후 6일에 출생하여 戊土 가 사령하고 있으므로,
亥水가 戊土에 막혀 약해 진데다가, 년지 巳火 와 상충 함으로써,
일간 癸水 의 비겁 과 인수가 모두 상충하여, 상처 투성이가 되어 당초의 신강함이 반대로 신약으로 변하고 말았다.

격국은 월지 亥水가 일간의 비겁으로, 격을 잡을수가 없으므로 시간 乙木이 시지 卯木에 뿌리내리고, 일지 酉金 과 상충하고는 있으나, 월지 亥水 와 亥卯로 합하여 강한 데다가
일지 酉金은 상수 우수로 설기 되어 약하므로 식신생재로 격을 잡는다

용신은 이 남명의 사주를 살펴보면, 신강하나, 상충 과 상극으로 인해, 오행의 흐름이 막히고 상처가 많아 신약으로 변하였으므로,
상충 상극이 서로 상생하도록 통관 시켜 주는것이
우주의 섭리요, 명리의 법칙이라고 생각되는바,
년지 巳中 戊土가 건록지에 있고 년간 丁火의 밝은 빛을 받고
월지 亥水의 물기를 받아 능히 생금(生金) 할수 있으므로,
巳중 戊土를 용신으로 하되 통관용신으로 이름 붙인다
이 남명의 성품은 지혜롭고 총명하여, 문장력이 좋고 두뇌회전이

좋으나, 음6통이라 내성적이며, 고란 과 생이별이 함께하고있어 외로움
과 고독함이 사주명중에 잠재 되어 있으며, 항상 공부 하려는 마음을
지니고 있으나, 친구 와 음주 와 낭비로 의지가 약하여
좌추우돌 하는 성격으로 변할수 있으므로
매사를 처리할 때 두 번 세 번 생각하고 또다시 생각 한후, 실행에
옮기는 삶을 가져야만 흉을 피할수 있을 것이다
그렇게하면 이남명의 명중 에있는 쌍 천을귀인과 천덕귀인의 덕으로
행복의 집에 살수 있는 행운을 잡을수 있을 것이다

이 남명의 직업 적성은 교직, 음식업, 운전업, 무역업이 하늘이 준 직업
적성이다. 그중에서도 어린이집이나 음식료업을 하면, 식신생재가 되어
부를 쌓을수 있을 것이다.  운전업 과 무역업도 좋을 것이다
.
이 남명의 건강은 식신이 유기하여 수명 장수 할수 있겠으나
음주 와 여자 관계로 인해 건강이 나빠질수도 있으니 유의 하시기
바람.

이 남명의 본명 宰琅은, 음으로 재은이도 되고, 재간이도 되는바
통상 작명할 때 두소리가 나는 이름을 짓지 않는것이 법칙인데
두소리 이름이 되어 좋지않고
또 사주 관찰이 깊지 못하여,
宰는 오행상 金이고 琅은 오행상 水인데
金水를 더함 으로써 충을 깊게 만들었다
이 남명의 사주에 꼭 필요한, 통관 용신인 土를 넣어 개명함으로서
이 남명의 삶의 질이 향상되고 발전되어
행운 과 함께 하는 인생이 되기를 작명자는 기원한다

## ⑫ 여명실례(女命實例) 5

```
甲 乙 辛 辛
申 酉 丑 卯
```

☆:2012년1월25일(음1월3일)16시15분

乙木일주가 丑월에 태어나 년지 卯木 시간 甲木의 도움을 받았으나,
년간의 辛金 과 월지 丑土의 생을 받은 월간 辛金 일지 酉金 시지
辛金의 막강한 金기에 극을 당해 신약하고 한기 마저 있어
걱정스럽다.

그러나 운로(運路)를 살펴보니 다행히 4세부터 63세까지 木火운이
흐르고 있어 한기(寒氣)를 녹이고 일주를 보호하는 운이되여 무난한
인생을 살수 있을 것이다.
그 이후는 金운이 다가 오고 있어 64세부터는 조심해야 할것이다.

이 신생아의 성품은
명예를 중히하고, 지혜가 깊고 업무를 기획하는 능력이 탁월 하겠으며,
친구를 좋아하고, 윗사람에게 공손하며, 매사에 맺고 끊음이 분명하며,
법 없이도 살사람이다.
그러나 한편으로는 내성적이고 이기적이며,
성격이 차갑고 금전을 낭비하는 습성이 있을것이다.

이 신생아의 적성은
인문계가 아니고 자연계이다.
사주명중에 土기를 받은 金기가 강하니
외국어에 대한 능력이 뛰어나고, 학문 연구에 소질이 있을 것이며,
자연계의 교직이나, 형벌을 주관하는 부서의 기획직이나,
한방 의료업도 운명상의 적업이다.

이 신생아의 건강은 乙木 어린나무가 金기에 노출되어 있어 좋지 않을
것이다.
특히 간담계통이 약한 데다가 근골 계통도 약할것 이므로,
항상 몸을 따뜻하게 해주어야 할것이다.
특히 명심 할것은, 이 신생아는 평생토록 잠자리를 따뜻하게 하고
주거 환경을 동남쪽으로 해야만, 운명상의 약점을 보완할수
있을것이다.

이 신생아의 이름은
외조부께서, 작명자의 오랜 지우로써,
둘째 외손녀의 이름을 부모의 바램 이라고,
유나 나 해리 로, 작명하면 어떠냐고 말씀 하셨으나,
유나 나 해리 는, 이신생아의 운명 과 맞지않은 데다가,
성명학상 제요건에 맞지않아 이신생아의 이름으로 쓸수없으며,
설혹 언니의 이름 과 두글자중 한글자를 같게하여
형제간의 유대감을 갖게 하려는것은 좋으나,

그것은 제일 중요한 이신생아의 운명을 도외시하기 때문에 좋지않고,
또 두글자중 한글자를 맞춘다는것은, 아이의 부모가 무의식중에
옛사람들의 항열자 와 같은 류의 이름을 짓는것을 바라기 때문이지만
그것은 바람직한 현상이 아닐 것이다.

이 신생아의 이름은
운명상 통관용신인 水와 조후용신인 火를 넣어 작명 해야만 하는
까따로움이 있어,
두가지가 충족되는 이름이 나올수있다면, 좋은 이름이 될것이다

⑬ 여명실례(女命實例) 6

```
丁 庚 癸 壬
亥 辰 卯 辰
```

☆ 출생일시:2012년3월20일21시47분

이 신생아는 庚金일주가 卯월에 출생하여 실령하고 연지 辰土 일지
辰土 그리고 庚辰 壬辰 괴강의 도움을 받았으나 신약하다

월지 卯木은 연간 壬水 월간 癸水의 생을받고  연지 辰土와 卯辰으로
합목하고 시지 亥水 와 亥卯로 합목하여
강력한 편재격을 이루웠고
그 수기(秀氣)는 연간 丁火에 촛불을 밝혀, 빛나고 있으며
辰중 戊土로 용신으로 삼고
일주 庚金이 亥중 甲木을 벽갑 인화한 丁火로 희신을 삼으니

이 신생아의 사주는 년월간 壬癸水가 卯辰(木) 과 亥卯로 합木한 월지
卯木으로 水生木하고
월지 卯木은 다시 연간 丁火로 木生火하고
연간 丁火는 일지 辰土로 火生土하고
일지 辰土는 일간 庚金을 土生金 하고
일간 庚金은 연월간 및 시지 亥水로 金生水하니
오행이 생생불사 하고 생의불패 하여 부귀격을 이루웠다

이신생아의 성품은
어질면서도 총명 영리하고 의리를 중하게 여기고

금전에 대해 집착심이 강하고
옳고 그름을 가리고 이해득실을 판단하는 능력이 남다르다
그러나 스스로의 총명함에 자신한 나머지 실수할 수 있고
결단력이 부족 할수있다

이 신생아의 적성은
壬癸水 식상이 卯木 재성을 생하고 있으므로
기술력으로 재화를 창출하는 농림업이나 사업이좋고
기술계 교직이나 어둠울 밝히는 직업도 좋을 것이며
사업을 하면 큰 부(富)를 쌓을수 있을 것이다

이 신생아의 건강은
오행이 순환 상생하고 있어 걱정은 없으나
년일지의 辰土가 木으로 화하고 물에 젖어있어
위 와 장 계통이 약할 수 있고
기관지 와 폐쪽도 약할수 있으므로  건강관리에 유의 하시기 바람

이신생아의 이름은
용신인 辰중 戊土를 도우는 土를 이름자에 넣어
사주 전체가 순환상생 하는데
부족 한것을 도와주는 역할을 할수 있도록 하여
오 행의 균형을 도모 하였으므로
좋은 인생이 될수 있기를 작명자는 기원한다

## ⑭ 여명실례(女命實例) 7

```
壬 辛 癸 壬
辰 卯 卯 辰
```

☆ 2012년3월31일(음3월10일)오전9시1분

 辛金 일주가 卯월에 출생하여 년지 辰土 와  시지 辰土의 생을
받았으나 신약하다
그런데다가 년시지 양 辰土가 월일지 양 卯木 과 卯辰으로 합목하고
년월시간의 壬癸壬水가 木기를 강하게 하므로 일간 辛金은 마음변한
辰土에 기댈수 없으므로
별수없이 재(財)에 종해야하는 기명종재 로 가야하나
진종(眞從)은 아니고 가종(假從)이 될수밖에 없으며
용신은 木이고 희신은 水 와 火가되고 기신은 金이 되겠다

혹 다른 역학자는 이 사주를 시묘격으로보고
용신은 辰중 戊土이며 조후(調喉)용신을  壬水로 하여 설명하겠으나
그것은 짧은 안목으로 보면 그렇게 보이겠지만
깊이 잘보면 그렇지 않다는 것을 알게 될것이다

이 신생아의 성품은
연월일간에 壬癸辛 삼기수재가 자리 하고있어
총명 영리하고 지혜가 남들의 위에 있겠으며
이상이 높고 생각이 깊으며
인정 과 측은심이 있고 악(惡)을 미워하나 나를 들어내지 않는다

결단력 과 신중함이 부족하고 금전에 대한 집착이 강하며
자신의 두뇌를 과신한 나머지 실수할 수 있고 그로 인해 남들로 부터
교만 하다는 소리를 들을수 있다

이 신생아의 적성은
기술 과 예능계통에 특별한 소질이있어
그 계통으로 진출하면 성공할 수 있고

木기인 재(財)로 수기(秀氣)가 모이고 있어
사업을 하면 큰부자가 될수있는 소질을 갖고 있으나
매사에 오래 집중하지 못하는 면도 갖고 있어
직업을 자주 바꾸는 우를 범할수 있으니 조심 하시기 바람

이 신생아의 건강은
데체로 좋을 것이나 어릴때 팔다리 건강에 조심하고
커서는 관절건강에 신경을 써야 할것이며
명중에 火기가 없고 土기가 물에 젖어있어
심장 과 위장도 약할수 있을것이다

이 신생아는
년 과 시에 양 壬辰이 있어
여명으로써 고독 할수 있으며
결혼후에 부부 생활에 특히 신경을 써야 할것이다
나를 낮추고 상대방을 높일때 숙명적인 외로움은 없어질 것이다

이 신생아는 부모 와의 인연이 좋지 않은데
그것은 화개로써 생활하면 흉(凶)이 길(吉)로 변할수있을것이다

특히 이 신생아는
18세 壬寅대운이나  23세 甲寅세운이
진종의 종재운이므로
그운에 천의성의 별빛이 빛나기 위해 노력 해야 할것이다


이 신생아의 이름은
용신이 木이요 희신이 水 와 火인데
용희신 중에서 좋은이름이 나오면 선택하여 사용하면 좋을것이다

⑮ 남명실례(男命實例) 8

☆1968년3월26일(음2월28일)04;00시

```
戊 乙 乙 戊
寅 未 卯 申
```

```
74  64   54   44   34   24   14    4
癸   壬   辛   庚   己   戊   丁   丙
亥   戌   酉   申   未   午   巳   辰
```

위 남명은 건록격 사주이다
乙木일주가 卯월에 출생하여 록(祿)을얻고 卯중 乙木이 투출 한데다가
시지 寅木 과 일지 未중 乙木의 도움을 받아 신태강 하다

시간 戊土는 시지 寅중 丙火 와 戊土, 일지 未중 己土 와 연간 戊土가
생조 하여 戊土 역시 강하며
시지 辛金은 명중의 재(財)에 생을 받아 튼튼 하므로
건록격에 재관(財官)이 강하니 부귀격 사주가 되었다

용신(用神)은 寅중 丙火이며
丙火는 조후용신을 겸하였으니 진용신(眞用神)이 되어 화려하고
희신(喜神)은 木인 비겁이며 기신(忌神)은 水인 인수이다

이 남명은 丙火 용신이 식신인데
생지에 자리 하고있어 강하므로 건강하고 수명장수 하겠으나
일주 자체가 백호대살이라 위 와 간 건강에 평생 유의해야 할것이며

특히 음주를 조심해야 할것이다

이 남명의 성품은
성실하고 밝고 명랑하며 자부심이 강하고 악을 미워한다
그러나 금전에 너무 집착하고 성격이 집요하며 질투심이있고
허영심이 강하다

직업적성은 화(火)업이 제1적성이고
의료업이 제2적성이고
제3적성은 수산업이 될것이나
제3적성은 잠간이면 좋을것이이다

이 사주는 건록이 강하고 튼튼하여 평생 의식주 걱정은 없으며
직업으로 부(富)를 쌓고 명예도 얻을수 있을것이다

그러나 극처극부(剋妻剋父)하여 부부 사이가 좋지 않을 수 있고
그로 인해 정신적 고통이 많을 수 있고 서로 미워 할수도 있으며
심하면 헤여질수도 있으므로
특히 여자관계를 조심해야 할것이다

자녀운은 사주중에 한명이 있으나
44세부터 대운이 서쪽으로 흐르고 있어 자식을 더 갖게될 수도
있을것이다

2012년 임진년 운세는
壬水강물이 乙木 일주에게는 기신으로 좋지 않으나

지지 辰土로 인해 寅卯辰 방합을 놓은 데다가 木生火하여 용신을
도우므로 흉이 길로 변하였으므로
남쪽에 있는 땅이나 주택에 투자하면 재(財)를 늘릴수 있을것이다
그러나 64세 壬戌대운 부터는 운이 기신인 인수운이 되어 좋지않을
것이니 조심하면서 인생을 살아야 할것이다

⑯ 여명실례(女命實例) 8


☆출생일시:1973년2월8일(음1월6일)06시


```
己 乙 甲 癸
卯 亥 寅 丑
```


89  79  69  59  49  39  29  19  9
癸  壬  辛  庚  己  戊  丁  丙  乙
亥  戌  酉  申  未  午  巳  辰  卯


이 여명은 시록격 사주이다
혹 다른 역술가는 시상 편재격으로도 감정 하겠지만
시간 己土가 주위의 水木에 극제 당하여 파격 되고,

또 乙木일주가 寅월에 출생하여 寅중 甲木이 투출하고 년간 癸水 및
일지 亥水 와 시지 卯木이 생조 하고있어 신태강 하여 곡직인수격에
가까우나
시간 己토가 월간 甲木 과 甲己합 土하고 년지 丑土는 습토(濕土)로
강한 木기에 빨려들듯 하나, 寅중 丙火의 생을 받고 있어
전체적으로 볼때  土인 재(財)가 약한듯 하면서도 나름대로 강하여
곡직 인수격 으로도 격을 정할수가 없다


용신(用神)은 월지 寅중 丙火가 생지에 있어 강하고
조후용신(調喉用神) 과 겸하여 진용신(眞用神)이 되어 화려하다
희신(喜神)은 木인 비겁이 되고 기신(忌神)은 인수인 水가된다

이 여명은 丙火 용신이 식상인데 장생지에 자리 잡고 있어 강하므로
수명 장수 하고 건강 하겠다

성품은 측은지심이 깊고 지혜가 있으며 밝고 명랑 하면서도 어질고
착하다
악을 싫어하고 옳고 그름을 판단하는 능력이 있으며 허영심도
갖고있다

직업 적성은 寅에丑이 가까우니
수산 도매업이 좋고 화(火)업도 좋으며 보건 의료업은 더욱 좋고
남에게 밝음을 베풀고 봉사하는 일도 적성에 맞으며
또 남편의 일을 함께 하거나, 그쪽으로 진출하면 성공 할수있을
것이다

이여명은 성격상 남에게 지는것을 싫어하나
매사에 나를 낮추고 양보 하는것이
자신을 위하는 운명적인 길이라는것을 명심해야 할것이다

특히 부부관계에 대해서는 더욱더 조심하고
서로 협조해야만 이별의 아픔을 면할수 있을것이다

이 여명의 자녀운은
명중에 3명이 있는데 대운이 남쪽으로 흐르고 있어 48세까지
자녀를 더둘수도 있을것이다

특히 이여 명의 자녀는 부모의 뒷바침만 잘되면
부모의 기대에 보답하는 훌륭한 인물이 될것이다

이여명의 2012년 임진년(壬辰年) 운세는
남편의 운세 와 비슷하므로 부부가 합심하면
더욱 좋은 성과를 거둘수 있을것이다


이 여명은 59세부터 69세의 10년간 관살대운에
부부이별의 아픔을 겪을수 있으니 미리 조심하여 흉이 길로 변할수
있도록 노력해야 할것이고
그시기를 잘보내면 89세까지
신왕 재왕 식왕한 행복한 인생이 될것이다

## ⑰ 여명실례(女命實例) 9

☆ 출생일시:1994년5월4일(음3월24일)오후9시15분

```
丙 庚 戊 甲
戌 寅 辰 戌
```

| 80 | 70 | 60 | 50 | 40 | 30 | 20 | 10 |
|----|----|----|----|----|----|----|----|
| 庚 | 辛 | 壬 | 癸 | 甲 | 乙 | 丙 | 丁 |
| 申 | 酉 | 戌 | 亥 | 子 | 丑 | 寅 | 卯 |

庚金일주가 辰월에 출생하여
월간 戊土 시지 戊土의 생을 받아 신강하며,
월지 辰중 戊土 편인은 월간에 투출하여 잡기재관 인수격이 되고

시간 丙火 편관은 시지 戌중 丁火 와 寅중 丙火에 뿌리내려 강하고
시간 甲木 편재는 월지 辰중 乙木 과 일지 寅중 甲木에 뿌리내려
甲木 역시 강하므로
신왕 관왕 재왕한 사주가 되었고 용신은 寅중 甲木이 되었다.

이 여명의 성품은 양팔통(陽八通)이라 성격이 남자답고 활발하다
그러나 신중 하면서도 밝고 명랑하며 의리 와 인정이있고
이해 득실을 판단하는 재주가 남다르고
금전에 대한 욕심이 많으면서도 낭비하는 습성도 갖고 있으며
성질은 급하지만 금방 잊어 버린다

이 여명의 직업적성은 인문계가 아니고 자연계이다
삼기수재가 연월간에 자리 잡고있어 머리가 비상하게 영리하며

특히 외국어에 소질이 있어
외국어를 가르치는 교직이나 번역업이 제1적성이고
종교 와 예술등이 제2적성이며
외교관이나 무역업이 제3적성이다


이 여명의 건강은 그런대로 좋을것이나
년월지가 충돌하고 또 사주 명중에 백호살이 일주를 양쪽에서
극제하고 설기 하고있어 좋지않은 흉의를 내포 하고있다
즉 위장 과 심장이 좋지않을 수 있고
庚金일주의 식신이 보이지 않으므로 음주를 조심하고
다른 질병도 갑자기 발생할 소질을 갖고 있으므로 평소 건강관리에
신경을 써야 할것이다


이 여명은 잡기재관 인수격 사주로써
관인이 상생 하고 있어 좋으나
사주중에 도식 과 칠살이 왕하여, 살아 가는데
고통 과 난관에 봉착 할때가 많을 것이다
그럴때 마다 매사를 조급히 서둘지 말고 깊이 생각하는 습성을
갖는다면 흉이 길로 변할수 있을 것이다


이 여명의 평생운세는
65세까지는 그런대로 무난한 삶이 될것이나
66세부터는 용신을 극하는 金운이 되여 조심하는 삶을 살아야
할것이며


임진년운세는
메마른 땅에 단비가 내리듯 좋은 운세이므로
생각하는 바를 실천 하면 좋을 것이나 어머니 와의 의견 대립이
없도록 노력하고 특히 교통사고를 조심 해야 할것이다

⑱ 남명실례(男命實例) 9

☆출생일시:1990년12월25일(음11월9일)오전10시16분

|  |  |  |  |
|---|---|---|---|
| 己 | 甲 | 戊 | 庚 |
| 巳 | 子 | 子 | 午 |

| 74 | 64 | 54 | 44 | 34 | 24 | 14 | 4 |
|----|----|----|----|----|----|----|----|
| 丙 | 乙 | 甲 | 癸 | 壬 | 辛 | 庚 | 己 |
| 申 | 未 | 午 | 巳 | 辰 | 卯 | 寅 | 丑 |

甲木 일주가 子월에 출생하고 일지 子水의 생조를 받아
신강 한것 같으나
월지 子水가 년지 午火 와 子午충 하고 일간 甲木이 시지 己土 와
합하여 신약으로 변하였다
시간 己土가 시지 巳중 戊土 와 월간 戊土의 도움을 받고 있어
정재로 격을 정하고 자중 癸水를 용신으로 삼는다

이 남명의 성품은
미남 인데다가 지혜가 특히 뛰어나고 생각이 깊으며
신중 하면서도 밝고 명랑하며 의리도 갖고있다

이 남명의 직업적성은 인문계이다
월지 子중 癸水가 월지 戊土 와 戊癸합火 하고
년지 와 시지의 巳午火가 시간 己土로 수기(秀氣)가 모여들고
있으므로 토건업 과 금융재정업이 제1적성이고
교직이 제2적성이며, 예능 과 상담분야 및 밝음을 추구하는 업종 과
건강 관련업으로 진출해도 성공할수 있을것이다

이 남명의 건강은
시지 巳중 丙火가 식신인데 식신이 건록지에 있어 튼튼하므로
수명 장수 하겠으나
식신이 子水 인성 과 곁에서 상극 하고 있으므로
음주를 조심해야 할것이다

이 남명은 연월일간에 甲戊庚 삼기수재가 甲木 으로부터 시작되고있어
자신의 머리에 대한 자부심이 대단 할것이며
甲木이 子水 정인의 생을 월지 와 일지에서 받고있어
어머니의 사랑이 남다르고
아버지의 사랑도 받고 있으므로
효심이 깊겠으며
또 인물이 출중하여 이성의 사랑도 많이 받을 것이다

그러나 년주에 편관 과 상관이 동주하고 있고
년월지가 상충 하고있어
부모와의 의견 대립이 있을 수 있고
특히 어머니 로 인한 반항의식도 갖고 있을수 있을 것이다

이 남명은 선고후영(先苦後榮)하는 사주 이므로
초년은 어려울수도 있겠지만 차츰 좋아지는 운세를 갖고 있으며
24세 부터는 대운의 흐름이 좋아질 것이며
49세 부터 25년간은 노력하면 재산이 불어나 부자가 될수 있을것이다
64세 되는 을미대운에는 건강을 조심해야 할것이다

2012년 임진년 운세는 용신 癸水를 도우는 壬水가 세군이라
시험에 응시하면 시험에 합격할 것이요
직장을 구하면 취직 할수 있는 좋은 한해가 될것이다

⑲ 여명실례(女命實例) 10

☆출생일시:1963년5월11일(음4월18일)미시

| 辛 | 甲 | 丁 | 癸 |
|---|---|---|---|
| 未 | 寅 | 巳 | 卯 |

| 89 | 79 | 69 | 59 | 49 | 39 | 29 | 19 | 9 |
|----|----|----|----|----|----|----|----|----|
| 丙 | 乙 | 甲 | 癸 | 壬 | 辛 | 庚 | 己 | 戊 |
| 寅 | 丑 | 子 | 亥 | 戌 | 酉 | 申 | 未 | 午 |

甲木 일주가 巳월에 출생하여 년간 癸水 와 년지 卯木 과 일지 寅木
일록의 생조를 받았으나
월간 丁火 와 월지 巳火 식상의 설기가 워낙 심하고
시지 未土 재성(財星) 과 시간 辛金 관(官))의 극제 함도 있어
전체적으로 볼때 약간 신약하다.

甲木 일간이 일지에 전록(專祿)을 놓았으므로
일록격에 시지 未土에 생을 받은 辛金 정관을 용신으로 삼으려고하나
시간 辛金은 시지 未土가 조토(燥土)라 생금(生金)받지 못하는중
월주 및 일지에 火기가 깔려 있어 그 영향으로 약하므로
용신으로 정할 수가 없어

월주 丁巳火의 식상으로 격을 정하고
일지 寅木으로 용신으로 삼는 상관용비격이 된다

이 여명의 성품은
밝고 어질며 총명 영리하고 옳고 그름을 분별하여 매사를 처리하나
미모가 출중하여 화려 한것을 좋아하고 허영심이 있으며
인정 과 측은심이 있으면서도 금전에 대한 집착심이 있고

조용하고 침착 한듯하나 화가 나면 참지 못한다

이 여명의 건강은
식상이 강하고 뿌리가 깊고 튼튼하므로 건강하고 수명장수 할것이나
사주중에 木火가 강한중에 메말라 있으므로
폐 와 대장에 문제가 있고 음소쪽도 약하며
또 명중에 寅巳형이 있고 寅未 귀문관이 있어
정신적인 갈등도 깊을수 있을 것이며
특히 자액이 일시지에 붙어있어 스트레스 관리에 노력해야 할것이다

그런데다가 일주가 甲寅이라
고란 과 생이별을 겸하고있고
火세가 강한 조토위의 辛金은 약하여 부부간의 갈등도 있을것이다

그러나 이여명은
시지 未土가 천을귀인이고
모든 일들이 착하고 선하기 때문에 천우신조가 있어
차츰 좋아질것이 분명하며
대운의 흐름을 보면 인수운으로 향하고 있어
49세부터 힘들었던 지난 날들을 잊고 88세까지
甲木 일주에게 길운이 계속 될것이며

2012년 임진년 운세는 메마른 땅 과 나무에 감로수 같은 단비가
내리니
조토인 未土를 적셔 생금(生金)하니 남편에게 좋은 일이있고
부동산 문서도 잡고 좋은 친구도 사귀고
자녀들 에게도 좋은 일이 있을 것이다

⑳ 남명실례(男命實例) 10

☆출생일시:1961년1월8일(음1960년11월22일)축시

| 己 | 辛 | 己 | 庚 |
|----|----|----|----|
| 丑 | 丑 | 丑 | 子 |

| 79 | 69 | 59 | 49 | 39 | 29 | 19 | 9 |
|----|----|----|----|----|----|----|---|
| 丁 | 丙 | 乙 | 甲 | 癸 | 壬 | 辛 | 庚 |
| 酉 | 申 | 未 | 午 | 巳 | 辰 | 卯 | 寅 |

辛金 일주가 丑월에 출생하고
월간 己土 와 월지 丑土 그리고 시간 己土 및 시지 丑土 와 년간
庚金의 생조를 받아 신강 한데다가
년지 子水 마저 월지 丑土 와 합하여 土化 하였으므로
태강하여 종강격을 이루웠으나
사주지지 중 월일시지가 丑土로써 3 丑이있어 특수격인
축요사격(丑遙巳格)이 되었다
그러나 연지에 子水가 있어 축요사격의 진격은 되지못한다

그러나 사주가 土金水로 이루워지고 한겨울인 丑월에 출생 한데다가
월일시지가 모두 丑土가 되어 한냉 하여 얼어붙어 있는것이 걱정이다

그러나 천만 다행으로, 축요사격(丑遙巳格)은
丑중 辛金이 巳중 丙火를 허공중에서 불러와 丙辛으로 합을하면
丙火는 辛丑일의 정관이 되어 귀격이 되므로
한냉한 丑土의 냉기가 풀릴것이다

이 사주는 월지 丑중 己土가 투간하여 잡기재관 인수격이 되기도하고
시지 丑土는 일간 辛金에게 묘지(墓地)가 되므로 시묘격이 되기도
하는바
전체적으로 이 사주를 관찰 해보면
종강격이 되기도 하나 축요사격의 요건이 제일 강하므로
축요사격으로 감정하되
용신은 巳중 丙火인 정관이며 희신은 木인 재성이며
조후 용신도 丙火인 정관이 된다

이 남명의 성품은
지혜가 깊고 총명 영리하며 명예 와 신용을 중하게 여기고 성실하며
의리 와 결단력이 있고 말을 조심하고 약속을 잘지킨다
또 종교심은 깊지만, 자기자신을 과신한 나머지 실수 할 수 있고
자신을 보호함이 지나치고 남을 믿지 못하는 마음이 있으며
한편으로는 성격이 냉정하고 차가운것이 흠이지만
용신의 힘으로 성격이 좋아질 것이다

이 남명의 적성은
용신인 丙火가 정관이고 3 丑土 인수가 가득하고 관인이 상생하고있어
교육자 언론인 등이 좋고, 외국어 나 번역업도 좋으며,
火 土에 관한 업이나 예술 혹은 종교등의 업무도 적성에 맞을것이므로
위의 어떤방면 으로도 진출해도 성공 할수 있을것이다

이 남명의 건강은
사주 중에 편인 도식이 식신인 자수 와 함께 있어 좋지 않지만
편인 과 식신이 합하므로 흉이 길로 변하여
건강이 좋아 수명 장수 할것이라고 예측되나

위장계통이 냉기로 인해 좋지 않을수 있고
관절계통 과 하체도 냉기로 인해 문제가 있을수 있을것이다
그러나 丙火 용신의 덕으로 凶이 吉로 변하여 좋아질 것이다

이 남명은 사주중에 편인 인수가 가득하므로 두어머니를 모실수 있고
어머니로 인해 처를 극하여 부부간의 갈등이 있을 수 있고
또 그로 인해 고독 할수도 있을것이다

이 남명의 대운의 흐름을 보면
55세때에 직장 과 건강에 대해 변화가 있을 수 있고
60대 후반기에도 가족 과 건강에 대한 변화가 발생 할수 있으므로
조심 하시기 바라며

2012년 임진년은 용신 과 丙壬충 하므로
좋지않을것이 예상되므로 조심하시기 바라며
水기가 너무 강하므로 본인 과 모친의 건강에 유의하시고
음주를 조심하며 직장의 동료 와 아랫 사람 들과의 의견 충돌이
없도록 조심 하시기 바람

# 3. 궁합(宮合)에 대하여

1).궁합(宮合)이란 무엇인가

　　궁합이란 결혼할 남녀가 사주를 통해 서로

　　자기에게 맞는 상대자를 찾는 과정이다.

2.) 궁합(宮合)의 종류

　　①납음궁합(納音宮合)

　　②띠궁합(宮合)

　　③구성궁합(九星宮合)

　　④구궁궁합(九宮宮合)

　　⑤일지궁합(日支宮合)

　　⑥사주궁합(四柱宮合)

3.)납음궁합(納音宮合)

　　납음궁합이란 생년(生年)의 간지(干支)로 납음오행을 표출(表出)하여

　　표출(表出)된 납음오행(納音五行)으로 상생(相生),상극(相剋)과

　　길흉(吉凶)을 판단한다.

　　①상생(相生) : 木生火　火生土　土生金　金生水　水生木

　　②상극(相剋) : 木剋土　土剋水　水剋火　火剋金　金剋木

4) 납음(納音)오행 길흉표(吉凶表)

| 구 분 | 木 | 火 | 土 | 金 | 水 |
|-------|-----|-----|-----|-----|-----|
| 木 | 평 | 길 | 평 | 흉 | 길 |
| 火 | 길 | 흉 | 길 | 흉 | 흉 |
| 土 | 흉 | 길 | 길 | 길 | 소흉 |
| 金 | 소흉 | 흉 | 길 | 소흉 | 길 |
| 水 | 길 | 흉 | 흉 | 길 | 길 |

5)띠 궁합

띠궁합이란 생년의 지지로 동물(動物)에 비교(比較)하여
궁합의 좋고 나쁨을 판단하는 방법이다.

①길(吉)궁합 : 삼합(三合) 寅午戌 巳酉丑 申子辰 亥卯未

육합(六合) 子丑 寅亥 卯戌 辰酉 巳申 午未

②흉(凶)궁합 : 子未 丑午 寅酉 卯申 辰亥 巳戌

## 5) 구성궁합(九星宮合)

신구낙서(新龜洛書)의 이치(理致)를
궁합에 적용하여 길흉(吉凶)을 판단하는 방법으로서 생년을 기준한다.
이 방법은 일본(日本)의 역학가들이 많이 사용한다고 한다.

구성(九星)이란
일백수성(一白水星)    이흑토성(二黑土星)    삼벽목성(三碧木星)
사록목성(四綠木星)    오황토성(五黃土星)    육백금성(六白金星)
칠적금성(七赤金星)    팔백토성(八白土星)    구자화성(九紫火星)
을 말한다.

이 방법 역시
오행(五行)의 상생(相生) 상극(相剋) 관계를
구성(九星)에 접목(接木)한 것으로 짐작된다.

## 6) 구궁궁합(九宮宮合)

중국 한(漢)나라 때 황제가 오랑캐의 황족에 대한 청혼을 거절하기 위해 역술가를 시켜 창안해낸 궁합법으로서
「생기복덕법」(生氣福德法)을 적용한 생년간지 위주의 궁합법이다.

궁합길흉(宮合吉凶)
☆ 생기(生氣)　　길(吉)
☆ 천의(天宜)　　길(吉)
☆ 절체(絶體)　　평(平)
☆ 유혼(遊魂)　　평(平)
☆ 화해(禍害)　　흉(凶)
☆ 복덕(福德)　　길(吉)
☆ 절명(絶命)　　흉(凶)
☆ 귀혼(歸魂)　　평(平)

## 7) 일지(日支)궁합

일지(日支)궁합은 속궁합이라고 한다.
일지(日支)궁합은 본인 즉 남녀 상대자의 궁합이다.

일주(日柱)중 일간(日干)이 아닌 일지(日支) 위주로 하여
일지(日支)의 합(合), 충(沖), 파(破), 원진(元嗔), 공망(空亡) 및
기타 상극(相剋)관계를 살펴 궁합의 길흉(吉凶)을 판단한다.

연간(年干)위주의 겉궁합(납음,띠.구성,구궁)은
조상또는 부모위주의 궁합이다.

왜냐하면 과거 봉건시대에는 집안어른 또는 부모가 좋으면 자식도
따라서 좋은 조상숭배의 마음과 충효사상이 우리 선조들의 삶이 었기
때문이다.

그러나 일지(日支)궁합은 겉궁합의 요소들을 제외한
자기 자신위주의 궁합이다.

물론 일지(日支)궁합이 좋은것은 사실이나
너무 자기 자신에게 집착 하다보면
생각지도 않은것에서 문제가 발생할 수 있다
.

부모형제 친지,친구와 직장생활 사회생활 자식과 육아 문제등에
문제가 많이 발생할수 있어 좋지않다.

왜냐하면 이세상은 자기자신 혼자만 사는세상이 아니고
혼자서는 살아 갈수 없는 사회생활의 조직원이기 때문이다.

그래서 일지(日支)궁합이

사주궁합(四柱宮合)에 비해 훨씬 못미친다.

사주궁합은 일주(日柱)를 위주로 하면서도

제요소(諸要素)즉 사주팔자의 생극제화억부(生剋除火抑扶)를

살펴 종합(綜合)판단하기 때문이다

즉 본인도 좋고 가족 친지,직장 사회도 좋기 때문이다.

# 4 택일(擇日)에 대하여

택일(擇日)이란 무엇인가
택일(擇日)이란 국가나 단체 또는 개인이 큰일이나 큰행사를 처리하기
위해 미리 날짜와 시간을 정하는것을 말한다.

옛날에는 일과(日官)이라는 관리가 택일에 관한 업무를 처리하였으며
근대에 와서는 관상대에 일관(日官)이 있었으나 없어지고
요즘은 풍수지리나 사무명리를 공부한
사람들이 일관(日官)의 업무를 대신하고 있으나
순수한 민간인 들로써 수수료를 받고 택일(擇日)을 하고있다.

## 1).택일(擇日)의 종류

택일의 종류는 다음과 같다.
　①결혼(結婚)
　②이사(移徙)
　③음택(陰宅)<상장(喪葬)>
　④양택(陽宅)<성조(成造)>
　⑤취업 출산 여행 기도 개업 식목 파종등과
그 외 목적에 따라 많은종류의 택일이 있다
그러나 여기서는 결혼과 이사에 대한것만 설명한다.

## 2). 택일(擇日)공부

택일(擇日)에 대해서 보다 깊은 지식을 얻고
체계적으로 공부하기 위해서는
택일 서적의 선택에 신중을 기해야 할것이다

현재 사중 서점에는 택일에 대한
많은 책들이 출판되여 있으나 옥석(玉石)을 가리기 힘들고
그 내용이 방대할 뿐만 아니라

용어(用語)들이 생소하고 한자(漢字)위주의 난해(難解)한 용어들이
되어 이해하기가 힘들뿐 아니라
그로인해 시간과 금전의 낭비를 초래할 수 있기 때문이다.

참고로 소개하면
옛날 일관들의 전용서인 흠정협기변방서(欽定協紀辯方書)를
기준으로 편찬한
천기대요(天機大要)를 수정보완한
택일대감(擇日大鑑)이
정통성(正統性)있고 믿을수 있는 택일서적(擇日書籍)이라고 생각한다.

## 3).택일(擇日)준비

①택일을 하기 위해서는
사주명리의 기초 지식이 있어야 하고 생기법을 알아야한다

②생기법은 주역8괘의 원리에 의해
남녀의 연령을 일지에 붙여
택일을 하는 방법을 말하며
별지 생기복덕표는 생기법에 의한 조견표이다

## 4). 결혼택일(結婚擇日) 방법

택일중에 까다롭고 힘든것이 결혼택일이다.
결혼택일을 위해서는 다음순서에 의한다.

①생기복덕표에 의거 남녀 각각의 길일을 찾는다.
②생기복덕표의 남녀 길일 중에서 결혼일을 찾는다.
③길신을 찾아 확인한다
④흉신을 찾아 확인한다
⑤혼인주당을 확인한다
⑥28숙 길흉을 참고한다
⑦황도시중 사용시를 찾는다
⑧택일중에서 토,일요일을 찾는다
⑨사주원국과 택일지지를 대조 확인한 후
   길흉의 심천(深淺)을 보고 택일을 확정한다

## 5).생기복덕표(生氣福德表)

| 구분 | 남자나이 | | | | | | | | 여자나이 | | | | | | | |
|---|---|---|---|---|---|---|---|---|---|---|---|---|---|---|---|---|
| | 1 | | 2 | 3 | 4 | 5 | 6 | 7 | 1 | 2 | 3 | 4 | 5 | 6 | 7 | |
| 나이 | 8 | 9 | 10 | 11 | 12 | 13 | 14 | 15 | 8 | 9 | 10 | 11 | 12 | 13 | 14 | 15 |
| | 16 | 17 | 18 | 19 | 20 | 21 | 22 | 23 | 16 | 17 | 18 | 19 | 20 | 21 | 22 | 23 |
| | 24 | 25 | 26 | 27 | 28 | 29 | 30 | 31 | 24 | 25 | 26 | 27 | 28 | 29 | 30 | 31 |
| | 32 | 33 | 34 | 35 | 36 | 37 | 38 | 39 | 32 | 33 | 34 | 35 | 36 | 37 | 38 | 39 |
| | 40 | 41 | 42 | 43 | 44 | 45 | 46 | 47 | 40 | 41 | 42 | 43 | 44 | 45 | 46 | 47 |
| | 48 | 49 | 50 | 51 | 52 | 53 | 54 | 55 | 48 | 49 | 50 | 51 | 52 | 53 | 54 | 55 |
| | 56 | 57 | 58 | 59 | 60 | 61 | 62 | 63 | 56 | 57 | 58 | 59 | 60 | 61 | 62 | 63 |
| | 64 | 65 | 66 | 67 | 68 | 69 | 70 | 71 | 64 | 65 | 66 | 67 | 68 | 69 | 70 | 71 |
| | 72 | 73 | 74 | 75 | 76 | 77 | 78 | 79 | 72 | 73 | 74 | 75 | 76 | 77 | 78 | 79 |
| | 80 | 81 | 82 | 83 | 84 | 85 | 86 | 87 | 80 | 81 | 82 | 83 | 84 | 85 | 86 | 87 |
| | 88 | 89 | 90 | 91 | 92 | 93 | 94 | 95 | 88 | 89 | 90 | 91 | 92 | 93 | 94 | 95 |
| 生氣 생기 | 卯 | 丑寅 | 戌亥 | 酉 | 辰巳 | 未申 | 午 | 子 | 辰巳 | 酉 | 戌亥 | 丑寅 | 卯 | 子 | 午 | 未申 |
| 天宜 천의 | 酉 | 辰巳 | 午 | 卯 | 丑寅 | 子 | 戌亥 | 未申 | 丑寅 | 卯 | 午 | 辰巳 | 酉 | 未申 | 戌亥 | 子 |
| 絶體 절체 | 子 | 戌亥 | 丑寅 | 未申 | 午 | 酉 | 辰巳 | 卯 | 午 | 未申 | 丑寅 | 戌亥 | 子 | 卯 | 辰巳 | 酉 |
| 遊魂 유혼 | 未申 | 午 | 辰巳 | 子 | 戌亥 | 卯 | 丑寅 | 酉 | 戌亥 | 子 | 辰巳 | 午 | 未申 | 酉 | 丑寅 | 卯 |
| 禍害 화해 | 丑寅 | 卯 | 子 | 辰巳 | 酉 | 午 | 未申 | 戌亥 | 酉 | 辰巳 | 子 | 卯 | 丑寅 | 戌亥 | 未申 | 午 |
| 福德 복덕 | 辰巳 | 酉 | 未申 | 丑寅 | 卯 | 戌亥 | 子 | 午 | 卯 | 丑寅 | 未申 | 酉 | 辰巳 | 午 | 子 | 戌亥 |
| 絶命 절명 | 戌亥 | 子 | 卯 | 午 | 未申 | 辰巳 | 酉 | 丑寅 | 未申 | 午 | 卯 | 子 | 戌亥 | 丑寅 | 酉 | 辰巳 |
| 歸魂 귀혼 | 午 | 未申 | 酉 | 戌亥 | 子 | 丑寅 | 卯 | 辰巳 | 子 | 戌亥 | 酉 | 未申 | 午 | 辰巳 | 卯 | 丑寅 |

주(註) 화해(禍害)절명(絶命)은 흉하고 생기(生氣)천의(天宜) 복덕(福德)은 길하고

절체(絶體) 유혼(遊魂) 귀혼(鬼魂)은 반길반흉(半吉半凶)이다

# 6). 생기복덕표에 의한

## 남녀 길일중 결혼일 찾는방법

### 예1 男 37세 丁巳생 女 32세 壬戌생

| 男36세 | △ | ○ | ○ | ○ | ○ | ○ | △ | × | × | × | △ | △ |
|---|---|---|---|---|---|---|---|---|---|---|---|---|
|  | 귀혼 | 천의 | 천의 | 복덕 | 생기 | 생기 | 절체 | 절명 | 절명 | 화해 | 유혼 | 유혼 |
| 12지지 | 子 | 丑 | 寅 | 卯 | 辰 | 巳 | 午 | 未 | 申 | 酉 | 戌 | 亥 |
| 女31세 | ○ | △ | △ | △ | × | × | × | ○ | ○ | △ | ○ | ○ |
|  | 천의 | 귀혼 | 귀혼 | 유혼 | 절명 | 절명 | 화해 | 생기 | 생기 | 절체 | 복덕 | 복덕 |
| 결과 | △ | ○ | ○ | ○ | ○ | ○ | △ | × | × | × | △ | △ |
|  | ○ | △ | △ | △ | × | × | × | ○ | ○ | △ | ○ | ○ |
| 판정 | 길 | 길 | 길 | 길 | 흉 | 흉 | 흉 | 흉 | 흉 | 흉 | 길 | 길 |
| 일진 | 子 | 丑 | 寅 | 卯 |  |  |  |  |  |  | 戌 | 亥 |

### 예2 男 34세 경신생 女 29세 乙丑生

| 男34세 | × | ○ | ○ | × | ○ | ○ | △ | △ | △ | ○ | △ | △ |
|---|---|---|---|---|---|---|---|---|---|---|---|---|
|  | 절명 | 생기 | 생기 | 화해 | 천의 | 천의 | 유혼 | 귀혼 | 귀혼 | 복덕 | 절체 | 절체 |
| 12지지 | 子 | 丑 | 寅 | 卯 | 辰 | 巳 | 午 | 未 | 申 | 酉 | 戌 | 亥 |
| 女28세 | △ | × | × | ○ | ○ | ○ | △ | △ | △ | ○ | × | × |
|  | 절체 | 화해 | 화해 | 생기 | 복덕 | 복덕 | 귀혼 | 유혼 | 유혼 | 천의 | 절명 | 절명 |
| 결과 | × | ○ | ○ | × | ○ | ○ | △ | △ | △ | ○ | △ | △ |
|  | △ | × | × | ○ | ○ | ○ | △ | △ | △ | ○ | × | × |
| 판정 | 흉 | 흉 | 흉 | 흉 | 길 | 길 | 보통 | 보통 | 보통 | 길 | 흉 | 흉 |
| 일진 |  |  |  |  | 辰 | 巳 | 午 | 未 | 申 | 酉 |  |  |
| 비고 |  |  |  |  |  |  |  |  |  |  |  |  |

7). 길신(吉神)

1. 천상천하(天上天下) 대공망일

모든신이 하늘로 올라가고 없는날로 묘안장 가옥수리에 좋은날이다

甲戌 甲申 甲午 乙丑 乙亥 乙酉 壬辰 壬寅 壬子 癸未 癸巳 癸卯

2. 천은상(天恩上)길일

甲子 乙丑 丙寅 丁卯 戊辰 己卯 庚辰 辛巳 壬午 癸未

乙酉 庚戌 壬子 癸丑

천은상 길일은 집수리 관직 취임 약혼 결혼에 길하다

3. 대명상(大明上)길일

모든일에 유리하나 결혼 건축등에 더 유리하다

辛未 壬申 癸酉 丁丑 己卯 壬午 甲申 丁亥 壬辰 乙未

壬寅 甲辰 乙巳 丙午 己酉

4. 천혁상(天赫上)길일

건축 수리 혼인등 제반사에 길하다

춘(春)戊寅　　하(夏)甲午　　추(秋)戊申　　동(冬)甲子

5. 모창상(母倉上)길일

모든일에 좋으나 결혼 약혼 건축에 길하다

춘(春) 亥子 하(夏) 寅卯 추(秋) 丑戌丑未 동(冬) 申酉日 또는

토왕일(土王日)후 巳午일

※토왕일(土王日)<음력적용>

☆3월 26일　☆6월 1일　☆9월 6일　☆12월 25일

## 8). 흉신(凶神)<결혼忌日>

결혼기일은 결혼 할수없다. 단 오합일 황도일과 겸하면 가능하다

①.화해 절명일

②. 남여 본명일(예 甲子생 甲子일 乙丑생 乙丑일)

③. 월압일

④. 압대일

⑤. 월파일

⑥. 홍사일

⑦. 피마일

⑧. 천적일

⑨. 수사일

⑩. 동지(冬至)일

⑪. 하지(夏至)일

⑫. 단오(端午)일

⑬. 4월8일(석가탄생일)

⑭. 매월亥일

⑮. 매월사갑일(死甲日) (오합일이면 무해)

⑯. 월살(月殺)일 (오합일이면 무해)

⑰. 천강일 (오합일이면 무해)(황도일과 겸하면 무해)

⑱. 하괴일 (오합일이면 무해)(황도일과 겸하면 무해)

⑲. 월기일 (오합일이면 무해)(황도일과 겸하면 무해)

⑳. 십악(十惡)일 (오합일이면 무해)

(21).복단일 (오합일이면 무해)(황도일과 겸하면 무해)


※오합(五合)일

☆甲寅乙卯일(일월합)

☆丙寅丁卯일(음양합)

☆戊寅己卯일(인민합)

☆庚寅辛卯일(금석합)

☆壬寅癸卯일(강하합)


※.사갑일(死甲)일

　☆子午卯酉년　甲辰　甲戌일

　☆辰戌丑未년　甲寅　甲申일

　☆寅神巳亥년　甲午　甲子일


※.십악대패일

　☆甲己년　3월戊戌일　　7월癸亥일　10월丙申일　11월丁亥일

　☆乙庚년　4월壬申일　　9월乙巳일

　☆丙辛년　3월辛巳일　　9월庚辰일

　☆丁壬년　무기(無忌) 좋음

　☆戊癸년　6월　丑일

※.28숙(宿)칠살일 : 각(角)항(亢)우(牛)규(奎)누(婁)귀(鬼)성(星)


※.가취멸문법(嫁娶滅門法)음력

    1월생 여  9월생 남      2월생 여  8월생 남

    2월생 여  5월생 남      4월생 여  6월생 남

    5월생 여  1월생 남      6월생 여  12월생 남

    7월생 여  2월생 남      8월생 여  10월생 남

    9월생 여  4월생 남      10월생 여  11월생 남

## 9). 혼인주당

결혼하는 달이 음력으로 크면 부(夫)자를 초하루(1일)로 하여

행사날까지 순행(順行)(왼쪽에서 오른쪽으로)하여 짚어나가고

결혼하는 달이 음력으로 작으면 부(婦)자를 초하루(1일)로 하여

행사날까지 역행(逆行)(오른쪽에서 왼쪽으로)하여 짚어나가면

그 닿는곳이 곧 혼인주당이다


부(夫)자나 부(婦)자에 닿으면 혼인하는데 불길(不吉)하고, 옹(翁)자에 닿으면 아버지에게 불길(不吉)하고,(해당일이없으면사용가능하다)

고(姑)자에 닿으면 시어머니에게 불길(不吉)하며, 제(弟) 당(堂) 조(竈)에 닿으면 길(吉)하고 그 외는 보통이다


| 주(廚) | 부(夫) | 고(姑) |
|--------|--------|--------|
| 부(婦) |        | 당(堂) |
| 조(竈) | 제(弟) | 옹(翁) |

예(例) :  2012.년7월7일(음5월18일) 己巳일(토)에 결혼하면)

　　　　　음력5월이 29일까지니까 작은달이므로,

부(婦)자에서 역행하여 부1 조2 제3 옹4 당5 고6 부7 주8 부9 조10

제11 옹12 당13 고14 부15 주16 부17 조18에 닿아 혼인주당이 조(竈)여서 길하다

# 10). 이십팔숙(二十八宿)길흉(吉凶)

28숙(宿)은

1각  2항  3저  4방  5심   6미  7기  8두  9우  10여 11허 12위

13실 14벽 15규 16누 17위 18묘 19필 20자 21삼 22정 23귀 24유

25성 26장 27익 28진 을 말한다

| | | |
|---|---|---|
| 1 각(角)결혼길 | 2 항(亢)결혼불길 | 3 저(低)결혼길 |
| 4 방(房)만사길 | 5 심(心)만사흉 | 6 미(尾)매사길 |
| 7 기(箕)건축길 | 8 두(斗)만사길 | 9 우(牛)매사흉 |
| 10 여(女)건축등흉 | 11 허(虛)매사길 | 12 위(危)건축흉 |
| 13 실(室)장례길 | 14 벽(壁)건축수리길 | 15 규(奎)가옥수리길 |
| 16 누(屢)혼인길 | 17 위(胃)장례,혼인길 | 18 묘(昴)장례,혼인흉 |
| 19 필(畢)매사길 | 20 자(紫)매사흉 | 21 삼(參)매사흉 |
| 22 정(井)수리길 | 23 귀(鬼)장례길(※) | 24 유(柳)성조흉 |
| 25 성(星)신방길 | 26 장(張)매사길 | 27 익(翼)불리 |
| 28 진(軫)매사길 | | |

위의 28숙은 일주(日主)의 납음오행과 상생되거나 일주(日主)가 극하면
길(吉)하다. 구관(敎官)에는 일주를 생하는날이 길(吉)하고, 구재(求財)
에는 일주)가 극하는 날이 좋고, 구혼(求婚)에는 일주와 비화(比和)
되어야 좋고, 건축과 장례에는 일주를 도와주는 날이 좋고, 흉(凶)을
만났더라도 흉(凶)이 사절(死絶)되면 흉(凶)이 없다고 하나
28숙은 택일에 보조적으로 참고 하는것이 바람직 하다고 본다.

## 11). 황도(黃道)

황도(皇道)는 흉살을 화(化)하는 길신이다

결혼 건축 안장등 제반일에 좋으므로 활용하기 바람

황도(皇道)는 월(月)로써 일(日)을보고 일(日)로써 시(時)를본다


☆子午일　　子丑卯午申酉시

☆丑未일　　寅卯巳申戌亥시

☆寅申일　　子丑辰巳未戌시

☆卯酉일　　子寅卯午未酉시

☆辰戌일　　寅辰巳申酉亥시

☆巳亥일　　丑辰午未戌亥시


주(註)　월(月)로써 일(日)을보고 일(日)로써 시(時)를본다 라고 함은

예를들어 子午일은 子丑卯午申酉시가 황도(黃道)시이고

子午월은 子丑卯午申酉일이 황도(黃道)일이 되는것을 말한다

## 12). 구성(九星)

구성은

☆ 일백수성(一白水星)

☆ 이흑토성(二黑土星)

☆ 삼벽목성(三碧木星)

☆ 사록목성(四綠木星)

☆ 오황토성(五黃土星)

☆ 육백금성(六白金星)

☆ 칠적금성(七赤金星)

☆ 팔백토성(八白土星)

☆ 구자화성(九紫火星)을 일컫는 것인바

오행과 신구낙서 원리를 이용하여 길흉을 판단하는 역(易)의 한 분야로써 그 범위가 넓고 깊고 커서

앞의 "궁합에대하여"의 구성궁합에서 잠간 설명했지만

구성학에 관심을 둔다면 별도로 공부릉 해야 할것이다

다만 결혼 이사 등 택일에는 참고로 구성을 알고

길흉(吉凶)을 판별하면 될것이다

## 13). 십이직(十二直)

십이직은 일명 건재십이신(建除十二神))이라고도 한다

◎건(建)　　결혼흉(이사흉)

○제(除)　　이사흉

○만(滿)　　이사흉

◎평(平)　　집수리길(이사흉)

○정(定)　　결혼길

○집(執)　　결혼 수리길

◎파(破)　　제사흉(이사흉)

○위(危)　　이사길

○성(成)　　이사길 결혼길

◎수(收)　　이사흉

○개(開)　　결혼길

○폐(閉)　　이사흉

　　　　　등을 말하는바 각종행사의 길.흉을 설명하고 있으나

　　　　　택일에 보조적으로 참고하는것이 바람직 하다고 본다

## 14). 이사(移徙) 택일

이사 택일은 다음 방법에 의한다

① 생기복덕표에 의거 이사길일을 찾는다

② 이사방위표에 의거 길(吉)방향을 찾는다

　　2013년 癸巳년의 경우 택일력(한중수 김혁제 편저 명문당)

　　　p45 이사방위 일람표 참고

③ 택일중 태백살일을 피한다

④ 결혼택일중의 흉신(凶神)일을 피한다

⑤ 이사주당을 피한다

⑥ 택향중 당년의 대장군방과 삼살방을 피하고

　　태백살방을 피한다

⑦ 황도시중 길시를 찾는다

⑧ 이사시 주인이 사용하던 솥과 물, 소금을 들고 먼저 들어간다


주(註) 2013년 대장군방 정동(正東)

　　　2013년 삼살방 남동(南東)

①태백살방(太白殺方)

　태백살은 속칭 손이라고 하는데

　태백살일과 태백살방향을 일컫는 흉신이다.


태백살방(太白殺方)

　☆1일　11일　21일은　　　　동(東)에　있고

　☆2일　12일　22일은　　　　동남(東南)에　있고

　☆3일　13일　23일은　　　　남(南)에　있고

　☆4일　14일　24일은　　　　서남(西南)에　있고

　☆5일　15일　25일은　　　　서(西)에　있고

　☆6일　16일　26일은　　　　서북(西北)에　있고

　☆7일　17일　27일은　　　　북(北)에　있고

　☆8일　18일　28일은　　　　북동(北東)에　있고

　☆9일　19일　29일30일에는　천(天)에　있다


참고　1　2　11　12　21　22 일은　　동(東)에있고

　　　3　4　13　14　23　24 일은　　남(南)에있고

　　　5　6　15　16　25　26 일은　　서(西)에있고

　　　7　8　17　18　27　28 일은　북(北)에있고

　　　9　10　19　29　30 은　　　　　손이없다

위의　태백살방이　정(正)이고　참고는　부(副)이다


578

② 이사주당

　　이사하는 날의 길흉(吉凶)을 보는법이다

이사하는 달이 음력으로 큰달이면 안(安)자를 초하루(1일)로

시작하여 순행(順行)(왼쪽에 오른쪽으로)하여 이사하는 날까지

세어나가고

이사하는 달이 음력으로 작은달이면 천(天)자로 초하루(1일)로

시작하여 역행(逆行)(오른쪽에서 왼쪽으로)하여 이사하는 날까지

세어나가서 닿는곳이 이사주당이다

안(安) 리(利) 사(師) 부(富)일은 길하고 그 외는 흉하다

| 안(安) | 리(利) | 천(天) |
|--------|--------|--------|
| 재(災) |        | 해(害) |
| 사(師) | 부(富) | 살(殺) |

예(例) :　2012년5월17일(음력 윤3월27일)

　　　음 윤3월이 30일 까지니까 큰달이다

안(安)1　　리(利)2　　천(天)3　　해(害)4　　살(殺)5　　부(富)6

사(師)7　　재(災)8　　안(安)9　　리(利)10　　천(天)11　　해(害)12

살(殺)13　부(富)14　사(師)15　재(災)16　　안(安)17

순행하여

안(安)자에 닿기 때문에 이사하면 길(吉)한달이다.

## ※ 택일을 끝내며

택일공부를 하다보니 그내용들이
너무 현실 과 동떨어진 신살 위주로 구성 되어 있어
거부감이 많았고
특히 결혼 길신 과 결혼 흉신등이 너무 많아 혼란 스럽고
심지어 28숙이나 12직 또는 혼인주당  이사주당
태백살 황도등이
음양 과 오행 그리고 간지의 이치에 멀리 있어
이책 사주감정난에서 설명 하는것을 망설였으나
선인들이 믿어온 사실 들이기에 소개한다
그렇지만
위 택일의 내용들을 실제로 사용할 경우에는
오행 과 음양 그리고 간지의 이치에 맞는가 맞지 않는가를
잘살펴서 사용하는것이 현명한 방법일것이다


참고로 소개하면  28숙이나 12직에서 흉하다고,
사주나 작명에도 흉하다고 믿는역학가가 있어
어처구니가 없어 실소를 금치못한다

# ※ 참 고 서 적

☆ 자평진전평주      ☆ 사주첩경(6권)      ☆ 조화원약

☆ 명리사전      ☆ 연해자평정해      ☆ 명리정종정해

☆ 궁통보감정해      ☆ 삼명통회      ☆ 적천수정해

☆ 적천수강의(3권)      ☆ 적천수화해(3권)      ☆ 적천수형의(2권)

☆ 사주추명오비전(3권)      ☆ 사주추명실천법(2권)      ☆ 사주추명행운간법

☆ 사주추명학극의비밀개전      ☆ 혼자배우는역학      ☆ 신명리정해

☆ 사주학강의      ☆ 계의신결      ☆ 운명학강의

☆ 만방생활역학      ☆ 역술총서      ☆ 역술전서

☆ 물상활용비법      ☆ 사주감정법총정리      ☆ 사주감정법비결집

☆ 한국인의사주팔자      ☆ 용신분석      ☆ 합충변화

☆ 음양오행      ☆ 천간지지      ☆ 통변술해법

☆ 말하는역학      ☆ 사주팔자      ☆ 사주학핵심비결

☆ 사주대백과      ☆ 운트인사람복있는사주      ☆ 역학특수비법

☆ 예방비법      ☆ 일시비법      ☆ 핵심통변

☆ 일년신수비결      ☆ 궁합대백과      ☆ 역점육효전서

☆ 주역과의산책      ☆ 천의도      ☆ 천명에의한예언

☆ 명인재      ☆ 택일대감      ☆ 택일전서

☆ 인생상담      ☆ 로원기문둔갑정경      ☆ 당사주요람

☆ 정음성명학      ☆ 성명학의신비      ☆ 성명학운세풀이

☆ 행복을여는이름      ☆ 복받는이름짓는법      ☆ 운좋고복많은이름만들기

☆ 작명대비전      ☆ 지리오결      ☆ 술법과이보통령

☆ 얼굴보고운명풀어보기      ☆ 손보고운명풀어보기      ☆ 영부작법

☆ 영부작대전      ☆ 진짜부적가짜부적      ☆ 대운전산만세력

☆ 컴퓨터만세력      ☆ 한글만세력      ☆ 만세력대백과

☆ 현대관혼상제      ☆ 가정의례대백과      ☆ 관혼상제

# 편집후기

모래알 처럼 흩어져있던

사주명리의 내용들을 조약돌을 다듬듯이

글자 한자 한자에 정성을 쏟은지 4년만에

이 볼품없는 책 하나를 만들었다

머리 힘 좋은 사람이면 1년만에 만들고도 남을 세월에

둔재인 필자는 4년을 보내었다,

그래도 포기하지 않고 조그만 결실을 맺게 되어 보람을 느낀다

이 한권의 책을 읽음으로써

여섯 권의 책을 읽은 것과 똑같은 효과가 있기를 감히 기대한다


돌이켜 생각해보면

명리를 공부하기 전부터

운명을 알고 싶어 했고, 운명을 생각했다

명리를 공부하고 나서부터, 운명을 바로 보게 되었다

운명을 알고 난후

나는 모든 삶에 대해  한번 더 생각하는 신중함을 익혔다.

한번 더 생각하는 신중함이야 말로 사주명리의 길임을 알게 되었다.

앞으로 내 인생이 끝날 때까지 사주명리와 함께 할 것이다

이 한권의 책이 필자가 이 세상에 남겨 놓는 작은 선물이 되기를 바램
한다.

　　　2013년 계사년 여름에

　　　청호(靑昊) 유창열(柳昌烈)


**582**

## 편저자 **유창열** 약력

- 시인(월간한국사 추천)
- (사)동양역리 문화협회 중앙학술위원및 직할지부장
- 경남과학기술대학교 평생교육원 사주명리 강사(7년)
- 국가공무원정년퇴직

# 사주입신(四柱立身)

2014년 10월 15일 초판 발행
2014년 10월 18일 초판 인쇄

편저자 | 유창열
펴낸곳 | 도서출판 산청

주소 | 서울시 금천구 시흥대로104다길 2(독산동)
등록번호 | 제2014-000072호
전화 | (02)866-9410 · 팩스 | (02)855-9411

ISBN 979-11-953628-0-6    03140